Otmar Elsener RORSCHACH

OTMAR ELSENER

RORSCHACH

GESCHICHTEN
AUS DER HAFENSTADT

Appenzeller Verlag

Dieses Buch wurde ermöglicht mit finanzieller Unterstützung von:
Stadt Rorschach
Kulturförderung Kanton St.Gallen
Kulturhistorischer Verein Region Rorschach
Ortsbürgergemeinde Rorschach
Stiftung Rotary Club Rorschach-Arbon
Arbeitgeberverband (AGV) Rorschach und Umgebung

Umschlagbild aussen: Fotograf unbekannt, Überschwemmung Rorschach 1926
Umschlagbild Klappen: Stieger Daniel-Johan

1. Auflage, 2011
2. Auflage, 2011

Redaktion: Marcel Elsener, Roman Elsener
Gestaltung: Adrian Elsener
Lektorat: Magdalena Bernath
Satz und Druck: Appenzeller Druckerei, Herisau
Gesetzt in Franklin Gothic Demi und Minion Pro,
gedruckt auf 120 g/m² Lessebo Smooth Natural FSC
Bindung: Schumacher AG, Schmitten
ISBN: 978-3-85882-579-7
www.appenzellerverlag.ch

INHALTSVERZEICHNIS

EINLEITUNG

Von einer Hafenstadt namens Rorschach ist hier die Rede; von einer Industriestadt am Bodensee im Laufe des 20. Jahrhunderts, die einen wesentlichen Teil ihrer Bedeutung eingebüsst und manches schöne Gebäude verloren hat. Es tat mir stets weh, wenn während der Jahre des Niedergangs die Stadt schlechtgeredet wurde. Ich liebe Rorschach, und wann immer ich nach Auslandreisen auf die Hafenmauer ging oder vom Rorschacherberg herunterblickte, wusste ich: Hier bin ich zu Hause – und es gibt für mich keinen schöneren Ort in der Ostschweiz. In der Kleinstadt fand ich jene Lebensqualität, die ich als junger Auswanderer in der Weltstadt New York vermisst hatte.

Rorschach mit See, Stadt und Berg war immer interessant, voller Geschichten und spannender Menschen. Vielleicht auch darum wollte ich als Bub Journalist oder Radioreporter werden. Es kam anders, aber die erzählerische Neigung konnte ich nach der Pensionierung als Stickereiverkäufer endlich ausleben: Ermuntert vom Leiter der Lokalredaktion, begann ich ab 1999 regionalhistorische und aktuelle Beiträge für die Rorschacher Ausgabe des St. Galler Tagblatts zu schreiben. Dabei folgte ich einer Spur, die mein Vater als Hobbyfotograf bereits in den 1920er-Jahren aufgenommen hatte: Er hielt mit der Kamera fest, was abgebrochen wurde oder sonstwie verlorenging. Und wie schon er mit Bildern, wollte ich mit Worten die Veränderungen in der geliebten Heimat, im Leben der Menschen und in der Natur festhalten und Vergessenes wieder lebendig machen.

Das vorliegende Buch enthält eine Auswahl dieser Beiträge, die sich an die formalen Vorgaben einer Zeitung halten – kurz, oder wenigstens nicht zu lang, hoffentlich verständlich und so «objektiv» wie möglich erzählt. Ich habe sie für diese Publikation nur wenig verändert und masse mir nicht an, von einem literarischen Werk zu sprechen. Trotzdem möchte ich zu einem Zitat des spanischen Schriftstellers Jorge Semprún greifen: «Ohne Literatur stirbt die Erinnerung.» Meine Rorschacher Geschichten sehe ich in diesem Sinn: Sie sollen die Erinnerung wachhalten. Und bestenfalls nicht nur den Blick zurück schärfen, sondern Aussichten nach vorn eröffnen. Was gewesen ist, könnte wieder sein, im Schlechten wie im Guten.

In meiner Erinnerung bin ich ein jederzeit neugieriger Rorschacher Bub, der fast immer rennend unterwegs war. Das wünsche ich auch meiner Heimatstadt: dass sie in Bewegung bleibt und stets offen für das Neue, das die Zukunft bereithalten mag. Denn von der Nostalgie allein hat man noch nicht gelebt. Aber hoffentlich gerne gelesen.

Otmar Elsener

ALLTAG

Mit Ross und Wasser gegen den Staub: Spritzenwagen 1931 mit Fuhrmann Josef Elsener (Vater des Autors).

Barfuss hinter dem Spritzenwagen

An heissen Sommertagen war Strassenstaub eine fast unerträgliche Plage. In Rorschach waren nur die wichtigsten Strassen asphaltiert oder mit «Bsetzisteinen» gepflastert. Die staubigen Nebenstrassen wurden bis Anfang der 1950er-Jahre mit Wasser bespritzt.

Alle sind sie im Sommer hinter dem Spritzenwagen hergerannt. Kaum ein älterer Rorschacher, der sich nicht an dieses Sommervergnügen erinnert: Mit der Redensart «Da bist du ja noch hinter dem Spritzenwagen hergelaufen» bezeichnete man das Kindesalter, ähnlich wie es heute heisst «Da hast du noch im Sandkasten gespielt!» Rudolf Studer, ein Sohn der Fuhrhalter-Familie Studer-Wüest, erzählt aus seiner Jugendzeit: «Der Sommer kam so richtig mit dem Spritzenwagen. Zwei Rosse zogen das schwere Zisternenfahrzeug. Hinten spritzte das Wasser aus den Düsen eines Röhrengestells über die gesamte Strassenbreite. Wir Kinder liefen hinter dem Wagen her und kühlten uns die Füsse. Wir erfanden auch Spiele: Wer trockenen Fusses über die einzelnen Spritzstellen hüpfen konnte, war Sieger.»

Nach der Durchfahrt des Spritzenwagens lag der unverkennbare Geruch des Sommers in der Luft. Der Staub wurde vom Wasser gebunden, die Strasse schien zu dampfen. Noch heute lässt manchmal ein Gewitter auf heissen Asphaltstrassen jenen fernen Geruch der Jugendzeit in die Nase steigen. Studer durfte oft auf des Fuhrmanns Sitz mitfahren und den Spritzenmechanismus mit einem Pedal betätigen: «Kam ein Auto entgegen, was damals sehr selten war, musste ich die Spritzen aus- und wieder einschalten, um das Auto nicht zu beschmutzen.»

Auf Abruf bereit

Um die Staubplage zu bekämpfen, zirkulierten sowohl in Rorschach als auch in Goldach Spritzenwagen im Auftrag der Stadt und der Gemeinde. Vereinbarungen mit den Fuhrhalterfirmen Studer-Wüest und Keller in Rorschach sowie Germann in Goldach verpflichteten diese – ähnlich wie heute beim Winterdienst –, sich auf Abruf für das Spritzenfahren bereitzuhalten. Die Fahrzeuge gehörten der Stadt, die Fuhrhalter stellten Pferde und Geschirr. Für die Stadt gab es zwei Routen. Die Signalstrasse galt als Grenze: Westlich davon war Studer-Wüest zuständig. Dort war besonders die vielbefahrene und langansteigende Industriestrasse eine Staubverursacherin. Der östliche Teil war Keller zugeteilt und gab ebenfalls viel Arbeit: Die Wachsbleiche-, Simon-, Tell-, Hub-, Eisenbahn-, die Langmoos- oder die Heidenerstrasse bis hinauf zum «Sonnenhof» waren alle noch nicht geteert.

Fuhrhalter Johann Keller, rüstig bis ins hohe Alter, erhielt seine Fahraufträge von Emil Fux, dem langjährigen Werkmeister der Bauverwaltung: «Manchmal galt ein Auftrag nur für einzelne Strassen, dann wieder fuhr ich mehrere Tage lang hintereinander.» Keller hat noch heute die Pöbeleien mancher Strassenanwohner im Ohr: «Seid ihr zu faul? Wann fahrt ihr endlich, der Staub liegt ja schon zentimeterhoch!» Eigenmächtig loszufahren, war aber nicht gestattet. Man hatte den Auftrag des Werkmeisters abzuwarten. Dieser beobachtete die Staubentwicklung, reagierte aber oft erst auf Klagen aus der Bevölkerung.

Nichts gemein mit den heutigen Löschwagen der Feuerwehr hatten die damaligen Fahrzeuge. Eine grosse Zisterne war auf einem Fuhrwagen montiert. Diesen Behälter füllte man bei den wenigen Hydranten und ab den Wasserleitungen in den Strassenschächten, bis er überlief. Es war harte Arbeit, die schweren Dolendeckel inmitten der Strasse mit einem meterlangen Schlüssel zu öffnen, um die Schläuche anschliessen zu können.

Seid ihr zu faul? Wann fahrt ihr endlich, der Staub liegt ja schon zentimeterhoch!

Die von vielen Fliegen umschwärmten Pferde vermochten den vollen Wagen kaum zu ziehen. Keller wusste seine Fahrten einzuteilen: «Wir befuhren zuerst immer die flachen Strassen und danach die ansteigenden mit halber Ladung. Zudem mussten wir auf die Positionen der Hydranten achten, da eine Füllung in etwa 20 Minuten bereits wieder verspritzt war.»

In Goldach, wo nur die St. Gallerstrasse und die Hauptstrasse gepflastert waren, war Fuhrhalter und Landwirt Edwin Germann vom Sonnenberg mit seinen Pferden zum Spritzenwagenfahren verpflichtet. Auch den Goldacherinnen Trudy Fabris und Agnes Gerosa blieb der Spritzenwagen in starker Erinnerung: «Wir warteten mit Ungeduld auf den Wagen. Kaum kam er in Sicht, liefen bereits Scharen von Kindern auf der Rietbergstrasse hinter dem Fahrzeug her. Das Peitschenknallen des Fuhrmanns konnte die barfüssigen Buben und Mädchen nicht davon abhalten, die Beine unter das Wasser zu halten.» Alt Fuhrhalter Keller erinnert sich: «Unser Peitschenknallen und vermeintliches Unverständnis für das Nachrennen der Kinder wurden uns von den Erwachsenen oft übelgenommen. Doch wir Fuhrleute waren auch Väter und sahen Gefahren für die Kinder, welche von der Seite her auf die grossen und schweren Räder unserer Fuhrwerke zuliefen.»

Asphalt besiegt den Staub

Der Verdienst für das Spritzenwagenfahren war mager. Der Tagessatz betrug 45 Franken, und für eine Stunde wurden die Fuhrleute mit 7 Franken entschädigt. «In einem langen Winter frassen die Pferde oft den Verdienst des Sommers wieder weg», sagt Keller und erinnert sich an die strengen Regeln des Bauamtes: «Als eines heissen Sommertages ein neuer Fuhrmann sich in der ‹Friedau› einen Most genehmigte, hielt die Stadt den Tageslohn zurück. Dem Mitfahrer, einem Angestellten der Stadt, der dem neuen Fuhrmann die Route zeigen wollte, wurde für die unerlaubte Pause ein Jahr lang der Stundenlohn um 5 Rappen gekürzt.»

Wie viel Staub früher auf den Strassen der Städte und Dörfer lag, bezeugt eine alte Bauernregel: «Märzenstaub bringt Gras und Laub.» In seinen Kassaheften blätternd, stellt Keller fest: «Wir fuhren nicht nur an Sommertagen. 1952 führte ich am 27. Februar noch Schnee weg, doch anfangs März war ich bereits einige Stunden mit dem Spritzenwagen unterwegs. Da muss ein Föhnsturm mächtig getrocknet und Staub aufgewirbelt haben.»

Das Ende der Spritzenwagenfahrten kam anfangs der Fünfzigerjahre. Für Keller, der später von Studer-Wüest auch die Fahrten im westlichen Stadtteil übernommen hatte, gab es immer weniger Aufträge. Die Naturstrassen wurden anfänglich mit einer öligen, heute nicht mehr umweltgerechten Beschichtung behandelt – später wurden sie geteert und fein bekiest. Allmählich wurden alle asphaltiert. Kellers Kassaheft verzeichnet die letzte Spritzenwagenfahrt am 30. Juli 1952. Das Ende einer Ära.

Roco-Inserat: So wurde in den 1940er-Jahren für Büchsennahrung geworben.

Bohnen fädeln und Rüebli höhlen

In den Sommermonaten produzierte die Rorschacher Conservenfabrik Roco Büchsen mit Gemüse aus der Region. Das Fädeln von Bohnen und das Höhlen von Karotten brachten vielen Arbeiterfamilien willkommene Heimarbeit.

……………………

«Bohnen zum Fädeln» – heisst es im Inserat der «Conservenfabrik Rorschach» aus den Fünfzigerjahren. Manches Arbeiterkind musste dann jeweils in den Sommerferien seinen Leiterwagen, beladen mit Körben voller Bohnen, mühsam und schwitzend die staubige Industriestrasse hinaufziehen. Erschöpft zu Hause angelangt, ging die Arbeit erst los. Die Bohnen wurden an einem schattigen Platz vor oder hinter dem Haus auf einen Arbeitstisch geleert; und Mutter und Kinder begannen, an jeder Bohne die Enden abzuschneiden.

«Das Flinkste in der Familie durfte die Bohnen nach vier Grössen sortieren, die anderen Geschwister spitzelten», erinnert sich die 83jährige Helene Gebert-Keller. Für die Kinder wollte der Berg von ungespitzten Bohnen nicht abnehmen. Singend und sich Geschichten erzählend wurde gearbeitet, immer wieder auf die Uhr blickend, man wollte ja noch in die Badhütte während der Gratis-Eintrittszeit, die von zwei bis vier Uhr dauerte.

Sobald die Lastwagen mit Bohnen aus dem Rheintal eintrafen, sprach sich die Nachricht herum. Aus allen Arbeiterquartieren der Stadt zogen die Familien mit Handwagen am Vormittag zum Ausgabegebäude an der Löwengartenstrasse, später an der Industriestrasse, und standen geduldig Schlange. Die Bohnen mussten am späteren Nachmittag wieder zurückgebracht werden. «Mit Abfall» wurde befohlen, weil stichprobenweise die Körbe zusammen mit dem Abfall wieder gewogen wurden, um festzustellen, ob sich da ja nicht eine der bedürftigen Arbeiterfamilien eine Portion Bohnen für die eigene Küche abgezweigt hatte.

Roco-Inserat für Heimarbeit um 1940.

Einen Franken soll die Roco damals für das unsortierte Spitzeln eines Fünfzehn-Kilo-Korbs Bohnen bezahlt haben, für die Zehn-Kilo-Körbe mit feineren Bohnen, die aussortiert werden mussten, erhielt man 50 Rappen mehr. Je nach Menge der Anlieferungen berücksichtigte die strenge Emma Nägeli, die jahrelang die Heimarbeit zuteilte, zuerst jene Familien, die stets Arbeit annahmen und nicht nur dann, wenn es ihnen passte. So kam es oft vor, dass eine Familie mit dem leeren Leiterwagen oder mit nur einem einzigen Korb Bohnen abziehen musste. Schlimm für Familien in einer Zeit, in der jeder einzelne Franken den mageren Arbeiterverdienst aufbesserte. Besonders fleissigen Familien wurden zusätzlich Bohnen zur Bearbeitung am Abend und Rücklieferung am folgenden Morgen zugestanden.

Tückische Kinderarbeit

Die Heimarbeit begann im Juli mit dem Höhlen von Karotten, die vor den Bohnen geerntet und in der Roco tonnenweise verarbeitet wurden. Bei jedem Rüebli musste der Blattansatz ausgestochen werden. Die Roco lieferte je nach Anzahl Kinder in einer Familie mit den Körben gleich auch schaufelförmige, scharf geschliffene Messerchen mit. Die Arbeit war für Kinder nicht ungefährlich, die Messer schnitten oft in die Fingerbeeren, und der erdige Staub auf den Karotten konnte Bindehautentzündung hervorrufen. Helene Gebert erinnert sich heute noch an die Angst vor Gewichtsstichproben bei der Rücklieferung: «Wir konnten der Versuchung nicht widerstehen, halt hie und da eines der frischen Rüebli zu essen.» Ein Korb Karotten ging schneller von der Hand als die Bohnen, umso schlechter war der Lohn, den man alle vierzehn Tage bar erhielt.

Im Herbst gab es Heimarbeit mit Rosenkohl. An diesem Gemüse mussten der Bodenteil und faule Blätter entfernt werden. Ausgewählte Familien durften Eierschwämme reinigen, welche die Roco aus dem Puschlav bezog. Doch nicht nur die Roco vergab Heimarbeit. Für Rorschach einzigartig war die Heimarbeit für die Kolonialwarenfirma Hans Buob. «Wir entsteinten kesselweise Zwetschgen durch einen kleinen

Vor der Conservenfabrik: Mit Erbsen und Rüebli beladene Lastwagen an der Industriestrasse.

Schnitt mit einem scharfen Messer. Wir hüteten uns, die süssen Zwetschgen zu essen. Steine und Früchte wurden bei der Abgabe gewogen», erzählt Trudy Müller-Lüchinger und gibt ein Bild, wie hart die Zeit und wie begehrt der Heimarbeitsverdienst war: «Wir besassen nicht einmal ein eigenes Leiterwägeli.» Die Hans Buob AG war berühmt für ihr Dörrverfahren und belieferte die ganze Schweiz, vor allem die Armee in den Kriegsjahren, mit gedörrten Zwetschgen.

An die Roco erinnern heute in Rorschach viele Industriegebäude. Die Bauten an der Industriestrasse, wo jeweils die Lastwagen die Erbsen, Bohnen und Karotten anlieferten, sind renoviert und für neue Betriebe umgestaltet worden. Sollten diese eines Tages Heimarbeit vermitteln, dürfte es sich um Aufgaben handeln, die an Computerarbeitsplätzen erledigt werden. An den Geruch von Erdbeeren und Gemüse, der im Roco-Quartier jedes Jahr je nach Erntezeit die Kinder oft mit Hungergefühlen in den Schlaf begleitete, erinnert sich in Rorschach nicht nur Helene Gebert.

Segelboote vor dem Kornhaus: Internationales Seglertreffen 1950 im Rorschacher Hafen.

Mit Brettern und Fässern den See erobern

Segeln war ein Sport, der früher Vermögenden vorbehalten war. Mit dem deutschen Wirtschaftswunder und wachsendem Wohlstand in der Schweiz eroberten in den Nachkriegsjahren Jollen junger Segelbegeisterter den See.

Ein Sommersonntag am Rorschacher Hafen um 1950: Menschenmassen drängen sich über die Bahngeleise zu den Ausflugsschiffen, die übervoll besetzt in alle Richtungen auslaufen. Züge bringen Ausflügler aus St. Gallen und aus dem Rheintal an den See hinunter. Für alle, die nicht am See wohnen, ist Rorschach an einem heissen Sommertag ein begehrtes Ausflugsziel. Die Ruderboote des Bootsvermieters Füllemann sind dauernd ausgebucht; seine Schiffe «Rheinlust» und «Luna» (wie auch die Arboner «Arbor Felix») vermögen den Andrang für Fahrten zum Altenrhein und nach Arbon kaum zu bewältigen. Stets ertönt unüberhörbar der Ausruf «Rorschach–Horn–Arbon!».

Die Freude, den See individuell zu geniessen, ist kein allgemeines Volksvergnügen, sondern wenigen Seeanwohnern vorbehalten, die entweder einen Fischer kennen oder ein eigenes Ruderboot besitzen. Wohl sieht man einige elegante Segelyachten auf dem See, doch die gehören begüterten St. Gallern.

Brettsegler und frühe Windsurfer

Die Sommerfreuden von uns Rorschacher Buben sind das Baden und Schwimmen in den Strandbädern der Rorschacher Bucht und in der Badhütte sowie das Fischen auf dem Kornhausquai oder auf der Hafenmauer. Den weiten See lernen die meisten Kinder erstmals auf einer exklusiven Dampfschifffahrt mit den Eltern kennen. Sich einmal selber auf den zu See wagen, wird natürlich zur Leidenschaft vieler Seebuben. Wir treiben uns auf der Hafenmauer herum und hoffen, von einem Fischer zum Rudern mitgenommen zu werden. Oder wir basteln mit Fässern und Brettern Flosse, die wir in den Sommerferien barfuss auf Kinderwagengestellen zum Schlipf beim Kornhausquai oder ins Rietli ziehen. Die ersten Seefahrten währen nicht lange – die Wellen eines Weststurms reissen meistens die Fässer los, und wir Buben retten uns, uns an die Bretter klammernd, ans Ufer. «Kommt mir niemals mit solch seeuntüchtigem Zeug an den See!», wettert der Hafenruedi, wie der Rorschacher Hafenmeister von allen genannt wird. Die Goldacher Buben holen sich derweil auf Bauplätzen breite Bretter, auf denen sie sich noch lange vor der Erfindung des Windsurfens vom Rietli zur Badhütte treiben lassen, indem sie, auf den Brettern balancierend, einen aufgespannten Regenschirm in den Wind halten.

Bootsbau gemäss Buben-Bauplänen

Im damals populären Jugendbuch «Helveticus» finden sich Baupläne für ein Paddelboot – genau das, was uns Buben bisher gefehlt hat! Wir erhitzen Eschenlatten mit heissem Wasser in einer Röhre und biegen sie zu Spanten, über das Gerippe nageln wir alte Lastwagenblachen oder Zeltbahnen. Das Geld für echte Holzpaddel verdienen wir uns mit Rudern für die Fischer. Und siehe da: Die Boote schwimmen, und man wagt sich aufs offene Wasser, doch anders als in der Strömung eines Flusses ermüdet das Paddeln auf dem See, wir beneiden die unerreichbaren Yachten, die mit vollen Tüchern lautlos über den See gleiten.

Das ist es, Segel müssen her! Bald hängen an Masten aus Bambusstecken Stoffe, geschnitten aus Leintüchern, von den Müttern genäht. Gesteuert wird mit einem Seilsystem wie bei den Seifenkisten auf den Strassen. Die Boote segeln, aber nur vor dem Wind. Reklametafeln aus Eisen, am Kielholz befestigt, lösen das Abdriftproblem. Jetzt können die Boote gegen den Wind aufkreuzen, und das Segeln wird für viele Quartierbuben zur neuen Leidenschaft.

Und dann kommen wir in die Lehre als Handwerker oder als Angestellte. Der an vielen Arbeitsplätzen tägliche Blick auf den See verstärkt nur den Traum von Boot, Wind und Wellen. In den Nachkriegsjahren kommen die ersten Selbstbaupläne für Segelboote auf, die mit dem ersten selbstverdienten Geld erstanden werden. In langen Abenden bauen wir in winterkalten Ateliers oder Garagen Piratjollen aus Lärchenholz, befestigen die Planken mit unzähligen Kupfernieten, leimen den Mast aus Holz und schleifen ihn oval ab. Dann bangen wir jungen Hobby-Bootsbauer um die Erteilung des Messbriefs für diese Einheitsjolle, schliesslich wollen wir Regatten segeln. Die strengen Vermesser des Segelverbandes USY vergleichen jedes Mass detailliert mit den Bauplänen und verweigern einem ungenau gebauten Boot das Dokument.

Der Autor als 16-Jähriger im Eigenbau mit Segeln aus Leintuch, 1950.

1944 zählt man in der Rorschacher Bucht nur zwei Jollen und in Staad ein paar St. Galler Yachten. Und trotzdem haben die segelsportbegeisterten Jugendlichen bereits den Segelclub Rietli gegründet, der auch später Club der Arbeiter und Handwerker bleiben sollte. Die begüterten Bürger sind derweil Mitglieder des St. Gallischen Yachtclubs.

Für Segelboote gibt es 1950 noch keine Häfen. Als Liegeplatz dienen Bojen, die meistens aus alten Wasserboilern bestehen und mit einer 30 Meter langen Kette an einem Zementblock verankert sind. Abenteuerlich ist das Versenken dieser Blöcke: Man rudert auf den See hinaus mit Boiler und Kette auf einem Floss, unter dem der Zementblock an einem dicken Tau befestigt ist. An der gewünschten Stelle angekommen, kappt man das Tau und hält sich vorsichtig von der Kette fern, die der Block rasselnd in die Tiefe reisst. Die Boiler schwimmen – und schon besitzt man einen Liegeplatz, gratis. Manchmal dürfen wir auch einige Tage im Kornhaushafen liegen bleiben. Mit vollen Segeln laufen wir in den Hafen ein und werfen den Anker vor dem Kornhaus; Pfähle sind da noch keine eingerammt.

Der Hafenruedi und die gelbe Sturmfahne

Gesegelt wird bei jedem Wetter, tief in den Herbst hinein. Kommt die Bise mit grossen Brechern, bringen wir das Beiboot am Rietlistrand mühsam ins Wasser und kentern manchmal beim Rudern zur Boje. Wir jungen Segler lernen, das Wetter zu beobachten, und sehen Stürme kommen, lange bevor der Hafenruedi die gelbe Sturmfahne auf der Rorschacher Hafenmauer aufzieht. In den Fünfzigerjahren wird vor Stürmen ab Windstärke 6 eine Stunde vor dem Eintreffen über dem Bodensee mit dem Hissen von grossen gelben Flaggen an den Uferstationen gewarnt. Dazu geben die Schiffe sieben kurze akustische Signale mit einer Mehrklangpfeife und mit der Nebelsirene ab.

Übermütig und waghalsig wie Jugendliche sind, bleiben wir trotz Warnung häufig draussen, bis wir uns – oft geschehen – durch den hohen Schilfgürtel in die schmale Einfahrt zum Altenrheiner Jägerhafen retten müssen. Noch gibt es keine organisierte Lebensrettung. Ein Rorschacher Segler erinnert sich an jene Bubenzeit: «1947, in einem heftigen Südweststurm, wagten wir nicht mehr zu wenden. Als das Wasser im Boot über unsere Knöchel reichte, steuerten wir Friedrichshafen an. Die Zöllner erlaubten uns einen Landgang, barfuss und nass gingen wir an zerstörten Häusern vorbei und wurden uns bewusst, wie nahe der Krieg an uns vorübergegangen war...».

Segeln als Volkssport

Bis zum Zweiten Weltkrieg war das Segeln ein Sport, der wie Tennis den Vermögenden vorbehalten war. Das deutsche Wirtschaftswunder und der wachsende Wohlstand in der Schweiz brachen dieses Tabu in den Nachkriegsjahren. Die Sehnsucht, sich den See mit dem eigenen Boot zu erobern, blieb für viele am See nicht mehr ein unerschwinglicher Luxus. Es entstanden Werften, die preiswerte Boote nicht nur aus Holz, sondern auch aus Kunststoff und mit Masten aus Aluminium produzierten. Die Bojenfelder wurden grösser und reglementiert. Immer mehr Boote schwammen auf dem See, Liegeplätze wurden rar. Häfen für Segelschiffe wurden gebaut, in denen heute Yachten aller Grössen liegen. An Land wurden Felder für Trockenliegeplätze abgegrenzt, die sich mit Jollen und Katamaranen füllten. Die einstigen Segel-Paddelbootbauer erfüllten sich ihre Jugendträume und besitzen heute Yachten und High-Tech-Regattaboote.

Der jährliche Regattenkalender am Bodensee ist voll von Wettfahrten, an denen sich Segler aus allen Schichten sportlich messen. Und wer Segeln nicht nur als Wettkampf sieht, ist einer der Freizeitkapitäne, die an schönen Wochenenden den See mit unzähligen weissen Segeln beleben. Segeln ist zum Volkssport geworden. Der See ist längst erobert, breit gestreut ist der private Besitz von Segel- und Motorbooten. Pedalos und kleine Motorboote haben die Mietruderboote ersetzt – und nur noch selten sieht man ein Ausflugsschiff gut besetzt in den Hafen einlaufen.

Ein entsetzlicher Sommersonntag

Ein heute kaum mehr vorstellbares Unglück mit Ruderbooten vor Rorschach forderte an einem Julitag 1912 dreizehn junge Menschenleben und stürzte die ganze Stadt in tiefe Trauer.

Der 14. Juli 1912 war ein Sommertag, der in der Ausflugsstadt jahrzehntelang wegen seiner Tragik unvergessen blieb. Wenige Rorschacher erinnern sich vage, wie ihre Grosseltern von einem Sonntagnachmittag erzählten, an dem die Kunde von einem unfassbaren Unglück auf dem See die Menschen in der Stadt erschütterte. Die sommerliche Hitze lockte an jenem Sonntag Tausende von Ausflüglern von St. Gallen, aus dem Appenzellerland und dem Rheintal mit Extrazügen, Kutschen oder zu Fuss an den Bodensee, zu Fahrten auf den Dampfschiffen oder Ruderbooten.

Im plötzlichen Nordostwind gekentert

Glatt und glänzend lag der See da, die Luft war drückend heiss, bis ein Nordostwind den See dunkel färbte. Rasch entstanden hohe Wellen mit Schaumkronen, den gefürchteten «Schäfchen». So ruderten denn die meisten Ausflügler in den zahlreichen Gondeln dem schützenden Hafen zu. Plötzlich ertönten 400 Meter vom Leuchtturm entfernt laute Hilferufe. Die Menge am Ufer sah, wie ein Ruderboot kenterte und drei Männer und vier Frauen ins Wasser fielen. Fast zur gleichen Zeit hörte man am Ufer neue Hilfeschreie. 200 Meter vor der Hafenmauer kämpfte eine weitere Gondel mit den Wellen, zu erkennen waren acht Insassen. Das Boot kippte, die Köpfe der Gekenterten tauchten auf, versanken wieder. Vom soeben ausgefahrenen Dampfer «Württemberg» wurden beim ersten gekenterten Boot Rettungsringe ausgeworfen, nach einigen Minuten setzte das Schiff seine Fahrt fort. Andere Gondeln, die rasch zur Rettung herbeigerudert waren, fanden nur den gekenterten Kahn und Hüte auf dem Wasser. In der Nähe des zweiten verunglückten Bootes konnten andere Ruderer kaum helfen. Sie hatten selber mit dem hohen Seegang zu kämpfen, und das längsseitige Hereinholen von Ertrinkenden war ihnen zu gefährlich. Einem wackeren Retter aber gelang es, einen der Männer in sein Boot zu ziehen. Bis erfahrene Retter bei der gekenterten Gondel eintrafen, war in den Wellen niemand mehr zu sehen, alle anderen Ausflügler waren ertrunken.

Die Menge am Ufer hoffte noch, dass die Schiffsleute auf der «Württemberg» wenigstens einige Gekenterte vom ersten Boot gerettet hatten, doch die ganze Tragweite der beiden Unglücke wurde erst bekannt, als am Abend die «Württemberg» wieder im Hafen einlief: Auf dem Schiff befand sich nur einer der in Seenot Geratenen, alle anderen waren ertrunken. Aus dem herrlichen Sommertag war ein Schreckenstag geworden. Da keine Namen zu erfahren waren, befürchteten viele den Tod von Angehörigen.

Dramatische Szenen der Rettung

Der vom Dampfer «Württemberg» gerettete Emil Nägeli aus dem zuerst gekenterten Boot erzählte, wie einzelne Wellen in die Gondel schlugen.

Gondeln im Hafen: Sonntagsbetrieb bei der Bootsvermietung Füllemann um 1910.

Die Mädchen bekamen nasse Füsse und rieten zur Umkehr. Heinrich Keller, Bruder der Schiffsvermieterin Füllemann und gewandter Schwimmer und Ruderer, wollte das Boot wenden, doch die Mädchen standen vor Angst auf, das Boot kenterte, und alle waren rasch in den Wellen untergetaucht. Nägeli hielt sich am Boot fest, Keller wurde entweder vom Boot getroffen oder von einem der Mädchen mit in die Tiefe gezogen. Er blieb verschwunden. Nägeli konnte dann einen der vom Dampfer ausgeworfenen Rettungsringe ergreifen.

Hans Müller, ein Geretteter des zweiten Bootes, der schwimmen konnte, schilderte im «Ostschweizerischen Wochenblatt», es seien alle fröhlich gewesen. Sie hätten sich nicht gekannt, da die Gondeln wahllos mit Passagieren aufgefüllt worden seien. Sie hätten sich gut unterhalten und heiter gesungen ohne Furcht vor den Wellen, bis eines der Mädchen gerufen habe, es werde ganz nass, das Wasser im Boot stehe ihm bis zu den Knöcheln. Daraufhin wendete er das Boot und ruderte kräftig dem Land zu. Wegen einer mächtigen Welle vom See her stand einer der Männer auf und stürzte beim Aufprall der Welle rücklings in den See. Darauf standen die vier Fräulein ebenfalls vor Angst auf und stürzten hilferufend und sich aneinanderklammernd miteinander in die Wellen. Der hintere Teil des Bootes füllte sich mit Wasser, Müller sprang kopfüber in den See und versuchte, die sich krampfhaft aneinanderklammernden Körper zu lösen. Als er ein Mädchen losgelöst hatte und mit ihr zur Gondel schwimmen wollte, geriet er unter das sich plötzlich senkrecht überschlagende Boot. Er kam wieder hervor und half einem der Männer, einem Nichtschwimmer, sich an den Rumpf zu klammern, und musste hilflos zusehen, wie die Mädchen unter Todesschreien versanken. Zwei Gondeln fuhren vorbei, ohne Hilfe zu leisten, der Kopf eines Mädchens tauchte wieder auf, wurde dann aber von der nächsten Welle wieder hinabgerissen.

Er wurde von einem der Mädchen mit in die Tiefe gezogen.

Aus armen Familien

Tragisch liest sich die damalige Berichterstattung: «Innert zwei Minuten waren dreizehn junge blühende Menschenleben, lauter brave, arbeitsame Menschen, die sich von des Tages Mühe und Arbeit ein Vergnügen gönnten, ins nasse Grab gesunken.» Die Toten waren junge Haus- und Geschäftsangestellte, teils aus Deutschland, teils aus der Schweiz, zwischen 16 und 22 Jahre alt und oft einzige Unterstützung ihrer armen Familien. Unter den Mädchen waren drei Schwesternpaare aus St. Fiden, Disentis und Aasen. Die Schwestern Lina und Hulda Probst, 17- und 19jährig, waren aus Sparsamkeit zu Fuss von St. Gallen nach Rorschach gekommen und wollten am Abend auf gleichem Weg zurück. In Rorschach wurden sie von der, später ebenfalls ertrunkenen, Freundin Lydia Stäheli zum Schifflifahren eingeladen – mit dem so verhängnisvollen Ausgang.

Mit «Totennetzen» begannen am folgenden Tag die Rorschacher Fischermeister und ein Meister aus Konstanz mit der traurigen Suche nach den Toten. Ein starkes Seil, an dem alle 30 Zentimeter Angeln und Steine angebracht waren, wurde auf den Grund gelassen und von den Fischerbooten langsam geschleppt. Mit Bangen verfolgte eine grosse Zuschauermenge die leidvolle Arbeit. Bis zum Abend konnten alle Leichen geborgen werden.

Feste abgesagt, Sicherheitsmassnahmen angeregt

Tiefe Trauer erfüllte die Stadt. Ein Gartenfest und ein Seenachtfest wurden abgesagt. Niemand wollte an der Stätte des Unglücks ein fröhliches Fest veranstalten. Die Zeitungen publizierten Aufrufe zur Hilfeleistung an die bedürftigen Familien der Opfer. Die mangelnde Hilfe seitens der Dampfschiffskapitäne wurde kritisiert. Die Frage, wie solche Unglücksfälle in Zukunft zu vermeiden seien, beschäftigte alle. Das Tagblatt regte an, dass jeder Mensch schwimmen lernen sollte – zu einer Zeit, in der grosse Teile der Bevölkerung nicht schwimmen konnten, geschweige denn eine Ahnung vom Rettungsschwimmen hatten. Des weiteren wurde verlangt, dass in einem Ort wie Rorschach, wo so viele Ruderboote vermietet werden, stets auch Motorboote bereit sein sollten. Man schrieb auch von einer westlichen Ausfahrt des Hafens, um kürzere Wege für die Boote zu schaffen.

Das Unglück blieb in seinem Ausmass einzigartig für Rorschach. In späteren Jahren waren keine Gondelunglücke mehr zu verzeichnen. Neue Generationen lernten das Schwimmen in den Schulen. 1950 wurde die Schweizerische Lebensrettungsgesellschaft Rorschach gegründet, und in den Siebzigerjahren kam das Aus für die schnittigen, hölzernen Rudergondeln. Pedalos waren gefragt, leicht zu fahren, sicher und unsinkbar bei grossem Wellengang. «Wir hatten in all den Jahren keinen einzigen tödlichen Unfall mit einem Pedalo, und heute können fast alle Mieter schwimmen», sagt die Pedalovermieterin Ruth Grob.

Vom Waschplatz am See zum Biergarten

Wo man heute ein kühles Bier neben dem Seerestaurant geniesst, wurde einst die Rorschacher Wäsche geschrubbt.

Eine Waschfrau schöpft Seewasser mit der Handpumpe.

Was war das für ein lebendiges Treiben auf dem Kurplatz! Vor dem Bau des Seerestaurants 1963 belebten nicht nur Waschfrauen, sondern auch Jahrmarktbuden, Ausstellungen und der Zirkus Knie den heutigen Parkplatz. Wäscherinnen, die auf dem Kurplatz die Haushaltwäsche besorgen, sind schon früh fotografiert worden. Bereits 1910 zeigen Aufnahmen Frauen in langen Röcken, Schürzen und breiten Sommerhüten bei der Arbeit am See. Auf späteren Fotos sind Frauen an Tischen, an Pumpen oder beim Auslegen der Wäsche auf der Wiese tätig. Eifrig benützt wurde diese Waschgelegenheit in den Kriegsjahren; da herrschte Mangel an Seife, aber im weichen, kalkarmen Seewasser brachte man die Wäsche schon fast sauber.

«Den Waschtag kündigte die Mutter schon Tage im Voraus an», erinnert sich Ruedi Heeb. «Tagelang wurden die Wetterprognosen am Radio verfolgt, gutes Wetter war die wichtigste Voraussetzung für den Waschtag. Die Wäsche, die Gelte aus Blech, der alte Holzzuber, Seife, das Waschbrett und die Bürsten wurden am Vorabend gerichtet. Am Waschtag holte der Vater das Leiterwägeli aus dem Keller. Frühmorgens, noch vor Schulbeginn, half ich der Mutter, das schwerbeladene Wägeli durch die noch verkehrsarme Hauptstrasse zum Kurplatz zu ziehen.»

Stundenlanges Schrubben auf Brettern

An schönen Sommermorgen war die Reihe der ausgewaschenen Holztische schon früh besetzt. Zwischen den Tischen standen Handpumpen, mit denen das Seewasser durch Hin- und Herbewegen eines langen Hebels hochgesaugt werden konnte, eine lustige Arbeit, um die sich die Kinder stritten. Zusätzliches Wasser schöpfte man mit Kesseln an einem Seil aus dem See. Die Stadt hatte auch einen Ablauf bei den Ti-

Der östliche Seepark vor und nach dem Bau des Seerestaurants (1963).

schen erstellt, damit das überschüssige Wasser in den See abfliessen konnte und der Boden nicht aufgeweicht wurde. Wie in den Waschhäusern in Tessiner Dörfern schrubbten die Frauen die Wäsche stundenlang auf den mit geripptem galvanisiertem Blech versehenen Brettern. Die am meisten benützte Seifenmarke hiess Steinfels, und die den Seifen beigelegten Indianerbilder waren bei den Buben gefragt für ihre «Lederstrumpf»-Bücher. Unter den Frauen ging es trotz der anstrengenden Arbeit fröhlich zu; es wurde geklatscht und getratscht, jede Neuigkeit ausgetauscht.

Bedruckte und buntgewobene Bettwäsche kam erst in späteren Jahren in Mode. Leintücher, Unterwäsche, Hemden – alles, was sich waschen liess – kannte man in jenen Tagen vorwiegend in Weiss – und so sollten die Stücke auch bleiben. Deshalb wurden die Tücher nicht nur zum Trocknen, sondern vor allem zum Bleichen auf dem mit spärlichem Gras bewachsenen Teil des Kurplatzes ausgelegt. Die jahrhundertealte Erfahrung der Rorschacher Kaufleute kam den Hausfrauen zugute. Schon in der Blütezeit der Leinwandherstellung waren die Stoffe auf den Wiesen vor der Stadt von der Sonne gebleicht worden. Die Ortsnamen Wachsbleiche und Seebleiche zeugen noch heute davon.

Keine Diebe und nie Hundekot

Für die Zubereitung des Mittagessens gingen die Frauen nach Hause, die Wäsche blieb in der Sonne liegen. Zwei Stunden später wurden die ausgelegten Stücke nochmals mit Spritzkannen begossen, um den Bleicheeffekt der Nachmittagssonne auszunützen. «Wenn wir nach dem Essen zurückkamen, fehlte der Mutter auch nie ein einziges Wäschestück. Die Frauen vertrauten einander. Die Wiese war auch nie durch Hundekot verschmutzt», erinnert sich die in der Nähe des Kurplatzes aufgewachsene Irmgard Harlander. Tatsächlich hielten damals nur Leute mit grossen Gärten oder Handwerksbetriebe und Metzgereien Hunde, die meistens angekettet waren.

Am Abend des Waschtages zogen die Frauen sonnengebräunt, aber todmüde die frisch nach Sonne, See und Seife duftende Wäsche zurück in die Arbeiterquartiere der Stadt. Buben spannten sich vor die Deichsel der Leiterwägeli, die zu jedem Haushalt gehörten. Dem Rorschacher Historiker Louis Specker sind die Waschtage am See unten unvergesslich: «Als Bub half ich der Mutter, den überbeladenen Wagen den steilen Weg vom äusseren Bahnhof zum Eisenbahnerquartier hinaufstossen, und erschrak fast zu Tode, als meine Mutter plötzlich total erschöpft in das Bord am Wegrand sank – ohnmächtig.»

Der wachsende Wohlstand und das Aufkommen der Waschmaschine läuteten das Ende der anstrengenden manuellen Wascharbeit ein. Bald erinnerten nur noch die leeren Waschtische an die lebhafte Arbeit der Wäscherinnen. 1962 publizierte das «Ostschweizerische Tagblatt» ein Foto von ihnen und schrieb vorausschauend: «Ein Idyll, das mit der Zeit verschwinden wird. Da hier ein Seerestaurant entstehen soll, wird es mit diesem alten Brauch wohl demnächst ein Ende haben.»

Wäscherinnen auf der Wiese des Kurplatzes in den Vierzigerjahren. Die Wäsche wurde zum Bleichen ausgelegt.

Das Leiden der Rorschacher: Die Barrieren (hier beim Bäumlistorkel) teilen die Stadt in eine obere und eine untere Stadt.

Die Barrierenhauptstadt der Schweiz

Seit dem Eisenbahnbau belasten Bahnschranken die Rorschacher Bevölkerung: 16 Übergänge waren es auf Stadtgebiet, früher alle noch manuell von Wärtern bedient. Obwohl es heute «nur» noch 12 sind, ist das Problem nicht gelöst – trotz zahlreicher Projekte und haarsträubender Visionen.

Die Angst vor Versagen belasteten Hedwig Stieger und Josef Dietrich oft schwer. Sie erinnern sich an den Alltag als Barrierenwärter. «Halte den Zug an, ich kann meine Barriere nicht schliessen. Die Kurbel ist vereist.» Der Telefonanruf ihrer Arbeitskollegin vom Wärterhäuschen an der Feldmühlestrasse klingt Hedwig Stieger noch im Ohr. Die Signallampe schwingend, rannte sie auf das Geleise. Es gelang ihr, den Lokomotivführer zu warnen. Der Zug fuhr im Schritttempo weiter – die Gefahr war gebannt.

«Die Morgenschicht begann um 3.40 Uhr und dauerte bis 13.30 Uhr. Man meldete sich gemäss Reglement an und zog das Gewinde der Signalglocke auf. Sobald die Glocke läutete – sie wurde von Bahnbeamten in Goldach und Rorschach bedient – musste ich mit zwei Kurbeln die Barrieren an der Industrie- und an der Reitbahnstrasse herunterdrehen. Die Kurbeln und die Barrierenstöcke waren in den schneereichen Wintern oft von Schnee und Eis bedeckt. Man brachte sie kaum hinunter. Sobald der letzte Wagen des Zuges durch war, durften die Barrieren wieder hochgezogen werden,» erzählt Hedwig Stieger. «Manchmal blieben die Glockensignale aus. Doch wir kannten den Fahrplan auswendig, und Extrazüge wurden schon am Vortag angekündigt. Die Angst, einmal einen der Züge zu verpassen, sass uns Barrierenwärterinnen stets im Nacken.» Damals gastierte der Zirkus Knie noch in Rorschach und reiste per Bahn an. Abreise war mitten in der Nacht nach der letzten Vorstellung. «Ich musste die Barrieren eigens wegen der Zirkusfahrten um drei

Uhr nachts schliessen. Die Arbeitszeit verlängerte sich auch oft durch den schneebedingt verspäteten Arlbergexpress.»

«Warum senkt ihr so früh?»

Schulkinder waren Stiegers grösste Sorge: «Der am meisten begangene Schulweg zum «Pestalozzi» führte über meinen Reitbahnstrasse-Übergang. Bei Schulschluss senkte ich die Barriere in Erwartung einer grossen Kinderschar besonders früh. Beim Schulanfang hingegen hielt ich oft wegen eines einzelnen verspäteten Kindes ein paar Sekunden länger offen. Ich versuchte, die Kinder zu erziehen, nie unter der geschlossenen Barriere durchzuschlüpfen.» Eine ältere Rorschacherin erinnert sich, von einer Bahnwärterin beim versuchten Durchschlüpfen eine schallende Ohrfeige als Lektion erhalten zu haben.

Josef Dietrich wartete die Barrieren beim «Schweizerhof», an der Kaplanei- sowie an der (heute aufgehobenen) Buchstrasse: «Zu verschlafen war ein tägliches Trauma. Um schon um drei aufzustehen, sicherte ich mich mit zwei Weckern ab. Kurbeln war besonders bei starkem Wind harte körperliche Arbeit. Wir waren verpflichtet, die durchfahrenden Züge auf Schäden oder ungewöhnliche Rauchentwicklung zu kontrollieren. Auch das Schlusslicht musste stets sichtbar sein.» Dietrich ist überzeugt, dass mit dem damaligen manuellen System die Barrieren weniger lang als heute geschlossen blieben. Es erstaunt ihn heute immer wieder, wie alle geduldig vor einer Schranke warten. «Da wir den Zeitpunkt der Schliessung bestimmten, pöbelte man uns oft an: ‹Warum senkt ihr so früh?› Autofahrer hupten manchmal von weitem, um den Durchlass noch zu erzwingen.»

Immer wieder versuchten die Rorschacher, ihre Barrieren loszuwerden.

Dietrich und Stieger freuen sich, dass sie in zusammengerechnet über 45 Wärterjahren die Übergänge ohne Unfälle sicherten. Doch diese einmalige Zuverlässigkeit musste zulasten der Gesundheit erkauft werden. Trotz technischer Verbesserungen im Laufe der Jahrzehnte nahm die psychische Belastung immer zu, wenn irgendwo in der Schweiz ein Barrierenunfall mit «menschlichem Versagen» erklärt wurde – für Barrierenwärter ein vernichtendes Urteil. Dietrichs Schlafstörungen und andere Beschwerden hörten nach der Pensionierung schlagartig auf.

1958 noch immer wie 1912

Die einstige Arbeit der Barrierenwärter ist längst automatisiert, doch das Problem der zerschnittenen Stadt ist geblieben. Immer wieder versuchten die Rorschacher, ihre Barrieren loszuwerden.«Müssen wir nochmals 50 Jahre warten?», betitelte 1958 ein Einwohner seinen Leserbrief, als es wieder einmal darum ging, die Bahnlinie anders zu führen. Er schilderte, wie er 1912 als junger Mann eine Aufklärungsversammlung im Kronensaal zum Thema «Die Rorschacher Bahnhof-Frage und ihre Lösung» erlebte. Die Ausführung der Pläne hätte Rorschach auf alle Zeiten verschönert. Die Seelinie wollte man vom Rietli her in einem Tunnel auf Höhe Reitbahnstrasse in die tieferzulegende St. Gallerlinie einführen und parallel dazu eine neue St. Gallerlinie in einem Tunnel zu einem neuen Einheitsbahnhof beim Restaurant Schweizerhof zusammenführen.

Die Pläne wurden in einem Büchlein abgegeben – mit einem grünen Einband, auf den sich der Leserbrief bezog: «Die Farbe der Hoffnung. Wer aber glaubte, diese Hoffnung werde bald erfüllt, täuschte sich gründlich. 47 Jahre sind seither vergangen und die Haare inzwischen grau geworden. Das Büchlein liegt als Museumsstück in meinem Schreibtisch und die Pläne, die 1936 wieder für eine Tieferlegung der St. Gallerlinie auflagen, sind nie ausgeführt worden.»

Zweimal – 1912 und 1936 – lagen also Projekte vor, die von der Bevölkerung gutgeheissen wurden und hinter denen auch die SBB und die Kantonsregierung standen. Rorschach hatte damals mit Ernst Löpfe-Benz einen Ständerat in Bern, der sich unablässig darum bemühte, dass sich die Bundesbahnen und die Stadt auf ein baufertiges Projekt einigten. Doch 1937 schreibt der Lokalhistoriker Franz Willi: «Das Projekt für die Tieferlegung der St. Gallerlinie rückte wohl immer wieder gleich einer Fata Morgana am örtlichen Himmel auf, um ebenso vielmal wieder zu verschwinden. Ungünstiger als je ist die Finanzlage der Interessenten, welche die Millionen flüssig machen sollten…» (Gemeint sind SBB, Kanton und Stadt).

Neuer Anstoss nach tödlichem Unfall

Es dauerte bis 1956, ehe wieder ernsthaft eine Bahnsanierung angegangen wurde. Auslöser war am 9. Februar der Zusammenstoss eines Zuges mit einem Lastwagen beim Übergang Mariabergstrasse, bei dem ein Kind tödlich verletzt wurde. Gemeinderat und Stadtrat forderten mit einer Eingabe an den Kanton die Beseitigung der Niveauübergänge durch Tieferlegung des Bahntrassees. Im Februar 1957 beauftragten SBB, Kanton und Stadt ein St. Galler Ingenieurbüro mit der Planung einer Tieferlegung. «Allen Beteiligten war es klar, der Geschichte der Rorschacher Bahnfrage nicht noch ein weiteres Kapitel anzuhängen, sondern dass nun endlich Taten fällig sind», schreibt das Tagblatt. Die Notwendigkeit wurde mit Studien belegt: An einem Werktag 1951 wurden an 10 Barrieren 12 059 Fussgänger, 231 Kinderwagen, 2228 Fahrräder, 677 Personenautos, 404 Lastwagen gezählt.

1958 wurde der Bürgerschaft eine teilweise Höherlegung der Bahn vorgelegt. Vom Bellevue aus, wo sowohl die Churer- als auch die Scholastikastrasse mit bis 6 Meter hohen Brücken über die Bahn geführt würden, verliefe das Trassee auf einem ansteigenden Damm bis zur Kaplaneistrasse, wo ein schlanker Viadukt enstehen soll. Bis zur Mariabergstrasse erreichte die Hochbahn eine Höhe von 2,2 Metern, und besagte Strasse würde für eine Unterführung tiefergelegt. Beim Bäumlistorkel wäre eine Höhe von 4,5 Metern erreicht. Signal- und Feldmühlestrasse würden in einer Unterführung zusammengelegt; bis zur Industriestrasse senkte sich das Trassee wieder auf die bisherige Höhe. Unterführungen waren auch bei der Reitbahn- und bei der Industriestrasse vorgesehen.

Schon im Gemeinderat war der Projektkredit für die Hochbahn mit 12 Ja und 9 Nein umstritten. Wieder war die Presse voll von Leserbriefen; es entbrannte eine heftige städtebauliche Diskussion. Der Sekundarlehrer und Lokalhistoriker Richard Grünberger schrieb: «Man hoffte, es werde gelingen, die Bahn dank Tieferlegung oder Tunnel aus dem Stadtbild zu verbannen. Stattdessen soll sie, weil viel billiger, erst recht ins Blickfeld treten.» Ein Befürworter klagte: «Soll wegen einer Handvoll Gegner wieder ein Projekt bachab gehen, bis in vielleicht wieder fünfzig Jahren ein neues Projekt vorgelegt wird?» Zwei Wochen vor der Abstimmung wurde an einer Aufklärungsversammlung über viereinhalb Stunden lang diskutiert. Stadtammann Ernst Grob gab zu bedenken, dass die Hochbahn 12,5 Mio Franken, ein Tunnel aber 33 Mio Franken koste. Ein Redner entgegnete, dass einst schon die Bahnlinie am See die Stadt nachteilig verändert habe, jetzt wolle man mit der Hochbahn noch Schlechteres bauen. Noch nie habe er eine derart verbissene Diskussion erlebt, sagte der St. Galler Landammann Simon Frick hernach.

Am gleichen Sonntag (1. Februar 1959), an dem die Rorschacher Stimmbürger die Einführung des eidgenössischen Stimmrechts für Frauen deutlich ablehnten, verwarfen sie auch ihr Bahnviadukt – mit 1391 Nein gegen 946 Ja. Die Parole der Gegner «Lieber nichts als dies!» hatte obsiegt.

Schönste Strasse der Stadt gefährdet

«Ob die Hochbahn, wenn sie verworfen wird, in 20 oder 30 Jahren nicht eben doch kommen und zwischen Hochhäusern gar nicht mehr besonders auffallen wird?», hatte Richard Grünberger vor der Abstimmung 1959 noch gefragt. Fast hätte er recht bekommen, denn anfangs der Siebzigerjahre gaben die Verkehrsstaus am Bellevue mehr Anlass zu Klagen als all die übrigen Barrieren an der St. Gallerlinie. «Als einzige technische und finanziell lösbare Lösung» machte der Stadtrat 1976 dem Gemeinderat eine Überführung beim Bellevue und eine Unterführung beim Bäumlistorkel für den Strassenverkehr mit mehreren Unterführungen für Fussgänger schmackhaft. Damit wollten die Planer den Bahn- und Strassenverkehr trennen und alle Barrieren bis zur Reitbahnstrasse aufheben.

Das einstige Bahnwärterhäuschen an der Reitbahnstrasse.

Der aufgegebene einstige Bahnübergang an der Buchstrasse.

Fotomontage des 1958 geplanten Bahnviadukts bei der Mariabergstrasse.

Doch die Räte hatten ohne eine Alternative am Volk vorbeigeplant. Gegen den Gemeinderatsbeschluss ergriff ein überparteiliches Komitee das Referendum, es kam zur Urnenabstimmung. Die Meinungen in der Stadt waren geteilt. Das im evangelischen Kirchgemeindehaus ausgestellte Modell verniedlichte das gewaltige Bauprojekt. Es fehlten Fotomontagen, die gezeigt hätten, wie hoch die Strasse an den Häuserfenstern der dritten Stockwerke vorbeigeführt hätte. Die Baulobby wolle eine lange und hohe Betonschlange durch die Stadt ziehen, sagten die Gegner. Die Befürworter fragten: «Wollt ihr denn die Barrieren für immer?» Die Urnenabstimmung vom 24. Oktober ergab 1322 Nein zu 1192 Ja: Mit einer Differenz von nur 130 Stimmen lehnten die Rorschacher das überrissene Projekt ab.

Die Behörden konnten sich damit nicht abfinden; sie sprachen von einem Zufallsmehr und mutmassten, viele hätten Nein gestimmt, weil durch die Aufhebung des Mariaberg-Übergangs die schönste Strasse zerschnitten worden wäre. Die vielen im Baugewerbe tätigen Gemeinderäte zwangen den Stadtrat mit einer Motion, das Projekt noch einmal vorzulegen, allerdings ohne die Verbindung vom See zum Lehrerseminar Mariaberg zu kappen. Nochmals betonte der Stadtrat, dass SBB, Kanton und Stadt die Bellevue-Überführung als kostengünstigste, ästhetisch und städtebaulich vertretbare Lösung betrachteten. Am 3. Juli 1977, nur acht Monate nach der ersten Abstimmung, wurden die Bürger wieder an die Urne gerufen. Sie liessen sich nicht umstimmen: Die als Zwängerei bezeichnete Vorlage wurde abgelehnt, immer noch knapp, aber deutlicher als die erste, 1255 Nein zu 1079 Ja.

Die Reihe der schubladisierten Projekte, die seit 1891 für eine Rorschacher Verkehrssanierung ausgearbeitet wurden, ist lang. Mit Ausnahme der paar aufgehobenen Barrieren ist alles beim alten geblieben. Die Bahn fährt bald doppelspurig und mit noch dichterem Fahrplan entlang neuer Hochhäuser; die Barrieren werden noch länger geschlossen, und die Stadt bleibt geteilt.

Scheuende Pferde auf dem Friedhof

Begleitet von Trauernden zogen einst schwarze Pferde den Leichenwagen vom Haus eines Verstorbenen durch die Strassen der Stadt zum Friedhof.

«Sämtliche Leichentransporte erfolgen zweispännig. Es sind hiefür zwei rüstige Rappen zu verwenden. Zu jedem Leichentransport ist schwarze Kleidung zu tragen. Der Leichenführer hat die beiden der Gemeinde gehörenden Leichenwagen sorgfältig aufzubewahren und stets sauber zu halten.» So lauteten 1946 einige der Bestimmungen eines Vertrages über das Bestattungswesen zwischen der Stadt Rorschach und dem Fuhrhalter Johann (Hans) Keller.

Keller hielt in seiner Stallung an der Trischlistrasse zwei schwarze Pferde für die Trauerzüge durch die Strassen hinauf zum Friedhof. Den Rappen wurden schwarze, silbern verzierte Tücher umgehängt und auch die Köpfe eingedeckt, zwei Löcher gaben die Augen frei. Am Leichenwagen waren Gestelle für die Kränze befestigt. Beim Tod von bekannten oder besonders beliebten Menschen, so 1948 beim Begräbnis des Unternehmers/Kaufmanns Franz Engensperger (Bruder von alt Stadtammann Arnold Engensperger), konnte der Wagen die vielen Kränze nicht aufnehmen. Dann wurde ein zweiter Wagen, Kranzwagen genannt, mit den Blumengebinden beladen und von zwei weiteren Rappen gezogen.

Langer Leichenzug mit Zylindern

Am Tage der Beerdigung besammelten sich die Trauernden vormittags vor dem Wohnhaus des Toten. Die stadtbekannte Leichenfrau Anna Tschumper begann zu beten, und die Trauergemeinde stimmte ins Gebet ein, während der Sarg aus dem Haus getragen wurde. «Alle Männer trugen damals noch Hüte», erzählt Hans Keller. «Und als Kutscher gab ich mit meinem Zylinderhut das Zeichen zur Wegfahrt und zum Aufsetzen der Hüte. Bei der Einfahrt in den Friedhof schwenkte ich jeweils meinen

Zylinder in weitem Bogen – die Hüte waren wieder abzunehmen.» Keller erinnert sich auch, wie die Fahrer der noch wenigen Autos und Lastwagen geduldig, ja ehrfürchtig warteten, bis der meist lange Leichenzug vorbei war.

Kinder auf dem Schulweg, den Tornister auf dem Rücken oder das blaue Sekundarschulkäppli auf dem Kopf, kamen dem Zug entgegen und spürten oft erstmals in ihrem jungen Leben die Traurigkeit des Todes. Die sonst lebhaften Pferde, gewohnt an Fahrten für Taufen und Hochzeiten, zogen den Wagen mit hängenden Köpfen unter dem Geläute der grossen Kirchenglocken durch die Pestalozzistrasse und dann die Heidenerstrasse hinauf. Weil sich das Fotografieren eines Leichenzugs nicht ziemte, sind kaum Bilder erhalten.

Das Ende dieses jahrhundertealten Brauches kam im Laufe weniger Jahre. Mit dem zunehmenden motorisierten Verkehr, aber auch mit der veränderten Einstellung der Gesellschaft zum Tode, wurde die öffentliche Leichenbegleitung aufgegeben. 1954 führte Keller nur noch fünf Leichenzüge, 1955 gab er die Pferdehaltung auf.

Jägermusik lässt Pferde durchbrennen

Das endgültige Ende des Brauchs besiegelte ein tragisch-komisches Ereignis im April 1959. Eine junge Rorschacher Witwe wünschte für den Leichenzug ihres Gatten die gleichen Rappen, welche schon die Hochzeitskutsche gezogen hatten. Keller borgte die Rosse, mit der Auflage, dass beim Begräbnis keine Musik spiele. Die Rosse seien zu lebhaft und fürchteten Aufregung. Für den Verstorbenen, der ein passionierter Jäger war, sollte nun aber eine Jägermusik auftreten. Beim Eingang zum Friedhofstor, wo die Musiker bereitstanden, scheuten die Pferde und brannten mit dem Leichenwagen durch. Sie rannten unter dem Torbogen durch rechts in den Friedhof hinein, zerbrachen die Deichsel und zerrissen das Geschirr und die schwarzen Decken. Die Musiker wichen in die Gräberreihen zurück und suchten Schutz hinter Grabsteinen und Buchshecken. Der Leichenwagen mit dem Sarg kam weitab hinten im Friedhof zu stehen, wo die Rosse endlich beruhigt werden konnten.

Sie rannten unter dem Torbogen durch rechts in den Friedhof hinein.

Es sollte der letzte Leichenzug mit Pferden auf den Rorschacher Friedhof bleiben. Der Rorschacher Zivilstandsbeamte Otto Holbein verbot danach endgültig die Fahrt mit Pferden. Die Wagen verkaufte Keller im Auftrag der Stadt für 50 Franken an Rheintaler Landgemeinden. Eine einzige Ausnahme gab es dann noch 1961: Das Begräbnis des landesweit bekannten Rorschacher Nationalrats Theodor Eisenring wurde mit Pferden und Wagen eines Mörschwiler Bestatters besonders feierlich gestaltet.

Der Trauerzug für den Rorschacher Nationalrat Theodor Eisenring, 1961.

Bereits vorher hatte sich Keller ein schwarzes Leichenauto angeschafft. Das Bestattungswesen wurde mit einem neuen Vertrag geregelt. Am Auto konnte ein Gestell montiert werden, auf dem ringsum die Kränze angebracht wurden. Bei Fahrten ins Krematorium in St. Gallen hielt sich eine Zeit lang der Brauch, dass die Trauernden dem im Schritttempo fahrenden Auto bis ausgangs Rorschach zu Fuss folgten und sich dann zerstreuten.

Heute diskrete Autofahrten

Der neue Vertrag verpflichtete Keller auch zum Einsargen. Dieser schwere Dienst fiel ihm nie leicht; er überliess ihn so oft als möglich Hilfsangestellten. Vielleicht wegen ihrer traurigen Arbeit waren diese Helfer oft Alkoholiker und manchmal nicht zu gebrauchen, so dass Keller unwillig einspringen musste. Eines Tages beorderte ihn der damalige Stadtammann Ernst Grob aufs Amt und führte ihn ohne Erklärung zum Spital. Dort musste er Ärzten beim Sezieren einer Leiche zusehen. Der Stadtammann stellte klar: «Wenn Ärzte eine solche Arbeit verrichten können, werden wohl auch Sie in Zukunft das Einsargen besorgen können.»

Johann Keller übertrug sein Bestattungsunternehmen seinem Sohn Richard und dessen Gattin Rita. Dessen Pflichten unterscheiden sich wenig von den früheren Diensten; doch sind die Fahrten heute diskret und öffentlich kaum erkennbar. «Noch immer schreibt der Vertrag dunkle Kleidung und dunkle Autos vor», sagt Richard Keller. «Der Tod wird eher verheimlicht. Es kommt vor, dass man uns bittet, erst beim Eindunkeln das Einsargen vorzunehmen. In der Ostschweiz ist der Umgang mit dem Tod nüchterner als beispielsweise im Tessin oder in der Westschweiz.» Der Tod will verdrängt werden, kein Leichenzug durch die halbe Stadt erinnert mehr daran.

Weihnachtliche Schaufenster des Warenhauses Oscar Weber am Hafenplatz.

Die Nasen am Schaufenster platt gedrückt

Die Schaufenster von Kaufhäusern und Spielwarenläden waren in der Vorweihnachtszeit eine Attraktion für die Rorschacher Jugend. Die Dekorationen wurden in der Zeit vor dem Fernsehen auch von Erwachsenen bewundert.

Vor Weihnachten werden auch heute in vielen Grossstädten die Schaufenster der grossen Kaufhäuser kunstvoll gestaltet und sind Anziehungspunkte während der Weihnachtseinkäufe. Berühmt sind die Schaufenster der Galeries Lafayette in Paris, von Selfridges in London oder Macy's in New York. In den Schweizer Städten waren es die Fenster von Globus. Dass aber auch ein Rorschacher Warenhaus in den Wochen vor Weihnachten jährlich bis 1972 fast grossstädtisch erstrahlte, war das Werk von Erwin Schürmann, Chefdekorateur des Warenhauses Oscar Weber. Mit seinen stets neuen Ideen, die Fenster und die Hausfassade festlich herzurichten, brachte er mondänen Glanz und einen grossstädtischen Hauch nach Rorschach.

41 Jahre lang, von 1931 bis 1972, war Erwin Schürmann als Chefdekorateur für das Warenhaus tätig. Seine künstlerischen Fähigkeiten wurden nicht nur an seinem Arbeitsplatz geschätzt, er stellte seine Begabungen jahrzehntelang in den Dienst der Stadt und der Region. Wo Behörden oder Vereine einen uneigennützigen und ideenreichen Gestalter brauchten, fand man in ihm den richtigen Mann, sei es als Plätze- oder Bühnendekorateur. Er entwarf Vereinsfahnen, gestaltete Plaketten und Abzeichen. Auch als künstlerischer Organisator vieler Anlässe, Umzüge, Seenachtfeste und Blumenkorsos trat das Ehrenmitglied zahlreicher Vereine immer wieder in Erscheinung.

Immer eine Modelleisenbahn

Was für die Zürcher Kinder der Franz-Carl-Weber oder für die St. Galler der Zolli-Bolli, war für die Rorschacher Kinder Schürmanns Spielwarenfenster direkt an der Hauptstrasse. Die Hauptattraktion war stets eine elektrische Eisenbahn, daneben figurierten Holz- und Metallbaukasten, eine zusammensetzbare Ritterburg, Bleisoldaten und Indianerfiguren. Nie fehlte ein Puppenhaus für die Mädchen. Und wer auf Fassdauben Skifahren gelernt hatte, konnte den Blick von Eschenholzski mit Stahlkanten und Diagonalbindung nicht losreissen. Die Erwachsenen bummelten abends in die Stadt, um Schürmanns Kreationen zu bestaunen.

In einer Zeit, in der sich Kinder noch nicht frei in Warenhäusern bewegen durften und die Waren hinter den Ladentischen versteckt blieben, weckten die Schaufenster Weihnachtswünsche. Ins Warenhaus mit dem wunderbaren alten Eisengitterlift zum ersten Stock, wo sich die Spielwarenabteilung befand, wagte man sich nur in Begleitung der Eltern. Die Buben und Mädchen drängten sich vor das Spielwarenfenster, die Stärkeren hielten die Schwächeren zurück. Es dauerte seine Zeit, bis man sich in die vorderste Reihe vorgearbeitet hatte und die Nase am Schaufenster platt drücken konnte, vor den glänzenden metallenen Spielwaren, die so verschieden waren von den eigenen, meist von den Vätern gebastelten Holzsachen. Fasziniert verfolgte man, wie die grosse Märklin-Eisenbahn in Tunnels verschwand und wieder auftauchte. Oft vergass man, dass man fror, Snowboots und Thermohandschuhe waren noch unbekannt. Als 1972 Oscar Weber aus Rorschach auszog, blieb nur noch das Fenster von Max Kloos. Dort konnte man die Spielsachen noch näher betrachten.

Rorschacher Weihnachtsausstellung

Was heute die Wuga für die Goldacher ist, war für Rorschach die Weihnachtsausstellung im Kronensaal. Sie fand stets in der ersten Dezemberwoche statt. Auf der Saalbühne war ein Spielzeugpark aufgebaut mit einer spektakulär grossen Modelleisenbahn. Eine Unmenge Kinder drängte sich vor der Bühne und verursachte einen derartigen Besucherstau in den Gängen, dass die Organisatoren in späteren Jahren auf die Anlage verzichteten. Mit einer Tombola wurde ein riesiger Gabentempel finanziert, die Lösli waren auch für Kinder erschwinglich. Den Hauptpreis, ein grosser Früchtekorb, hätte man gerne den Eltern nach Hause gebracht. Weil die damaligen Arbeitszeiten kaum Zeit für Weihnachtseinkäufe liessen, wurde am Silbernen und Goldenen Sonntag eingekauft. So nannte man die zwei Sonntage vor Weihnachten, an denen alle Geschäfte geöffnet waren und viel Volk aus der ganzen Region die Strassen belebte. Gespannt wurde das Heidener Bähnli erwartet, dem jeweils

Das Warenhaus Brann, später Oscar Weber, abgerissen 1989.

Kinder drücken ihre Nasen 1947 ans Schaufenster des Spielwarenladens Kloos.

50 Coop-Kläuse mit schweren dunklen Pellerinen und wallenden Bärten entstiegen und den Kindern Geschenke der Konsumgenossenschaft verteilten.

Rorschach ist auch ohne Oscar Weber eine Weihnachtseinkaufsstadt geblieben. Die heutigen Bummelsonntage knüpfen an die alte Tradition an, noch immer gibt es festlich dekorierte Schaufenster, und die Weihnachtsbeleuchtung gilt als eine der schönsten der Ostschweiz. Erwin Schürmann starb 1986 77jährig. Drei Jahre später wurde das von Oscar Weber 1972 aufgegebene Warenhaus abgerissen, zugunsten des «Hafenzentrums» mit UBS und Hotel Mozart.

ARBEIT

Ein Zug unter Dampf Richtung Arbon, 1890. Die Kornschuppen links wurden 1916 abgerissen (heute Kornhausquai).

Im Arbeiterzug nach Arbon

Nachbarschaftlicher Industrieverkehr am See: Jeden Tag verkehrten vollbesetzte Arbeiterzüge zwischen Rorschach und Arbon. Die Büroangestellten fuhren nach einem anderen Fahrplan.

....

«Pünktlich jeden Morgen um 6.13 Uhr rollte der Arbeiterzug vom Hafen Rorschach nach Arbon. Die vielen Wagen der dritten Klasse mit Holzbänken waren stets voll besetzt mit Arbeitern aus Rorschach, dem Rheintal und dem Appenzeller Vorderland.» Hans Okle war einer der vielen aus der Region Rorschach, für die die Arbeit bei Saurer zum Lebensinhalt wurde. 50 Jahre lang, von 1938 bis 1987, bestieg er täglich den Zug nach Arbon.

Die Saurer-Werke beschäftigten in den besten Jahren bis zu 4000 Arbeiter. Okle sieht die Scharen noch heute vor sich, vom Bahnhof Arbon kommend, den verschiedenen Werkhallen zuströmend. «Zur vermeintlichen Stärkung für die harte Arbeit genehmigten sich viele noch einen ‹Güx› im Restaurant ‹Steiert› beim Bahnhof, wo die Schnapsgläser jeweils für den schnellen Trank bereits auf der Theke aufgereiht waren», erinnert er sich. Bier und Schnaps flossen am Morgen wie nach Feierabend für die Arbeiter auch in den Restaurants «Bahnhof» und «Helvetia» am Perron des Rorschacher Hafenbahnhofs.

Die SBB richteten die Fahrzeit der Züge auf die Arbeitszeiten der Firma aus. Auch Mittagszüge waren eingeplant – um 12.15 nach Rorschach, 55 Minuten später wieder zurück, um den Familienvätern ein Essen zu Hause zu ermöglichen.

Okle erinnert sich an seinen Arbeitsweg: «Wir kannten nur die Bahn als Transportmittel. Es gab keine Busse, keine Postautos, und kein Arbeiter besass ein Auto. Auch Werktransporte waren noch nicht eingeführt. Der Individualtransport kam erst nach dem Krieg, mit den ersten Vespas, Lambrettas und Mofas und je nach Kaufkraft später mit den ersten VW

Käfern. Beim frühen Arbeitsschluss am 1. August ohne passende Zugsverbindung bot die Schiffsvermietung Zels den Arbeitern von Saurer einen Sonderkurs Horn–Rorschach mit dem Schiff ‹Arbor Felix› an.»

Der sogenannte «Bürozug» für die Angestellten aus Rorschach fuhr dreiviertel Stunden nach dem Arbeiterzug. Der Klassenunterschied zwischen Arbeitern und Angestellten zeigte sich auch beim Stempeln. Die Arbeiter betraten das Werk bei Grieder, dem «Büezerportier», und stempelten ihren Arbeitsbeginn so nah als möglich bei ihrem Arbeitsplatz. Für die Angestellten hingegen befanden sich der Eingang und die Stempeluhr beim Herrenportier, welcher zufällig Edelmann hiess.

Dreher, Schlosser, Schleifer

Und doch versprach eine Anstellung bei Saurer den Arbeitern eine sichere Zukunft. Während die damalige Industrie in Rorschach – Feldmühle, Roco, Aluminiumwerke – mehrheitlich angelernte Arbeiter beschäftigte, suchte Saurer für den Motoren- und Lastwagenbau sowie für die Textilmaschinen-Produktion Facharbeiter. Wer einen «rechten Beruf» lernen wollte, fand hier eine Lehrstelle. In der Lehrlingsabteilung wurden in den Dreissigerjahren bis zu 400 junge Einsteiger beschäftigt, welche die Berufe Dreher, Maschinenschlosser, Fräser/Schleifer und Maschinenzeichner lernten. Im ersten Lehrjahr wurde nur gefeilt und gebohrt. Ein Facharbeiter musste fähig sein, Konstruktionspläne zu lesen, um ein Werkstück nach Plan aus einem Roh-Gusseisen herzustellen. In der betriebseigenen Gewerbeschule wurde in Fachtechnik geschult, allgemeine Fächer lehrten angeheuerte Primarlehrer aus den öffentlichen Schulen Arbons.

Wer dort arbeitete, brauchte gute Nerven.

Eine Lehre bei Saurer absolvierte auch Josef Leasi, als guter Fussballer jahrelang eine Stütze des FC Rorschach. «In meiner Abteilung arbeitete man im normalen Stundenlohn-System. In der Dreherei und Fräserei galt das Akkordsystem. Wer dort arbeitete, brauchte gute Nerven. Wohl verdiente man mehr, aber oft auf Kosten der Gesundheit.» Im Krieg habe man viel Überzeit geleistet. Nach der ersten Mobilmachung waren ganze Hallen leer, viele Arbeiter standen als Soldaten an der Grenze.

Leasi brachte es vom Schleiferei-Lehrling zum Werkmeister, nach 48 Jahren beim Betrieb ging er in Pension: «Im ersten Jahr gab es für mich keine Ferien, nur drei Tage unbezahlten Urlaub, später eine Woche im Jahr. Unsere Gewerkschaft, der Schweizerische Uhren- und Metallarbeiterverband (SMUV), führte mit der Firmenleitung einen langen Kampf um mehr Ferien.»

Weniger gut auf die Gewerkschaft zu sprechen ist der Rorschacherberger Gottlieb Reich. Auch er arbeitete 39 Jahre lang bei Saurer, in der

Motorenmontage: «Wir zahlten wohl die Gewerkschaftsbeiträge, viel haben uns aber die Gewerkschaftssekretäre nicht gebracht.» Auseinandersetzungen gab es für die Gewerkschaften nicht nur mit den Arbeitgebern, sondern auch untereinander. Lange gab der SMUV, der als sozialistisch galt, den Ton an: «Wenn nicht rot, dann kein Brot!», hiess eine Parole. Und wer dem Minderheitsverband CMV, dem Christlichen Metallarbeiterverband, angehörte, wurde als Schwarzer bezeichnet. Erst nach dem Zweiten Weltkrieg ebneten sich die ideellen Gräben.

«Dieselonkel» Wirrer

Arbeiter aus der Region fertigten die weltberühmten Saurer-Dieselmotoren. Seit 1928 bei deren Entwicklung dabei war Hans Wirrer aus Rorschach. Er lernte die Funktion dieser Motoren kennen wie kein Zweiter und wurde zum Chef des Motorenprüfstandes befördert. «Kein Dieselmotor hat Saurer verlassen, der nicht auf meinem Prüfstand für gut befunden wurde», sagt Wirrer. Die von der Schweizer Armee bestellten Saurer-Lastwagen wurden mit Gewichten beladen auf der steilen Steigstrasse am Rorschacherberg getestet. «Wir produzierten Motorenteile für die Allierten und gleichzeitig für die Achsenmächte, und dies bis fast zum Kriegsende. Ich sah die beschrifteten Verpackungen in den Ablieferungshallen.» Wirrer hat die Spannungen miterlebt, die zwischen den sozialdemokratischen Schweizer Arbeitern und einer kleinen, aber sehr aktiven Gruppe nazideutsch-freundlicher Meister und Vorarbeiter entstanden.

Die Saurer-Motorenprüfstätte in Arbon, «Dieselonkel» Wirrer ist der Mann mit Hosenträgern.

Saurer testete Lastwagenchassis auf der steilen Steigstrasse am Rorschacherberg.

Nach dem Krieg vertraute das Militär auf Wirrer für die periodischen Überprüfungen der Dieselfestungs-Motoren von Saurer. Mitarbeiter des Eidgenössischen Militärdepartements nannten den Rorschacher wegen seiner gründlichen Kenntnisse «Dieselonkel». Sein früherer Arbeitskollege Hans Okle, der gelegentlich Treffen für Pensionierte organisiert, erinnert sich mit Wehmut an die grossen Zeiten der Firma: «Es tut weh zu sehen, was aus Saurer geworden ist. Wir gaben damals unser Herzblut für den Betrieb. Bei notwendiger Überzeit ging man manchmal erst um 1 Uhr morgens zu Fuss nach Rorschach nach Hause. Oder dann schon um 4 Uhr in der Früh wieder an die Arbeit.»

Viel Schweiss, viel Schmutz

Hart war die Arbeit an den Drehbänken und schmutzig dazu. Kraft für die körperliche Arbeit war gefordert – Heben, Stossen, Stemmen, Feilen –, manuelle Tätigkeiten, die heute durch Maschinen anstelle der Betätigung oft abenteuerlicher Flaschenzüge erledigt werden. Gefährliche offene Transmissionsriemen wurden von Motoren angetrieben. Die blauen «Übergwändli» mussten sich die Arbeiter selber kaufen, in Rorschach bei Maurer im Kettenhaus. Für die Lehrlinge ging dafür ein ganzer Monatslohn drauf. Das Waschen der Überkleider besorgten die Ehefrauen. Duschen gab es bei Saurer keine, und so herrschte an einem Samstag Hochbetrieb in den Badehäusern in Rorschach.

Samstags einmal wöchentlich ins Bad

In den Rorschacher Arbeiterquartieren hatten die Wohnungen oft kein warmes Wasser und schon gar kein Bad. Jahrzehntelang mussten die Arbeiter darum privat geführte Badehäuser besuchen.

....

Ein Winter in den Fünfzigerjahren, Samstagmittag am Hafenbahnhof. Der Arbeiterzug von Arbon trifft ein. Viele Arbeiter eilen – einige im Laufschritt – durch die Hauptstrasse zur Badeanstalt «Badhof» an der Thurgauerstrasse oder zur «Sanitas» an der Ankerstrasse. Nur nicht Schlangestehen müssen für das wöchentliche Bad! Jeder will auf den Bänken im Warteraum des Badhofs der Familie Trachsler-Scheiwiller der Erste sein.

Frau Trachsler weist den Arbeitern die kahlen Zellen zu, in denen Badewannen auf vier gusseisernen Füssen stehen. Mit Metallmarken oder Gutscheinen der Betriebskrankenkasse darf jeder ein Bad nehmen und sich vom Schmutz der Arbeitswoche reinigen. Nach einer halben Stunde wird an die Türe geklopft: Die Zeit ist um. Wanne und Boden werden gereinigt, der nächste schmutzige Gast aufgerufen. Dieser hat Seife und Tüchli und frische Wäsche bereits am frühen Morgen zur Arbeit mitgenommen.

Keine eigenen Wannen und Duschen

Die vielen Arbeiterwohnungen in der Nähe der grossen Industriebetriebe Feldmühle und Roco bestanden damals aus einer Küche mit Holzherd mit Kupferbecken und Gasrechaud, einem Wohnzimmer oder einer Stube, zwei oder drei Schlafzimmern und einem kleinen Raum mit Toilettenbecken. Erwärmt wurde nur das Wohnzimmer mit einem Kachelofen, der von der Küche aus beheizt wurde. Alle anderen Räume waren im Winter eiskalt. Oft fror sogar in der Toilette die Wasserleitung ein, obwohl sie mit Zeitungen und Lumpen eingewickelt wurde.

Die Badanstalt und das Restaurant Badhof 1940.

Der im Neuquartier aufgewachsene Edi Rechsteiner erinnert sich an primitive Toiletten ausserhalb der Wohnung im Hausgang auf einer Zwischenetage: «Es waren Plumpsklos – Holzbänke mit Deckel, einem Krug Wasser und ohne elektrisches Licht. Nur die Feldmühle-Meister und -Angestellten lebten in besser ausgestatteten Wohnungen.»

Die Familie wusch sich mit kaltem Wasser am Schüttstein, dort putzte man sich die Zähne, der Vater rasierte sich daneben vor einem kleinen Spiegel. Gebadet wurden die Kinder am Samstagabend in einer Holz- oder Blechgelte. Warmes Wasser kam aus dem Kupferschiff des Holzherds oder aus dem Kaldor, wie man das Heisswassergerät auf dem Gasherd nannte. Am Waschtag wurde oft auch in den Waschküchen gebadet, die sich im Keller befanden. Da dort den ganzen Waschtag lang mit einem Holzofen heisses Wasser aufbereitet wurde, stand dieses dann am Abend auch für ein Bad im hölzernen Zuber zur Verfügung.

In einigen Häusern befand sich eine einzige Badewanne für alle Wohnungen im Keller. Dort zu baden, konnte gefährlich sein. Rosmarie Lyner-Böck erzählt, dass ihre Mutter einst den Vater bewusstlos im Keller in der Badewanne auffand. Ein Gasdurchlauferhitzer hatte Gas ausströmen lassen. Ihr Haus befand sich in der Nähe des Krankenhauses. Der rasch herbeigerufene Pfleger Löpfe, wegen seiner Unzimperlichkeit in der Stadt allgemein Knochenschlosser genannt, konnte den Vater wiederbeleben. Verständlich, dass die Familie bald in eine Wohnung mit Badezimmer umzog.

Die Erwachsenen waren gezwungen, für ihr Bad die beiden Rorschacher Badeanstalten zu benützen. Die Feldmühle und andere Arbeitgeber vergüteten die Kosten über ihre Betriebskrankenkassen. Rösli Walt führ-

Der Eingang zur Badanstalt.

Das 1965 anstelle des Badhofs erbaute Hochhaus.

te das Bad «Sanitas» mit ihrem Mann Josef von 1946 bis 1974: «An Freitagen und Samstagen herrschte bei uns Hochbetrieb. Wir schufteten von früh bis spät, weil wir von 7.30 bis 20 Uhr ununterbrochen geöffnet hatten. Wir heizten im Keller mit Kohle das Wasser auf und putzten die Wannen nach jedem Bad. Als wir die Preise erhöhen mussten – wir verlangten 1946 für ein Bad einen Franken – weigerte sich der knauserige Feldmühledirektor Theodor Grauer, für seine Arbeiter mehr zu bezahlen. Er erstellte eigene Bäder. Doch die Arbeiter kehrten zu uns zurück, die Feldmühle-Wannen waren ihnen zu schmutzig.»

Seifenteppiche um die Badhütte

Etwas ruhiger ging es im Sommer in den Seebädern zu. Dann wurde der See zur Waschanstalt. Die Männer seiften sich unter den Brausen oder auf den Treppen zum See ein. Oft bildeten sich um die Badhütte kleinere Seifenteppiche. Im Badhof betrieben Trachslers auch eine Wäscherei und Büglerei. Man konnte die selbst gewaschenen Leintücher mit ihrer Hilfe auf Walzenmaschinen bügeln und falten.

Die Badanstalt und das daneben stehende Hotel-Restaurant «Badhof» wurden 1965 abgebrochen. Seither erhebt sich an jener Stelle das Hochhaus Badhof mit angebautem Restaurant. Rösli und Josef Walt gaben ihren Betrieb 1974 auf. Die Arbeiterwohnungen sind seither renoviert und umgebaut worden. Wohnungen ohne Bad, wenn es sie überhaupt noch gibt, lassen sich nicht mehr vermieten. Neue auf dem Wohnungsmarkt erhältliche Luxuswohnungen preisen heute nicht selten mehrere Badezimmer an. Rorschach riecht heute gerne gut.

Rorschacher Getreide: In der Mühle Studer-Wüest um 1930.

Die letzte Mühle in der Getreidestadt

Dank des Kornhauses und mehrerer Mühlen war Rorschach einer der wichtigsten Getreidehandelsplätze der Schweiz. Mit der Futtermühle Studer bleibt der Stadt das Gewerbe weiterhin erhalten.

Wer im Rorschacher Telefonbuch unter «Mühlen» sucht, wird keine finden. Erstaunlich für eine Stadt, die europaweit für ihren Getreidehandel bekannt war und in der seit 1748 eines der mächtigsten Kornhäuser der Schweiz am Hafen steht – das Wahrzeichen von Rorschach ist ein geradezu palastähnliches Gebäude. Es war von Abt Coelestin II. erbaut worden, um in guten und schlechten Zeiten die Versorgung mit Getreide sicherzustellen. Nach der Hungersnot in den Jahren 1770 und 1771 wurde es zum Mittelpunkt der Nahrungsversorgung des heutigen Kantons. Dank des Kornhauses war der Rorschacher Kornmarkt ein Jahrhundert später der wichtigste ostschweizerische Getreidemarkt. Die Marktberichte fanden sich sogar in ausländischen Zeitungen. In Rorschach entstanden angesehene Getreidehandlungen, und gut hundert Mühlenbesitzer kauften donnerstags am wöchentlichen Markt Getreide ein. Das Kornhaus führte dazu, dass die Region eines der dichtesten Netze von Mühlen in der Schweiz aufwies. Noch heute erinnern Namen wie Mühletobel und Feldmühle daran, dass an den Bächen der Stadt Mühlen klapperten. Der staatliche Korn- und Lagerhausbetrieb wurde 1908 aufgegeben, worauf der Kanton sein Kornhaus für 100 000 Franken an die Stadt verkaufte.

Doch eine Mühle gibt es noch: die Futtermühle Studer an der Neustadtstrasse dicht an der St. Galler Bahnlinie. Die drei Ähren in einem alten Logo der Firma gleichen jenen im Wappen der Stadt. Die Mühle steht, wo – heute unterirdisch – der Rietbach durchfliesst, der aber nie ein Wasserrad antrieb. Sie entstand 1915, als Wasserkraft längst durch elektrische Energie ersetzt worden war. Gründer war Josef Studer-Bär, einer der vielen Fuhrhalter, die mit Pferdefuhrwerken das Getreide, das auf Schiffen und später mit der Bahn im Hafen ankam, zu den Mühlen transportierten. Studer handelte zudem mit Getreide und betrieb eine kleine Quetschmühle, mit der Hafer und Gerste für Pferde-Trockenfutter gequetscht wurde. 1920 übernahm Otto Studer-Wüest, der Grossvater des heutigen Besitzers, das noch kleine Unternehmen. Der Fuhrbetrieb mit vier Pferden blieb Teil der Firma und war auch für die Post und die Stadt tätig. Ein Pferd Studers zog mehrmals täglich einen einspännigen Wagen von der Post zum Hauptbahnhof zu den an- und abgehenden Zügen, bis die Post 1928 ein Auto anschaffte. Im Frühling zogen zwei Rappen oft auch Hochzeitskutschen, im Sommer den Spritzenwagen und im Winter Schneepflüge.

Tagesreise zu den Bauernhöfen

Otto Studer erweiterte den Betrieb 1924 mit dem Einbau einer Vierwalzen-Mühle von Bühler in Uzwil zu einer eigentlichen Futtermühle, in der hauptsächlich Gerste und Mais für die Schweinefütterung gemahlen wurde. Sein Unternehmen florierte, er leistete sich einen offenen Personenwagen, eines der frühen Autos in der Stadt. Studer-Futter wurde bei den Bauern ein Begriff. 1931 baute die Firma eine Schlagmühle ein, 1926 schaffte sie sich einen Zweitönner-Lastwagen mit Holzspeichenrädern der Marke Chevrolet an, der erste seiner Art in Rorschach. Auf schneebedeckten oder vom Regen aufgeweichten Wegen zu entlegenen Bauernhöfen blieb das Fahrzeug aber oft stecken und musste durch Pferde- oder Ochsenkraft wieder aus dem Morast gezerrt werden.

> Die Müller schleppten Zentner und Doppelzentner zu den Wagen oder Schlitten.

Mit Fuhrwerken wurde Futtergetreide vom Kornhaus, später vom Bahnhof zur Mühle transportiert. Die vierspännig gezogenen, oft mit hundert Zentnern beladenen Fuhrwerke waren auf Rorschachs Strassen häufig zu sehen, wie auch die hoch mit Säcken beladenen Schlitten in den oft strengen Wintern. Noch gab es keine Hubstapler, die Müller schulterten Zentner und Doppelzentner, um sie auf die Wagen oder Schlitten zu laden. Eine Fahrt zu den Bauernhöfen in der Umgebung, hinauf bis nach Eggersriet, war eine Tagesreise. Zwei schnaubende Pferde zogen das mit Säcken hochbeladene zweieinhalb Tonnen schwere Gefährt auf ruppigen Naturstrassen (heute schmale Wanderwege) zu den Höfen, wo die Bauern dem Fuhrmann einen Zvieri offerierten – sofern er die 100-Kilo-Säcke auf die Tennen hinaufstemmte! Aus einer tragbaren Futterkrippe wurden die Pferde mit Heu und gequetschtem Hafer gefüttert. Ausgeruht zogen sie den leeren Wagen heimwärts, steil hinunter über die Weiler

Mit Futter beladene
Schlitten auf der
Neustadtstrasse, 1931.
Der Bub rechts: Otto Studer.

Josef Elsener arbeitete
über 50 Jahre
lang für Studer-Wüest.

Studers erster Last-
wagen, ein Chevrolet mit
Jahrgang 1931, auf
der Fahrt zu den Bauern-
höfen in der Region.

Spitzen, Alpenau, Buechberg, zum Witenwald und über Goldach nach Rorschach. Die Pferde kannten die Wirtschaften am Weg und hielten für den durstigen und müden Fuhrmann ohne Zuruf an.

Eine der ersten Unternehmerinnen

Der lebenslustige Müller starb 1940 plötzlich, nur 49jährig. In einer Zeit, wo Frauen als Unternehmerinnen sehr selten waren, führte seine Gattin Rosa den Betrieb mitten im Krieg allein weiter. Ihre drei Söhne waren noch nicht volljährig. Die Konkurrenten glaubten, das «Weiblein» aus Rorschach bald ausschalten zu können. Sie täuschten sich: Rosa Studer-Wüest war nicht nur eine der ersten zehn Frauen im Kanton, die einen Fahrausweis besassen, sie wagte sich mit Erfolg an die samstäglichen Getreidebörsen in St. Gallen. Die Kriegswirtschaft mit ihrer Rationierung erschwerte die Beschaffung von Futtermitteln, und die Armee zog zeitweise die privaten Transportmittel ein. Oft fand sich die Mühleinhaberin ohne Auto und ohne Pferde, so dass die Bauern die Futtermittel selber in Rorschach abholen mussten. Zäh verhandelte sie mit den Behörden und der Armee, um das Unternehmen in diesen schwierigen Jahren durchzubringen. Futterzusätze wie Johannisbrot oder gedörrte Birnen waren erhältlich, so dass sie 1941 in eine Mischmaschine investierte, um Kraftfutter zu produzieren.

Die 1963 erbaute Mühle mit Siloturm, im Hintergrund die Aluminiumwerke.

Nach ihrer Ausbildung im Müllereigewerbe traten die Söhne Otto und Walter 1947 ins elterliche Unternehmen ein. Otto unterstützte seine Mutter im kaufmännischen Bereich, während Walter als gelernter Müller in der Mühle tätig war. Fast hätte ein schwerer Unfall den jungen Müller hingerafft. Die damals noch nicht abgedeckten Transmissionsriemen an den Maschinen waren nicht nur in Mühlen eine stete Gefahr. Walter geriet in den Riemen der Schlagmühle, wurde an die Decke geschleudert und erholte sich erst nach wochenlangem Koma wieder.

Die Jahre nach dem Krieg brachten einen rasanten Aufschwung. Wegen der grossen Bautätigkeit verringerten sich die Landwirtschaftsflächen, und viele Bauern begannen, neben der Milchwirtschaft die einträgliche Mastwirtschaft von Schweinen zu betreiben. Studer-Kraftfutter war plötzlich in viel grösseren Mengen gefragt. Der Betrieb wurde mit neuen Maschinen und Fahrzeugen erweitert, der Pferdebetrieb 1950 aufgegeben. Doch die Mühle aus den Gründungsjahren mit der Remise hinter dem Wohnhaus und den Stallungen an der Bahnlinie war bald zu klein. Auch der 1957 eingeführte Schichtbetrieb genügte der ständig steigenden Nachfrage nicht mehr. Otto und seine Mutter entschlossen sich, eine moderne Mühle zu bauen. Weitblickend hatte Rosa Studer schon 1941 an den Betrieb angrenzendes Bauland gekauft; die heutige Mühle mit Silo wurde im Oktober 1963 eingeweiht.

Walter geriet in den Riemen der Schlagmühle.

Aus dem Siloturm laufen modern gesteuert jährlich einige Tausend Tonnen verschiedenster Getreidesorten, hauptsächlich Weizen, Soja, Hafer und Gerste, direkt in die Maschinen und werden mit Zusätzen zu Kraftfutter vermischt. Und seit auch die meisten landwirtschaftlichen Betriebe mit Silos ausgestattet sind, wird das Schweine- und Rindviehfutter meist nicht mehr in Säcke abgepackt, sondern offen in Form von Mehl oder Würfeln an die ostschweizerischen Tierhalter ausgeliefert. Die Zeiten der schweren Getreidesäcke auf den Rücken der Müller oder auf Fuhrwerken, Schlitten und Lastwagen sind vorbei. In Rorschach bleibt die Tradition der Mühlen immerhin erhalten; Studer wird von Victor in der vierten Generation geführt.

Kamine der Feldmühle: Ihr Rauch und die Gerüche der Fabrik beeinträchtigten auch die Gottesdienste in den nahen Kirchen.

Es «schmeckt» nach Rorschach

Die Feldmühle schaffte mit der Kunstseideproduktion einen Weg aus der Stickereikrise. Das war gut für Rorschach, aber es hatte einen Haken: Jahrzehntelang litt die Bevölkerung unter dem Gestank.

....

Der Satz ist berühmt: «Es stinkt in Rorschach, wenn es nicht mehr stinkt.» Das soll der Feldmühledirektor Theodor Grauer oft bissig geantwortet haben, wenn man ihn wegen der Gerüche seines Textilwerkes angriff. Als Arbeitgeber von 3000 Beschäftigten sah sich Grauer in der stärkeren Position als die Behörden, die sich mit den Klagen wegen Geruchsbelästigung zu befassen hatten. Hat Grauer Recht bekommen, und stinkt es also in der Kleinstadt, seit die Feldmühle nicht mehr existiert? Die Meinungen sind geteilt, dies wenigstens müsste man dem eigenwilligen Patron zugestehen. Die einen sehen schwarz, nachdem die Einwohnerzahlen über Jahrzehnte nur gesunken sind; die andern sind überzeugt, dass Rorschach das lebendige Arbeitszentrum einer wachsenden Region bleiben wird, auch wenn die grossen Industriewerke nicht mehr in der Stadt, sondern in den angrenzenden Gemeinden stehen.

Doch zurück zur einst wichtigsten Fabrik der Region. Rorschachs Erwartungen waren gross, als die amerikanischen Besitzer der Feldmühle 1923 beschlossen, in die Produktion von Kunstseidefäden einzusteigen. Schliesslich hatte die Region mit dem Ende der Stickereizeit Tausende von Arbeitsplätzen verloren. 1921 musste die Feldmühle zeitweise ihre Tore schliessen und der Stadt eine grosse Zahl von Arbeitslosen überlassen. Stadt- und Regierungsrat gaben den Feldmühle-Besitzern bei der Konzessionserteilung zu bedenken, dass eine Kunstseidefabrik inmitten einer Ortschaft wegen der penetrant riechenden Abgase Klagen aus der Bevölkerung hervorrufen könnte. Der Regierungsrat verfügte daher, dass die Abgase nach dem neuesten Stand der

Technik zu reinigen, und falls dies nicht genügen sollte, der Betrieb wieder zu schliessen sei. Trotz einiger pessimistischer Stimmen begrüsste die Mehrheit der Rorschacher die unbekannte Industrie und erwartete neuen Verdienst.

Viscosedämpfe als Todesursache?

Im Frühjahr 1925 wurde der Betrieb aufgenommen. Die Rorschacher, gewohnt an die saubere Stickerei, wurden von den üblen Gerüchen der neuen Industrie überrascht. Die Erregung war gross, es hagelte Klagen, besonders aus den belästigten Quartieren. Der Gestank drang Tag und Nacht in die Wohnungen. Ein Arzt nannte «Vergiftung durch Viscosedämpfe» sogar als Todesursache eines Patienten. Man warf der Feldmühle vor, entgegen der Vorschriften eine ungedeckte Kläranlage zu betreiben und die schwefelwasserstoffhaltigen Abgase ohne die geringste Reinigung durch zwei niedrige Kamine in die Luft zu blasen. Die Viscose Emmenbrücke hingegen lasse ihre Abgase durch starke Ventilatoren absaugen und durch ein Hochkamin ausstossen.

Ein Leserbriefschreiber beschwerte sich: «Für den Bau eines Hühnerstalls gibt es Vorschriften, für die Feldmühle offensichtlich keine.» Besucher fragten sich, ob denn in Rorschach täglich Jauche ausgeführt werde. Wegen der erheblichen Belästigung protestierte der Schulrat – drei Schulhäuser mit 1900 Schülern lagen in der Nähe des Werks. Auch die Gottesdienste und Unterrichtszimmer in den nahen Kirchen waren von stinkenden Schwefeldämpfen betroffen.

Besucher fragten sich, ob in Rorschach täglich Jauche ausgeführt werde.

Der Stadtrat erklärte den Zustand als nicht haltbar, erinnerte die Feldmühle an die Konzessionsvorschriften und verlangte Massnahmen. Das Unternehmen wehrte sich, andere Viscose-Fabriken hätten erst nach einigen Jahren das Geruchsproblem lösen können. Es schrieb die Hauptschuld dem Föhn zu, machte verschiedene Verbesserungsvorschläge und verlangte eine Frist bis 1. Juli 1926 zur Umsetzung. Dem Rorschacher Advokaten Erwin Kaiser und 55 weiteren Einwohnern ging alles zu langsam, sie forderten vom Stadtrat, dass die Feldmühle den geplanten Weiterausbau sofort einstelle. Die Bevölkerung sei bitter enttäuscht, die Gerüche seien viel stärker, als man je hätte erwarten können. Eine von 650 Einwohnern gewünschte und vom Stadtrat eingeholte Expertise brachte ein klares Ergebnis: Die starke Geruchsbelästigung war gesundheitsschädlich. Wegen der gefährdeten Arbeitsplätze wollte der Stadtrat trotz der Unzufriedenheit der Bevölkerung der Feldmühle Zeit lassen. Kaiser gab sich nicht zufrieden und gelangte an den Regierungsrat.

Die kantonale Sanitätskommission prüfte die Sachlage mit Experten. Ihr Bericht veranlasste den Regierungsrat zu Beschlüssen, die der Bevölkerung von Rorschach Recht gaben. Unmissverständlich wurde festgestellt, dass die Viscosefabrik den Betrieb ohne die in den Konzessionsbedingungen verlangten Abgasereinigungs-Einrichtungen aufgenommen habe. Es sei befremdlich, dass der Stadtrat nicht schon vorher energischer eingegriffen hatte. Die Feldmühle müsse ohne Rücksicht auf Kosten die Geruchsbelästigung innert der erwähnten Frist beseitigen. Wenn ihr dies nicht gelingen sollte, sei der Betrieb zu schliessen.

Die Feldmühle bemühte sich um Verbesserungen, baute einen Gaswaschturm und später ein Hochkamin. Die unerträglichen Belästigungen der ersten Betriebsjahre wurden wohl beseitigt, doch die Gerüche blieben über Rorschach hängen. Bei Föhn stank es in der Stadt stets, wie wenn heute die wenigen Bauern am Rorschacherberg ihre Wiesen düngen. In Staad und Thal sagte man bei Westwind: «Es ‹schmeckt› nach Rorschach.» Und Rorschachs Hausfrauen beklagten sich jahrelang über schwarz anlaufendes Silberbesteck oder gelb werdende Wäsche beim Trocknen im Freien. Trotz laufender technischer Anpassungen, neuer Luftfilter und Kamin-Erhöhungen blieb die Luft schlecht. Erst als Anfang der Siebzigerjahre in der damals Holländern gehörenden Feldmühle die

Trotz eines Säureturms blieb die Luft schlecht. Der Turm wurde 1980 abgebrochen.

Produktion von Viscose endgültig aufgegeben wurde, stank es auch in Rorschach nicht mehr.

In Arbon blieb die Luft rein

Die Feldmühle hatte anfänglich geplant, die Viscosefabrik in Arbon aufzubauen. Dort hörte man die Klagen der Rorschacher über die Geruchsbelästigungen mit Genugtuung. Man verstand die Nachbarn nicht: Da wollten die doch mit ihrem neuen Seepark und Plänen für die Verlegung der Bahnlinie vom See weg den Fremdenverkehr steigern, bewilligten gleichzeitig aber der Feldmühle die Anlage mitten in Wohnquartieren!

Der Arboner Stadtrat war im voraus über die stinkenden Abgase eines Viscosewerks informiert worden und hatte ein Gutachten erstellen lassen. Die Experten sahen grosse Nachteile für Arbon – eine Kunstseidefabrik gehöre abseits bewohnter Gebiete und an ein fliessendes Gewässer. So entschied sich der Arboner Stadtrat gegen das Begehren der Feldmühle. Prompt wurde ihm aus der Bevölkerung vorgeworfen, zu ängstlich zu sein, neue Arbeitsplätze und Steuereinnahmen seien doch dringend notwendig. Doch der Arboner Stadtrat sah sich bestätigt, besonders als bekannt wurde, dass der St. Galler Regierungsrat die Rorschacher Fabrik schliessen werde, falls keine wesentliche Verbesserung der Geruchsbelästigungen möglich sei. So blieb die Luft in Arbon rein, während die Rorschacher noch vierzig Jahre lang unter den Emissionen zu leiden hatten.

«Gute Bude» auf der schwarzen Liste der Nazis

Die Aluminiumwerke Rorschach begründeten zusammen mit Feldmühle und Roco den Ruf der Industriestadt. Das sozial fortschrittliche Unternehmen mit bis zu 800 Beschäftigten sah sich dem Wohl der Arbeiter verpflichtet.

Werbung der Aluminiumwerke im Rorschacher Neujahrsblatt 1933.

Es gibt ehemalige Aluminium-Mitarbeiter, vom Handwerker bis zum Direktor, welche die Reitbahn- und die Industriestrasse meiden. Es schmerze, dort auf das Areal zu schauen, wo die Hallen standen, in denen man das halbe Leben gewerkt habe. Ein Wohngebiet entsteht, wo Dampflokomotiven seit 1924 Güterwagen voll Aluminiumbarren anlieferten, wo Arbeiter Barren gossen, Bleche und Folien walzten. Sie arbeiteten an den Schmelzöfen und an den Walzmaschinen, in der Fertigmacherei, als Schreiner oder Schlosser, an Druck- und Prägemaschinen, in Labors und Büros. Alle loben ihren ehemaligen Arbeitgeber als beste Firma in der Region, als «gueti Bude», und reden von Chefs, denen das Wohl der Mitarbeiter am Herzen lag.

Neue Wohnungen waren 1924 nicht die Hauptsorge des damaligen Stadtammanns Arnold Engensperger. Der Niedergang der Stickereiindustrie nach dem Ersten Weltkrieg traf auch Rorschach hart. Die Feldmühle stellte ihren Betrieb ein, die Handstickmaschinen-Fabrik Baum ging Konkurs. Viele Arbeiter zogen weg. Die Einwohnerzahl sank von 13 000 auf 11 000. Für die 600 Arbeitslosen fand Engensperger Notstandsarbeiten wie den Bau der Badhütte oder der Seeparkmauer. So war es ein Lichtblick, als der St. Galler Beat Stoffel im gleichen Jahr als die Sticksäle der Feldmühle für die Herstellung von Viscose umgenutzt wurden die Aluminiumwerke gründete und viele Arbeitsplätze schuf.

Beat Stoffel war der grösste Textilunternehmer der Schweiz. Er hatte den Giessereistreik in Rorschach und den dramatischen Verlust von Arbeitsplätzen in der Stickereiindustrie erlebt. Er suchte eine Alternative zur krisenanfälligen Textilindustrie und gründete in der stillgelegten Maschinenfabrik Baum an der Industriestrasse die Cosmophos-Werke für die Produktion von Batterien für Taschenlampen. Stoffel war zudem an einem Unternehmen beteiligt, das aus Aluminiumbarren dünne Folien walzte. Er sah, dass sich der Verkauf von Folien schnell entwickelte, besonders solcher zum Ausschlagen von Teekisten, und beschloss, zusammen mit zwei Aluminiumfachleuten ein eigenes Werk aufzubauen. Einer davon war der Betriebsingenieur Curt Blattner, der ein Walzwerk in Singen leitete.

Von der Cosmophos zur Alu

Stoffel fand den Standort seiner Liegenschaft an der Industriestrasse für ein Walzwerk ideal, direkt an der St. Galler Bahnlinie. Man sprach in Rorschach zu jener Zeit gar vom Bau eines Hafens für die Rheinschifffahrt.

Alu Walzwerk: Arbeiter in einer der Werkhallen, 1949.

Zudem verfügte die Stadt über viele stellenlose Arbeiter, die mit Industrie- und Schichtarbeit vertraut waren. Stoffel gründete das neue Werk am 1. April 1924, und bereits 1925 wurden die ersten Bleche gewalzt. Den Namen Cosmophos änderte er auf Aluminiumwerke AG Rorschach (AWR). Die Produktion von Blechen und Folien stieg rasch an, die Metallhütte in Martigny konnte nicht genug Rohmaterial liefern. Stoffel musste neue Lieferanten suchen und wurde fündig bei der Aluminium Ltd. in Toronto, der späteren Alcan Montreal. Die Kanadier waren ihrerseits an einer Zusammenarbeit mit den Schweizern interessiert. Die waren nämlich dank Curt Blattner erfahrene Walzer und beschäftigten schon 200 Mitarbeiter. So kam es zum Zusammenschluss mit Alcan als Mehrheitsaktionär. Fortan hatten Kanadier das Sagen in dem bisher schweizerischen Unternehmen.

Die Aluminiumwerke profitierten von der weltweiten Rüstung.

Die Kanadier forcierten den bereits von Stoffel geplanten Ausbau. Vergilbte Pläne im Archiv des Bauamts Rorschach zeigen Fabrikhallen für eine Blechwalzerei und eine Schmelzerei entlang der Bahnlinie. Trotz Einsprachen der SBB und des Schulrats, der mehr Abstand vom Pestalozzischulhaus verlangte, entstanden die Hallen 1930. Und mit neuen Walzwerken und elektrischen Schmelzöfen – einer europäischen Neuheit – wurden Rekordmengen produziert.

Doch dann läutete der Börsencrash in New York am «Schwarzen Freitag» 1929 die grosse Krise der Dreissigerjahre ein. 1932, ausgerechnet im ersten Jahr, in dem Blattner zum Direktor aufgestiegen war, musste er Mitarbeiter entlassen. Die Verkäufe waren eingebrochen. «Trübe und frostig ist die wirtschaftliche Lage», schrieb der Chronist im Rorschacher Neujahrsblatt, weil in Rorschach auch die Kunstseideproduktion der Feldmühle und die Starrag von der Krise betroffen waren. Für die Arbeitslosen gab es Suppenküchen, und wiederum organisierte die Stadt Notstandsarbeiten. Erst 1936, mit der Abwertung des Schweizer Frankens um 30 Prozent, erholte sich die Exportwirtschaft. Die Aluminiumwerke profitierten von der weltweiten Rüstung, zu grossen Teilen mit Blechverkäufen nach England.

Lieferungen an den Kriegsfeind

Ein Trommler vor den Aluminiumwerken kündigte am 2. September 1939 die Generalmobilmachung an. Das Bild ist unvergesslich: Schichtarbeiter rennen aus dem Tor an der Industriestrasse nach Hause, um sich in Uniform zu stürzen und mit Karabiner und Tornister zum Bahnhof zu eilen. Über 200 Mitarbeiter der Alu rückten ein, die Produktion brach zusammen.

Die Kriegsparteien überwachten die Industrien der neutralen Schweiz. Als kanadische Firma, die die englische Flugzeugindustrie belieferte, standen die Aluminiumwerke auf der schwarzen Liste der

Nazis. Mitte 1940 war die Schweiz vollständig von den Achsenmächten eingeschlossen. Nach Deutschlands Einmarsch in Russland schien die Arbeit ganz auszugehen. Der Import von Rohmetall war nur gegen die Ausfuhr von Exportgütern möglich. Die Nazis sperrten den Transit von Aluminiumblechen, in Rorschach drohte der Kollaps. Doch diesen verhinderten ausgerechnet Aufträge für Nazideutschland.

Die Alusuisse hatte mit den Nazis ein Abkommen ausgehandelt, das die Einfuhr von Kohle und Eisen gegen Blechlieferungen erlaubte. Sie hatte aber zu wenig Walzkapazität und gelangte daher an Rorschach. Als kanadische Firma sah sich der AWR-Verwaltungsrat den Vorschriften betreffend Lieferungen an den Feind – dem Canadian Enemy Act – verpflichtet. Das Volkswirtschaftsdepartement zwang die Rorschacher, die Aufträge anzunehmen. Das Rohmetall lieferte die Alusuisse – und so sicherten Kriegsmaterial-Lieferungen an die Nazis Arbeitsplätze in Rorschach.

Blattner war wie ein Vater. Wir hätten alles für ihn getan.

Bei Kriegsende arbeitete das Werk nur noch zu 15 Prozent. Das Rohmaterial war fast aufgebraucht. Nichtbeschäftigte suchten sich an anderen Orten Arbeit. Als endlich wieder Aluminiumlieferungen aus Kanada eintrafen, fehlten die Arbeiter. Es kam die Zeit der Italiener. 100 Arbeiter und Arbeiterinnen aus der Region Bergamo wurden eingestellt und wohnten in einer Militärbaracke, vom Volk «Italiener-Baracke» genannt. Ihre anderen Sitten stiessen bei einem Teil der Schweizer auf Unverständnis, es kam zu Integrations-Problemen. Direktor Blattner musste auf die Gleichbehandlung aller Mitarbeiter hinweisen.

Aluminium für Kuhn-Töpfe und Knorr-Beutel

Nach dem Krieg wurde Aluminium zum Gebrauchsmaterial, zum Metall des Jahrhunderts. Die Verkäufe von Blechen und Folien stiegen in neue Rekordhöhen. Es wurden grosse Mengen von Aluminiumstreifen für die aufkommenden Skier hergestellt sowie Ronden für die Kochtöpfe der Firma Kuhn. Die Suppenbeutel von Knorr's waren alle aus Folien aus Rorschach gefertigt. 1964 stieg die Zahl der Mitarbeiter auf ein Allzeithoch von 780 an.

Trotz des Auf und Ab durch Wirtschaftskrise und Weltkrieg galten die Arbeitsplätze bei der Alu als sicher. Da die Firma in Jahren der Arbeitslosigkeit und Armut gegründet worden war, war sich die Führung bewusst, was das Unternehmen für Bevölkerung und Staat bedeutete. «Kampf gegen Armut ist der Sinn jeglicher wirtschaftlicher Betätigung», schrieb Curt Blattner in der Jubiläumsschrift 1949 und stellte seine Mitarbeiter in den Mittelpunkt. Er gründete 1938 eine der ersten Pensionskassen in der Region. In den Werkhallen stets im schwarzen

Curt Ferdinand Blattner (1888–1961).

Die Aluminiumwerke um 1945; rechts die Gemüsefelder der Anbauschlacht.

Anzug mit Fliege unterwegs, hatte der Patron der alten Schule immer ein offenes Ohr für Probleme am Arbeitsplatz, aber auch für persönliche Nöte der Mitarbeiter.

«Blattner war wie ein Vater, er gab jedem Arbeiter im Werk das Gefühl, geschätzt zu sein. Wir hätten alles für ihn getan», sagt ein Mitarbeiter aus jener Zeit. «Von einer in guten und bösen Tagen kameradschaftlichen Arbeitsgemeinschaft ohne Streik und ohne Zwist zwischen oben und unten» erzählt die Festschrift von 1949 und ist voll von Bildern: schwitzende Giesser und Walzer an den Maschinen, Frauen beim Zuschneiden der Folien. Die 20-Kilo-Masseln – so nannte man die Barren – wurden von Hand aus den Güterwagen ausgeladen und gestapelt, bis 1947 erstmals ein Hubstapler auf dem Areal stand und 1954 die Paletten aufkamen. Arbeiter, von denen viele nach stundenlangem Marsch mit Rucksack den Rorschacherberg hinunter zur Schichtarbeit angetreten waren, stemmten und trugen mit Muskelkraft die Bleche im Walzwerk.

So, wie schon der Amerikaner Schönfeld das Neuquartier für die Arbeiter seiner Feldmühle erbauen liess, ermöglichte die Aluminium ihren Angestellten den günstigen Erwerb von Einfamilienhäusern. Am Hügel unter dem St. Annaschloss (Rorschacherberg) entstand die Schlossbach-Siedlung als sozialer Wohnungsbau. Im Kriegsjahr 1944 wurde eine Arbeiterkommission gegründet. Es gab freie Aussprachen

Die «Italienerbaracke».

Die Schlossbachsiedlung für AWR-Arbeiter und -Angestellte, erbaut ab 1944.

zwischen Geschäftsleitung und Belegschaft. Dem Wunsch nach mehr Ferien wurde entsprochen. 1944 gab es erstmals eine Weihnachts-Gratifikation. Väter empfahlen ihren Söhnen Lehrstellen in der soliden Alu.

Curt Blattner ging 1953 als letzter Vertreter der Gründergeneration in Pension, ihm folgte Charles Meiner, der das Unternehmen in der sozialen Tradition weiterführte. Er organisierte Ferienlager für Kinder, mietete ein Bauernhaus, in dem Mitarbeiter Gratisferien machen konnten. 1960 führte er die 45-Stunden-Woche ein, 1964 die Fünftagewoche. Den Gemeinschaftssinn förderte er mit verschiedenen Sportsektionen. Die Mitarbeiter wanderten zusammen in der Freizeit und spielten Boccia in einer eigenen Bocciahalle. Fussball- und Handballmannschaften der AWR gehörten zu den Firmensportligen.

Längste Ferien, kürzeste Arbeitszeiten

1966 übernahm Blattners Sohn Heinrich die Leitung. Er war bei der Belegschaft bald ebenso beliebt wie sein Vater Curt. Unter ihm offerierten die Aluminiumwerke in sozialen Bereichen stets mehr, als die Gewerkschaften verlangten. Als Vorreiter für alle anderen Firmen der Region boten die Alu-Werke die längsten Ferien und die kürzesten Arbeitszeiten pro Woche.

Als 1966 der Konzern eine Namensänderung auf Alcan forderte, widersetzte sich Blattner dem Diktat aus Montreal. Die Tatsache, dass das Unternehmen schon in zweiter Generation von einem Blattner geleitet wurde, erweckte den Eindruck, dass es sich bei den Aluminiumwerken um einen urschweizerischen Betrieb handle; nur wenige wussten, dass ein kanadischer Konzern seit 1929 Mehrheitsaktionär war. «Ich wollte diesen schweizerischen Charakter behalten und wehrte mich, als die

Harte Arbeit auch für Frauen an den Folienschneidmaschinen.

Die aus Kanada angelieferten Aluminiumbarren werden entladen.

Konzernleitung in Montreal 1966 auch unsere Werke mit dem Namen Alcan bezeichnen wollte», sagt Heinrich Blattner. Lange mit Erfolg: Die neue Bezeichnung wurde erst 1986 eingeführt.

Bis dahin hatte es grosse Veränderungen gegeben. Im Rietli Goldach waren neue Werke für die Folienveredlung entstanden. Verlagerungen in andere Alcan-Walzwerke hatten dazu geführt, dass die Blechfabrikation 1982 aufgegeben wurde. Für die älteren Mitarbeiter eine harte Entscheidung, da ihnen eine Umschulung für neue ungewohnte Arbeit bevorstand. 1990 kam der Entscheid, den Standort Rorschach endgültig aufzugeben. 66 Jahre hatten die Aluminiumwerke Rorschach dank eines vorausblickenden Pioniers zum Stadtbild gehört. Wenn in kommenden Jahren aus dem geplanten Stadtwald die drei Hochhäuser auf dem ehemaligen Aluminiumareal emporragen, wird die Erinnerung an die einstige Industrie verblasst sein. Mindestens eine «Aluminiumstrasse» müsste die Alu der Stadt aber noch wert sein.

Am Jakobsbrunnen um 1910: Die Metzger führten die Tiere durch die Hauptstrasse zu ihren Schlachtlokalen.

Vom Schlachten und Wursten

In Rorschach und Umgebung gab es bis in die Sechzigerjahre 20 Metzgereien und einen stadteigenen Schlachthof an prächtiger Uferlage. Im Herbst priesen die Metzger gemeinsam ihre Blut- und Leberwürste an.

....

Die Tradition der Metzgete hat sich bis heute erhalten, obwohl ihr eigentlicher Anlass längst verlorengegangen ist. «Gmetzget» – geschlachtet – wird nicht mehr wie früher. Die Wirtschaften auf dem Land mästeten üblicherweise im Laufe des Jahres mit den Essabfällen ein Schwein, das im Herbst geschlachtet wurde. Entweder kam ein Störmetzger vorbei, oder einer der Metzger aus der Stadt wurde gerufen. Marcel Herzog erinnert sich, dass sein Vater Max, seit 1951 ein bekannter Metzger an der Hauptstrasse, jeweils für den Wirt des «Rebstocks» in Rorschacherberg ein Schwein schlachtete. Alles Fleisch, das nicht geräuchert oder eingesalzen werden konnte, wurde in der Wirtschaft als Mahlzeit angeboten – Blut- und Leberwürste. So wurde innert weniger Tage alles verwertet, was rasch verderblich war. Man lebte noch nicht in einer Wegwerfgesellschaft.

Die Metzger töteten die Tiere in ihren eigenen Räumlichkeiten. Bauern oder die Fleischer selber führten das zum Schlachten bestimmte Vieh durch die Strassen zu ihren Lokalen. Das Schreien der Tiere gehörte zum Lärm der Stadt. Dies änderte sich, als Rorschach einen für die damalige Zeit sehr modernen Schlachthof erstellte. Die Stadt zählte 13 000 Einwohner, als 1908 der neue Schlachthof an schönster Seelage eingeweiht wurde. 300 000 Franken sollte er kosten, doch wurden die Kosten weit überschritten, Schuld gab man dem schlechten Baugrund – ausserdem soll kein Baujournal geführt worden sein. Die grossen Schlachthallen waren elektrisch beleuchtet, damals eine Neuheit. Die Kühlanlage wurde als «wichtigster Teil eines modernen Schlachthauses» bezeichnet. Frischwasser lieferte eine 350 Meter lange Seewasserleitung in 40 Metern Tiefe. Sämtliche Abwässer flossen in eine seeseitige Klärgrube.

Schlachttiere flüchteten in den See

Das Schlachthaus-Reglement widerspiegelt den damaligen Betrieb: «Schweine oder Kälber müssen immer auf Wagen oder Schlitten transportiert werden, wenn sie infolge Ermüdung oder Widerspenstigkeit nicht getrieben werden können. Stiere sind mit einer Maske zu blenden, mit einem Nasenring zu versehen und von zwei sachkundigen Mannspersonen zu begleiten. Bösartigen Tieren sind überdies Fallstricke anzulegen.» Die schöne Lage des Schlachthofs am See muss sogar den Schlachttieren behagt haben. Oft rissen Schweine und Kühe aus und sprangen in den See. Keines ersoff, mit dem Boot der nahen Fischzuchtanstalt wurde es jeweils vom Fischereiaufseher eingefangen. Nationales Aufsehen erregte der Schlachthof, als der «Blick» in den Achtzigerjahren von einer Kuh berichtete, die bis ins Wiesental rannte. Dort wurde sie vom Schlachthof-Verwalter Georg Felder mit der Pistole erlegt.

Wegen einer rätselhaften Seuche wurden 2000 Schweine notgeschlachtet.

Während beider Weltkriege und auch in der Krise der Dreissigerjahre rentierte der städtische Betrieb. Ein Konkordat zwischen den Ostschweizer Kantonen bestimmte die Anlage auch als Notschlachthof bei Ausbruch von Seuchen. Die Kantone beteiligten sich an den Investitionen für neue Apparate und bauliche Veränderungen. Notschlachtungen waren nötig beim Maul- und Klauenseuchenzug 1952. Georg Felder, der den Betrieb 18 Jahre lang als Tierarzt leitete, erinnerte sich, dass wegen einer rätselhaften Schweineseuche einmal 2000 Schweine notgeschlachtet wurden. In den Kriegszeiten und auch in den Jahren darauf konnten minderbemittelte Familien im Schlachthof billiges Bankfleisch beziehen.

Mit der Inbetriebnahme des Schlachthofs hörte das Schlachten in den Hinterhöfen auf. Fortan holten die Metzger das Fleisch regelmässig am Montag im Schlachthaus. «Mein Vater suchte die Tiere direkt bei den Bauern aus, später bei den Viehhändlern, und die lieferten das Vieh direkt zum Schlachthaus. Dort wurden die Tiere von den städtischen Arbeitern getötet. Der Vater und seine Gehilfen halbierten die Schweine und vierteilten die Kälber und Rinder. Das Blut wurde in Tansen aufgefangen», schildert Marcel Herzog. Nur noch die Feinarbeit des Metzgers erledigte man im eigenen Betrieb. Die Fleischteile wurden «ausgebeinelt», in Kleinteile für den Verkauf zerlegt oder verwurstet. Die Metzger der Region schalteten ein gemeinsames Inserat in den beiden Zeitungen der Stadt, die es im vergangenen Jahrhundert in Rorschach gab. Sie listeten alle Läden auf, in denen sie vom Herbst bis zur Fasnachtszeit jeden Mittwoch Blut- und Leberwürste anboten. Diese Würste fanden sich in den Wintermonaten regelmässig auf den Mittagstischen.

Inserat der Metzgermeister, 1954.

Nur noch selten Blut- und Leberwürste

«Das Wursten war viel Arbeit. Wir verkauften jeweils Hunderte Würste an einem guten Mittwoch», sagt Marie-Louise Looser-Ulmann. Sie führte die Metzgerei an der Signalstrasse mit ihrem Mann Karl seit 1953. Und die Tradition wird bis heute weitergepflegt, wenn auch in kleinerem Rahmen. Sohn Karl Looser bietet in seiner 1986 von den Eltern übernommenen Metzgerei noch jeden Herbst bis in den Januar Blutwürste an. «Früher war der Aschermittwoch der letzte Verkaufstag. Dann begann die Fastenzeit», erinnert sich Marie-Louise Looser.

Blut- und Leberwürste sind auf den Familientischen seltener geworden. Nicht alle haben das Wurstmahl am Mittwochmittag als gute Mahlzeit in Erinnerung! Geschlachtet wird heute in Grossmetzgereien, eingekauft in Supermärkten. Dabei war das fast tägliche «Posten» beim Metzger im Quartier stets der liebste Gang für alle Kinder, denen die Metzgersfrau jeweils ein «Wursträdli» zusteckte. Und bei jedem Ladenbesuch faszinierte der Anblick der teils noch blutigen Tierkörperteile, die an Fleischerhaken hinter dem Ladenkorpus hingen. Der unverwechselbare Geruch einer Metzgerei steigt heute nur noch in ländlichen Gegenden oder auf Ferienreisen in die Nase. Die vielen Rorschacher Metzgereibetriebe, die vom Schlachthof ihr Fleisch bezogen, gaben allmählich ihre Läden auf – der Ertrag war zu gering. Waren es 1951 noch zwanzig – zwei davon Pferdemetzgereien und zwei mit Filialen in den Aussenquartieren –, sind heute nur noch zwei verblieben. Der Schlachthof ist seit Jahren geschlossen und wird wohl eines Tages als Bauruine abgerissen, um einem Hotel oder einer Wohnsiedlung Platz zu machen. «Ein Mosaikstein in der künftigen Seeufergestaltung», wie alt Stadtammann Marcel Fischer sagt.

Handarbeit im Steinbruch Bärlocher um 1929.

Auf Rorschacher Fels gebaut

Prunkvolle Bauten im ganzen Bodenseeraum sind aus Rorschacher Sandstein gebaut. Seit 600 Jahren wird der Fels am Hang der Region abgebaut.

....

Alle bestehen sie aus Rorschacher Sandstein: das Münster von Konstanz, die Stadtmauern von Überlingen, der Hafen von Lindau, sogar Teile des Munots in Schaffhausen; die Liste könnte beliebig erweitert werden. Auch bekannte Rorschacher Statuen wurden aus Sandstein gehauen, so der St. Jakob auf dem Brunnen im Stadtzentrum oder die Heiligenfiguren vor dem Mariaberg und vor der Kolumbanskirche.

Auf der Suche nach dem heutigen Sandstein müssen wir zu Bärlocher, am besten via Wartensee; von den Sandstein-Mauern des Schlosses sind es zu Fuss nur ein paar Minuten bis zum Steinbruch mitten im Kreienwald. Abseits der Strasse ragen zehn Meter hohe, graublaue Felswände auf. Millionen Jahre alt ist dieser zu Fels verfestigte Schutt der alpinen Flüsse. Diese brachten unendliche Massen von Geschiebe ins einstige Meer zwischen Alpen und Schwarzwald. Aus dem Meeressandstrand im Raum Thal-St. Gallen entstand die Felsmasse des Rorschacherbergs. Besonders hart und widerstandsfähig versteinerte sich die aus Muschelsand gebildete Seelaffe. So heisst der niedrige, langgestreckte Hügel, der sich als Ausläufer des Rorschacherbergs ins Buriet zieht. Escher von der Linth, der Erbauer des Linthkanals, kannte diesen Stein als hart, zäh und wetterbeständig. Eigenschaften, für die der Stein als Rorschacher Sandstein schon längst im ganzen Bodenseeraum bekannt und begehrt war.

Ein Stein, den aus dem Fels zu brechen sich lohnte. Jahrhundertelang arbeiteten denn auch viele Bewohner der Gegend mit Hammer und Zweispitz am Rorschacherberg. Von den vielen «Steigrueben» hat einzig der Steinbruch Bärlocher die Zeiten überdauert. «Unser Steinbruch wird noch Material für viele Generationen liefern», schätzt Hans-Jakob Bärlocher. Er leitet den Betrieb in vierter Generation, seit sein Urgrossvater 1890 ob Buechen mit dem Abbau von Sandstein begann. Bärlocher will den Abbau für die Zukunft sichern: Für eine halbe Million Kubikmeter – 25 000 Quadratmeter Waldboden, darunter Fels bis zwanzig Meter tief – hat er ein neues Nutzungsgesuch beantragt. Vorbei die Zeiten, in denen die Bauern am Rorschacherberg auf eigene Faust ohne Bewilligung den Fels in ihrem Wald abbauten! Bärlochers Steinbruch liegt auf dem Boden der Ortsgemeinde Thal. Der Fels wird jährlich vermessen, und gemäss alter Tradition zahlt Bärlocher zu Martini (am 11. November) Zins für jeden abgebauten Kubikmeter Fels. Die Gemeinde Thal legte die Abbaupläne öffentlich auf; in dem seit jeher mit Steinen vertrauten Ort gab es keine Einsprachen.

Harte Arbeit, früher Tod

Wo heute Maschinen den Stein fräsen und sägen, schufteten vor 600 Jahren Bauern und Knechte in Fronarbeit. Kein Haus aus Stein, das nicht mit Sandsteinen aus der mächtigen unteren Felszone zwischen Rossbüchel und Buchen gebaut wurde. Dort lagen die vielen Steinbrüche, in alten Plänen eingezeichnet; Rorschacher Ortsnamen wie Steintal oder Steigrüebli zeugen noch davon. Für den Bau des Klosters Mariaberg wurden die Steine aus der Halde unterhalb der heutigen Seminarstrasse

Glatte Steinbruchwände, heute mit Diamantseilen geschnitten.

Verlad der Steine auf Segelschiffe in Staad um 1900.

Ein Steinfuhrwerk auf der Strasse nach Staad.

gewonnen. Ein Stich um 1834 zeigt, wie drei Männer mühsam einen mit grossen Steinen beladenen Karren aus einem Steinbruch an der Wachsbleiche ziehen. Weniger beschwerlich, weil kurz und abfallend, war der Weg von den Steinbrüchen zum Seeufer. Dort wurden die Steine auf Schiffe verladen für den mühelosen Transport auf dem See; die Strassen waren zu unwegsam.

Bis in die Fünfzigerjahre wurde wie zu alten Zeiten abgebaut. «Es ist kein leichtes Brot, das der Steinbrecher verdient», schrieb der Lokalhistoriker Richard Grünberger 1929. «Man muss gewohnt sein, stundenlang im Schatten feuchter Steinwände zu arbeiten. Auf einbeinigem Stuhl sitzend, löst er die Platten mittels Zweispitz, Hammer und Keilen.» Die strenge Arbeit machte durstig, Steinhauer starben früh, wurden selten 50 Jahre alt. «Sie saufen zu viel», hiess es im Volksmund. Noch wusste man nicht, dass der feine Staub in den Lungen den frühen Tod verursachte. Die Arbeit wurde erleichtert, als man begann, Löcher für die Bohrstangen zu bohren, zuerst noch mit Hammer und Keil, später mit Pressluftbohrern. Dann kamen Gattersägen auf, bis Bärlocher das aus Carrara bekannte Schneiden mit Diamantseilen weiterentwickelte. Durch Bohrlöcher wird ein mit Diamanten besetztes Drahtseil geführt, und mit schnellen Drehungen werden 8 mal 12 mal 3 Meter grosse Blöcke von 600 Tonnen geschnitten und nachher mit hydraulischen Bohrgeräten zerkleinert.

Um 1900 war Zement noch nicht erfunden, die Sandsteinindustrie boomte. Sogar die vor 100 Jahren gebaute Kuppel des Bundeshauses in Bern wurde mit Rorschacher Sandstein gefertigt. Am Rorschacherberg beschäftigten über 30 Steinbruchfirmen 500 Arbeiter. Steinfuhrwerke brachten die mächtigen Platten und Blöcke – ein Kubikmeter wog zweieinhalb Tonnen – zur Schifflände im Hörnlibuck und zu den Bahnhöfen in Rorschach und Staad. Der schwere Fuhrwerkverkehr verursachte bei Regenwetter Morast, die Naturstrassen durch Staad waren kaum passierbar.

Jährlich wurden von Rorschach und Staad 3000 Eisenbahnwagen, beladen mit Sandstein, sowie Hunderte von Schiffsladungen ausgeliefert. Die Rorschach-Heiden-Bahn baute für ihren neuen Steinbruch in Wienacht ein 250 Meter langes Gleis und eine eigene Station, genannt «Wienachten-Steinbruch». Jährlich spedierte sie 200 Wagenladungen zu zehn Tonnen. Doch dann verdrängte die um 1910 aufkommende Produktion von Kunststeinen den Sandstein als Baufundament. Die Nachfrage ging zurück, die Steinbrüche wurden aufgegeben. Am Rorschacherberg kann man immer wieder auf überwucherte Brüche und Felswände stossen, wo einst Stein gehauen wurde.

Sandstein kann Beton überdauern

Von wegen verdrängt: Wer etwas von Bau und Kunst versteht, liebt den Sandstein nach wie vor. «Ich arbeite ausschliesslich mit Rorschacher Sandstein», sagt der St. Galler Bildhauer Peter Kamm. «Der Stein stammt aus unserem eigenen Lebensraum. Sandstein ist schlicht und lügt nicht, lässt sich nicht polieren wie Marmor.» Der Thurgauer Architekt Beat Consoni bezeichnet Sandstein als ausgeglichen: «Der Stein strahlt Ruhe aus. Er lässt sich leicht bearbeiten für verschiedene Oberflächentexturen.»

Hans-Jakob Bärlocher beschäftigt 40 Mitarbeiter, liefert Steine besonders für Garten- und Landschaftsbauer. «Meine Vorfahren haben mir die Liebe zum Stein vererbt; in Buechen geboren und aufgewachsen, hatte ich immer mit Steinen zu tun.» Sandstein, sagt Bärlocher, sei zäh und hart, aber auch beweglich und dehnbar; er könne Beton überdauern. «Es genügt, alle 50 Jahre zu kontrollieren und ein wenig abzuschleifen.» Naturnahes Bauen ist im Trend. Die früher noch dicken Platten sind heute zwei Zentimeter dünn lieferbar. Überall, wo man historische Bauten restauriert, werden Bärlochers Steine eingesetzt, jüngst etwa bei Arbeiten an der Kathedrale St. Gallen. Auch die unter Denkmalschutz stehende Rorschacher Hafenmole besteht – wie könnte es anders sein – aus Rorschacher Sandstein. Und wenn die Rorschacher die Projekte für eine neue Hafenanlage bewilligen, dürfte Bärlocher wieder zum Zuge kommen.

ORTE & BAUTEN

Die Seeparkmauer wurde 1916/17 als Notstandsarbeit im Ersten Weltkrieg gebaut.

Anbauschlacht und Pergolakitsch im Seepark

Vom ersten Kuss bis zum Spaziergang im Alter: Der im Ersten Weltkrieg angelegte Seepark ist Rorschachs wichtigste Lebensbühne und wird von der Bevölkerung geliebt. Mehrfach löste seine Gestaltung heftige Debatten aus.

Im Winter schneebedeckt, die Bäume kahl, der See grau; im Frühling gepflegte Blumenrabatten; die Parkwege am See im Sommer im Schatten der Bäume; im Herbst farbiges Laub, das der Föhn in den See hinaus jagt – der Seepark zieht zu allen Jahreszeiten Besucher an. Für Generationen von Rorschachern ist er mit Erinnerungen verbunden, vom ersten Kuss bis zum Spaziergang im Alter. Und kleine Veränderungen des Parks haben die Bevölkerung oft intensiver beschäftigt als wichtigere Projekte der Stadt. Im Gemeinderat gab es wegen des Seeparks hitzige Streitgespräche, und das «Ostschweizerische Tagblatt» und die «Rorschacher Zeitung» publizierten leidenschaftliche Leserbriefe. Es waren Jahre, in denen die Einwohner sich mit viel Engagement über jeden noch so kleinen Wandel in der Stadt ereifern konnten.

Der Stadt fehlte einst das Land für Parkanlagen, der See reichte bis an die Bahngeleise. Erst 1916/17, mitten im Ersten Weltkrieg, liessen die Behörden als Notstandsarbeit die Seeparkmauer erstellen. Den Uferstreifen hinter der Mauer füllten die Arbeitslosen mit Seegrund, der in der Nähe des Schlachthofes ausgebaggert wurde. Der Krieg verzögerte die Gestaltung des Parks, denn auf dem gewonnenen Land wurden wegen des Lebensmittelmangels zuerst Felder für Rüben, Kartoffeln und Bohnen angelegt. Erst 1923 konnte Alfred Kuratle in einer Werbebroschüre schreiben: «Man hat nun eine wirklich grosszügige, prächtige See-Promenade gewonnen, deren Pflanzenschmuck sich bereits parkartig entwickelt und von deren Quaimauer aus ein unvergesslicher Ausblick auf den See sich auftut. Rorschach ist mit Recht stolz.»

Weizen und Raps am See

Niemand ahnte, dass nur wenige Jahre später die Anbauschlacht, die der nachmalige Bundesrat Friedrich Traugott Wahlen während des Zweiten Weltkriegs lancierte, wieder in der ganzen Schweiz Rasenflächen für den Anbau von Grundnahrungsmitteln verlangte. Die Stadt verfügte über wenig Land, doch sie tat, was möglich war. So entstand 1942 im Seepark ein Getreidefeld. Gesät wurde Huron-Sommerweizen. «Es sei ein Weizen, dem dank der langen Grannen an den Ähren die vielen Vögel in den Seeparkbäumen nicht viel anhaben können», schrieb das «Ostschweizerische Tagblatt». Geerntet wurde das Getreide im August. Der Krieg endete im Mai 1945, doch die Furcht vor Hunger blieb noch länger im Volk. «Die Not ist noch nicht zu Ende. Täglich kommen erschütternde Meldungen aus den Notgebieten Europas», hiess es in der Zeitung. So wurde im Frühling 1946 im Seepark immer noch Getreide angepflanzt; diesmal war es Raps, der im Juli für die Gewinnung von Öl geerntet wurde.

Der Bau eines Musikpavillons im Park beschäftigte die Rorschacher jahrelang. Von Gartenarchitekt Fritz Klauser war 1918 ein schöner Pavillon als Abschluss des Seeparks geplant gewesen. Wegen zu hoher Kosten kam er nicht zustande. Für die grosse Schifffahrtsausstellung 1933 baute man für nur 7000 Franken einen bescheidenen Pavillon als Provisorium. Diese «Bretterbude» wurde bald morsch. 1945 gewannen die Architekten Stambach und Klauser einen Wettbewerb und schlugen vor, den Pavillon in die Südwestecke des Seeparks zu stellen, weil «in Rorschach ein grosser, zentraler, dem Verkehrslärm entrückter Platz fehle». Im Millenariumsjahr 1947 (Tausendjahrfeier der Stadt) wurde das alte Provisorium abgebrochen. Es gab ein langes Hin und Her über den Standort und die Grösse des neuen Musikpavillons. Erst 1950 bewilligten die Rorschacher einen Kredit von 58 000 Franken für den Neubau. Am Vorabend des Abstimmungssonntags marschierte die Stadtmusik durch die Stadt, um für Ja-Stimmen zu werben. «Eine kühne, elegante Form und eine Zierde des Seeparks», schrieb Paul Hug, Redaktor beim «Ostschweizerischen Tagblatt», nach der Einweihung am 7. Juli 1951 über das Gebäude.

Hinter den Brettern hatte man eine Infanteriekanone versteckt.

Eine kahle Rondelle mit Fernrohr

Die Rondelle – das Halbrund in der Mitte der Seeparkmauer – war als Pergola gestaltet, um deren Säulen sich Glyzinien und Rosen rankten. Während des Krieges verschalten Soldaten die Rondelle mit einem Bretterverschlag. «Als Kinder fragten wir die Eltern beim Sonntagsspaziergang immer wieder, was sich hinter den Brettern befinde», erinnert sich ein Zeitgenosse. Erst nach dem Krieg wurde das militärische Geheimnis gelüftet: Hinter den Brettern hatte man für den Notfall eine Infanteriekanone versteckt.

Im harten Winter 1955/56 erfroren die Pflanzen. Der Stadtrat wollte die Pergola abreissen, weil sie die Aussicht auf den See beeinträchtige; im Gemeinderat wurde sie als kitschige Postkarten-Romantik bezeichnet. Im Volk hingegen war die Pergola beliebt, und so regte sich Widerstand. Dem Stadtrat wurde eine Petition mit 665 Unterschriften überreicht, die wieder dem Gemeinderat vorgelegt wurde. Gartenarchitekt Fredy Klauser erklärte, dass die Entfernung der Pergola dem ursprünglichen Parkkonzept seines Vaters nicht zuwiderlaufe. Gemeinderat Paul App hingegen bemängelte, es sei «symptomatisch für Rorschach», dass man etwas abbreche, «ohne etwas Besseres oder Gleichwertiges hinzustellen». Der Stadtrat blieb bei seinem ersten Entscheid. In der kahlen Rondelle steht seither einsam ein Fernrohr.

Jahrzehntelang waren Park und Pavillon im Sommer das Zentrum sämtlicher Rorschacher Festivitäten. Hier feierte jeder Verein, der etwas zu feiern hatte, vom Jubiläum bis zur Uniformweihe. Vereine, die mit Preisen von nationalen Festen heimkehrten, wurden von der Bevölkerung auf der Bühne des Pavillons geehrt. Viel Volk fand sich vor dem Pavillon ein, wenn die Stadtharmonie Eintracht, die Stadtmusik oder der Handharmonika-Verein ihre Abendkonzerte gaben. Musikgruppen spielten zum Tanz auf, der nächtliche Seepark war für viele Burschen und Mädchen der Treffpunkt par excellence.

Weizenernte im Seepark während des Zweiten Weltkriegs.

Seepark mit umstrittener Rondelle (rechts) in den Zwanzigerjahren.

Schon im Januar 1922 gab es eine grosse Diskussion um die Einrichtung einer Eisbahn im Park. Alles war vorbereitet, aber Tauwetter vermieste der Jugend die Freude. Wenn in späteren kalten Wintern die Temperaturen genug tief fielen, wurde für ein Eisfeld Wasser gespritzt, und die Anlage mit Beleuchtung und Musik gehörte wieder der Jugend. Die Debatten wogten auch in späteren Jahren. Dem Bauamt und der Stadtgärtnerei wurde oft vorgeworfen, an kalten Tagen das Wasserspritzen absichtlich zu verpassen: Man könne für die Jugend mehr tun.

Zankapfel Seerestaurant

Obwohl das Seerestaurant den Seepark nur am Rand tangiert, erregte 1959 das Betonbau-Projekt die Gemüter. Stadt- und Gemeinderat lehnten das Projekt ab; es sei «ein Einbruch in das Uferbild», der öffentliche Boden am See müsse frei bleiben. Gegen den Widerstand der Rorschacher entschied der Regierungsrat, der Bau sei zu bewilligen. Man munkelte, dass da familiäre Verbindungen des Seerestaurant-Präsidenten Josef Riedener bis in die höchste St. Galler Behörde im Spiel waren. Die Stadtbehörden hielten sich an den Beschluss und hofften, dass sich die Bevölkerung mit dem Bau abfinden würde. Der Seegfrörni-Winter verzögerte den Ausbau, doch bis zum Eröffnungsfest versöhnten sich die Rorschacher mit dem Projekt. Stadtammann Ernst Grob lobte: «Der Bau fügt sich prächtig in die Gegend.» Die Presse sah ein «Schiff, das in See sticht», und schwärmte von den «kubischen Formen und eleganten Linien im Sonnenglanz».

Der im Sommer stets mit Blumen geschmückte Park bleibt auch in Zukunft voller Leben. Die Gartenwirtschaft des Stadthofwirtes unter den Platanen ist an schönen Tagen voll besetzt. Der 60jährige Pavillon dient noch immer als Bühne für Anlässe aller Art, etwa für die Grossleinwand an Fussball-Meisterschaften oder das Kulturfestival des Musiklehrers Niklaus Looser unter dem Leitthema «Pavillon am See». Ohne Seepark wäre Rorschach nur eine halb so lebenswerte Stadt.

Wie der Kabisplatz zu seinem Namen kam

Der Güterschuppen und das Nebelhäuschen sind verschwunden. An den Gemüsemarkt am Hafen, den die Rorschacher 130 Jahre lang kannten, erinnert nur noch der Name Kabisplatz.

Der Kabisplatz: ein unscheinbarer Platz am See mit einem unmöglichen Namen – und doch zusammen mit dem nahen Hafenplatz das Herz der Stadt. Seine volkstümliche Bezeichnung, einst jedem Rorschacher Kind vertraut und schon 1919 in Grundbuchplänen unter diesem Namen eingetragen, verschwindet aus dem Bewusstsein der Stadt: Seit über 60 Jahren werden am Kabisplatz keine Kabismärkte mehr abgehalten.

Der Feldgemüsemarkt, jeweils im November, später im Oktober, zog eine Woche lang Bauern aus dem Rheintal und Vorarlberg an, die mit schwerbeladenen, oft von Ochsen gezogenen Wagen ihre Produkte nach Rorschach brachten. Das Gemüse der schwäbischen Landwirte von ennet dem See hingegen wurde auf Schiffen angeliefert. Auf dem Platz erhoben sich Pyramiden von Feldfrüchten: hellgrüner Kabis, gelbe Rüben, dunkelgrüner Kohl, Lauch, Sellerie, sackweise Kartoffeln.

Kabisköpfe auf Leiterwägeli

Bis in die Fünfzigerjahre versorgte sich die Bevölkerung im Winter mit Feldfrüchten, die man zu Hause auf Hurden oder in Sand gebettet in den Kellern kühl aufbewahrte. Sauerkraut, aus Kabis hergestellt, war damals ein wichtiges Lebensmittel. Zubereitet im Herbst, konnte man es den ganzen Winter hindurch haltbar lagern. Das Volk aus der ganzen Region kaufte Kabis, schnitt und salzte ihn und füllte das Sauerkraut zum Gären in Fässer, Kübel und Töpfe ab. Die Bewohner von Eggersriet und Grub führten ihre Einkäufe mit Fuhrwerken den Berg hinauf, die Rorschacher und Goldacher zogen die Kabisköpfe auf Leiterwägeli und Handkarren nach Hause. Der in der ganzen Bodenseeregion vielgerühmte Kabismarkt musste Ende der Dreissigerjahre wegen des zunehmenden Strassenverkehrs zur «Güterex» in den westlichen Teil des Seeparks ausweichen, nach dem Zweiten Weltkrieg hielt er sich noch einige Jahre als Früchte- und Gemüsemarkt auf dem heutigen Marktplatz, wo die Kabisberge zwischen Reblaube und Post aufgeschichtet wurden. Dem Platz am See hingegen, bald nur noch von Autos überstellt, blieb der Name Kabisplatz.

Das Bild des Hafens ändert sich

Jahrhunderte lang waren die Gelände am Hafen und am See Arbeitsstätten. Steine und Holz aus den Steinbrüchen und Wäldern des Rorschacherbergs wurden dort in mühsamer Arbeit gelagert und auf Schiffe verladen. Der Bau der Bahnverbindung entlang des Seeufers vom Bahnhof zum Kornhaus zerstörte das mittelalterliche Bild des Hafens auf alle Zeiten. Dampfloks fuhren in einem kurzen Tunnel mitten durch das äbtische Kaufhaus. 1869 wurde die Linie nach Romanshorn verlängert, das über 400 Jahre alte Kaufhaus fast vollständig abgerissen, nur der nördlichste Teil blieb als heutiger Hafenbahnhof erhalten.

Das Nebelhäuschen verschwand bei Nacht und Nebel 1970.

Zur gleichen Zeit vergrösserte der Kanton den Hafen und den Holz- und Steinlagerplatz, es entstanden der Hafenquai nach Osten und der Kabisplatz. Ein Zeitgenosse schrieb im Mai 1869: «Man kennt sich am Hafen und dem ganzen See entlang nicht mehr aus. Die hübschen Gärtchen am See durchzieht ein Schienengeleise. Überhaupt bewegt Rorschach gegenwärtig ein so reges Leben.» Als nach dem Bau dieser Hafenanlagen die Schiffsleute weiter östlich bessere Anlegeplätze und Verladebedingungen forderten, hiess es im Kantonsrat, es sei jetzt genug Geld nach Rorschach und in den See getragen worden. Die Hafenstadt könne die Bauten selber erstellen. Der Leinwandhandel hatte Rorschach als reiche Stadt bekanntgemacht – 1870 war dieser Ruhm noch nicht verblasst.

Mit Schwimmgurt zu überqueren

Bereits in der Bauausschreibung im «Ostschweizerischen Wochenblatt» vom 17. Juni 1869 und in den alten Plänen im Bauamt wird das Gebäude auf der neuen Hafenanlage «Güterschuppen» genannt. Das Gebäude diente den Bahnen für die Aufnahme der Güter aus dem regen Schiffsverkehr mit den Städten am deutschen und österreichischen Ufer. Mit dem heute als Denkmal geschützten Kran auf einem Sandsteinpodest wurden die Waren von den Schiffen auf die Fuhrwerke umgeladen. Schon im ersten Betriebsjahr mahnte ein Leser des «Wochenblatts» die Polizei, ein wachsames Auge zu haben: «Die Fuhrleute lassen ihre Pferde stehen, wo es ihnen passt. Erschreckt von den Pfiffen der Lokomotiven brennen diese oft in die Stadt durch.»

Feldfrüchtemarkt auf
dem Kabisplatz 1938.

Der auch «Güterex» genannte Schuppen – grau, dunkel, nicht sehr einladend – bot auf Schiffen ankommenden Besuchern keinen freundlichen Empfang. Trotz Büros der Zollbehörden und der Grenzwacht blieb dem zweistöckigen Gebäude aus Stein bis zum Abriss der abwertende Name «Güterschuppen». Der mächtig aufkommende Lastwagenverkehr verdrängte die Camionnagepferde und veranlasste 1934 einen Rorschacher zur Klage: «Wenn man an Regentagen den Kabisplatz überqueren muss, tut man gut, sich mit einem Rettungsring oder Schwimmgurt zu bewaffnen. Man läuft dann nicht Gefahr, in einem der grossen Wasserlöcher unterzugehen. Schuld sind die vielen schweren Lastautos der ansässigen Grossfirmen.» Tatsächlich überschwemmt war der Platz in Hochwasserjahren. Zahlreich sind die Fotos, die Kinder auf dem Platz planschend oder mit Ruderbooten zeigen.

Den einzigen Schmuck des Platzes bildete dicht an der Seemauer ein zierliches Häuschen. Eines Tages stand es einfach nicht mehr da – das liebe alte Rorschacher Nebelhäuschen mit Türmchen und Glocke. Es schien bei Nacht und Nebel verschwunden zu sein, wo es doch selber im Nebel jahrzehntelang den Schiffen, die einst auch im Winter Rorschach aus vielen Richtungen anliefen, mit seiner Glocke den Weg in den Hafen gewiesen hatte. Ein Lastwagen hatte einen der tragenden Pfosten beschä-

Sonntagsbetrieb mit Dampfer: Der Kabisplatz mit dem Nebelhäuschen und dem 1947 abgebrochenen Pavillon.

digt, und das Schindeldach war bereits morsch gewesen. Im Kantonsbauamt fand sich niemand, der das Miniaturgebäude den Rorschachern erhalten wollte. Bevor sich Widerstand gegen einen Abbruch regen konnte, fand das Häuschen ein unrühmliches Ende – am 15. Juni 1970 wurde es sang- und klanglos abgerissen.

Viele Rorschacher beklagten den Verlust, hatte das Häuschen doch zum Bild des Hafens gehört. Auch Hafenmeister Urs Grob bedauerte das Verschwinden des Gebäudes, das bis in die 1960er-Jahre seinen Zweck erfüllt hatte: «Im dichten Nebel hupten die Schiffe, wenn sie in die Nähe des Hafens kamen. Ich läutete dann mit dem Seil die Glocke im Türmchen.» Laut Stadtpräsident Thomas Müller soll die Nebelglocke wieder einen würdigen Platz finden, wenn dereinst der durch den Abbruch des Schuppens entstandene Platz zum schönsten Teil der Seeanlagen umgestaltet werden soll. Dem Güterschuppen trauern nicht einmal die Schwalben nach, die alljährlich unter dem grossen Vordach nisteten. Sie haben sich an den Häusern der Hafenmeile neue Nester gebaut.

Ein Kilo «Ibidumm» im Quartierladen

Vor dem Aufkommen der Einkaufszentren belebten viele kleine Verkaufsläden das Stadtbild. Sie boten Lebensmittel und tägliche Bedarfsartikel an, wie das legendäre Lädeli der Schwestern Scheiwiller.

Als erste verschwanden die kleinen Kolonialwarenläden: der Altenburger an der Löwenstrasse, dann Schmuckli, ungefähr dort, wo jetzt Interdiscount Elektronik verkauft. Frau Rübers Laden an der Langmoosstrasse, Frau Gauch an der Eisenbahnstrasse. Die Stadt hatte eine reiche Auswahl an Gemüseläden – Casagrande an der Mariaberg-, Dalle Vedove an der Kirch-, Good an der Löwenstrasse, dazu die Geschäfte von Schweizer, Ringer, Küng und Seeber im Stadtzentrum. In den Wohnquartieren gab es die Läden der Konsumgenossenschaften, Allgemeine und Concordia, im Neuquartier kaufte man bei Wüst, dem einzigen Quartierladen.

Und dann all die Metzgereien, die da waren: Vogt, Ringer, Brändli, Künzler, Gnädinger, Herzog, Strässle und die Pferdemetzgerei. Und erst das immense Angebot an Bäckereien und Konditoreien: Brülisauer, Schwarz, Schilling, Klumpp, Klaus, Kuster, Haselbach, Maurer, Krieg, Jud, Bärlocher, Spörri, Wespi. Beliebt waren die Spezialgeschäfte – Comestibles Lorenzi an der Signalstrasse, das Reformhaus Clerici an der Hauptstrasse. Guten Käse kaufte man nicht nur bei Kündig, auch Milchmänner brachten Butter und Käse, oder man ging ins Käselädeli Keller an der Mariabergstrasse, in die Molkerei Gribi oder ins Haus zur Biene. Mit Duft von Kaffee lockten die Läden Merkur und Villars sowie das traditionelle Kolonialwarengeschäft Buob mit seinen exotischen Spezialitäten.

Schwammbüchsen und Fünferbollen

Doch von allen Läden ist vielen Rorschachern das Lädeli der Geschwister Scheiwiller an der Löwenstrasse 15 in bester Erinnerung. Ihr Geschäft, rund hundert Meter vom Bedaschulhaus entfernt, bot alles, was

Das legendäre Lädeli Scheiwiller an der Löwenstrasse.

man für die ersten Schuljahre brauchte – Schwammbüchsen, Bleistiftspitzer, Griffelschachteln, Federn und Tinte, zugleich aber auch alles zum Naschen: Bärendreck, Süssholz, Fünferbollen. Die süss-sauren Bonbons in Form von Himbeeren oder Orangen- und Zitronenschnitzen füllten die beiden älteren Damen mit Schäufelchen aus den Glasbehältern in Papiertüten. Seminarprofessor Max Schär wuchs in der Nachbarschaft auf. Sein Vater erzählte ihm, wie in den guten Jahren der Feldmühle die Arbeiter in Scharen nach Arbeitsschluss den Sonnenweg hinunter zur damals florierenden Kolonialwarenhandlung des Alois Scheiwiller strömten.

Nach dessen Tode war das Geschäft für die zwei ledigen Töchter Anna-Magdalena und Bertha Verdienst und Lebensinhalt. Anna arbeitete zusätzlich als Näherin in der Wäschefabrik Keller-Fässler an der Dufourstrasse. Schär erinnert sich, wie er Weinessig noch im offenen Ausschank holte und dass die Schwestern eine ganze Wand mit Bildern von Katzen dekoriert hatten. Die Schüler trieben mit den beiden etwas kauzigen, stets dunkel gekleideten Damen die üblichen Possen, bestellten ein Kilo «Ibidumm» oder «10 gerade Häkli», worauf sie aus dem Laden vertrieben wurden.

Früchteládeli Küng, Café Maurer und Mercerie/Nouveautés Tschopp an der Signalstrasse um 1960.

Die Schwestern wohnten ihrer Lebtage im ziemlich baufälligen, mit Efeu bewachsenen Haus, waren sehr religiös und auch sparsam. Anna starb 1970. Einsam geworden, entschloss sich Bertha 1973, die Liegenschaft der Stadt zu verkaufen und zog in ein Heim nach St. Pelagiberg, wo sie ihren Lebensabend verbrachte. Die Stadt liess das Haus im gleichen Jahr abreissen. Und so entstand, wie leider so oft in Rorschach – ein Parkplatz.

Die Balkone des «Seehofs» zeugen vom einstigen Glanz des Hotels.

Vom Kurhotel zum Lotterquartier

Erbaut über alten Alemannengräbern, war der «Seehof» vor hundert Jahren das beste Hotel der Stadt. Im 20. Jahrhundert führte die verfehlte Planung einer Bahnüberführung zur Verlotterung des Quartiers.

Nur wenige entrüsteten sich 1979 über den Abbruch des Seehofareals. Seinen vor über hundert Jahren erworbenen Glanz als vornehmes Molkenkurhotel hatte der «Seehof» längst verloren. Die nun als Wohn- und Gewerberäume genutzten Gebäude waren heruntergekommen und boten einen traurigen Anblick. Dabei ist das Areal laut dem Historiker Louis Specker der wohl älteste historische Flecken Rorschachs: Im Mai 1869 waren dort über ein Dutzend Alemannengräber, teils in Steinkisten, entdeckt worden.

Das Hotel mit 100 Zimmern und 40 grossen Balkonen zur Seeseite hin, 1861 erbaut und 1872 vergrössert, war bis 1900 die beste Adresse in der Stadt. Wegen der Industrialisierung verlor Rorschach aber den Ruf als Touristenort. Die alte Bausubstanz des Hotels war «in ein unübersichtliches Ineinander von Werkstätten, Wohnungen, Läden, Beizen und Lagerräumen verwandelt und verschandelt worden, der Innenhof in eine irritierende Trostlosigkeit», schreibt Specker. An die besseren Zeiten erinnerte nur noch die seeseitige Fassade mit den grossen Balkonen.

Handörgeler Johnny und Transvestit Gypsy

Die Hotelzimmer waren bereits vor Jahrzehnten in Wohnungen umgebaut worden. «Ein Treppenhaus mit weiten Korridoren führte zu den Wohnungen», erzählt ein ehemaliger Bewohner. «Die Räume waren gross und hoch, der Balkon gegen den See breit und gedeckt. Im grossen Hinterhof hielten die Mieter Hühner und Kaninchen.» Der Name «Seehof» blieb mit dem Restaurant erhalten, und das Gebäude wurde zum Zentrum eines betriebsamen Quartiers. Arthur Kurz, der in einer Seehof-Wohnung aufwuchs, erinnert sich an die Geschäfte an der Hauptstrasse: «Von Westen kommend war im Eckhaus der Geschirrladen Klaus, dann kamen Velo Giger und das Haus Bärlocher mit dem Wäschegeschäft. Weiter östlich zuerst das Restaurant Seehof der Frau Baettig, bekannt auch wegen des Handörgelers Johnny Müller und des Kellners Gypsy; wegen Gypsy, dem berühmten Transvestiten, kamen die Gäste zur Fasnachtszeit von weit her. Daneben befand sich der Coiffeur Fritz Gmünder, der Kunden vom Arbeiter bis zum Direktor bediente. Neben dem Torbogen zum ehemaligen Hotelhof folgte die Pferdemetzgerei Baumgartner, in der sich die Arbeiterfamilien billiges Fleisch kaufen konnten, anschliessend ein Trödlerladen, später ein Antiquariat.»

Östlich der Seehofgebäude stand das Gasthaus zur Traube mit der Arbeiterwirtschaft im ersten Stock, bei der im Verlaufe des Giessereikrawalls 1905 die Fenster eingeschlagen wurden; ein Foto zeigt eidgenössische Truppen in Reih und Glied auf der Hauptstrasse vor der Wirtschaft. Im Erdgeschoss befand sich die Metzgerei Züllig, später Rüegg. Vor dem Bau des Schlachthofs wurde dort auch geschlachtet.

Das Reich des Lumpensammlers Hüttenmoser

Die jüngere Geschichte des Quartiers prägte der Lumpensammler Adolf Hüttenmoser. Er – und später auch August Bohner an der Löwenstrasse (heute Zingg-Industrieabfälle) – waren die Abfallentsorger der Region, doch nannte man beide Lumpensammler. «Hüttenmoser wurde zu Unrecht nur als Lumpensammler bezeichnet. Wir brachten ihm alles Altmetall, das er wiederverwertete, lange bevor man von Entsorgung sprach», berichetete sein Nachbar Albert Giger. Als gutmütiger Mann war Hüttenmoser jedem Kind bekannt. Sein Areal erreichte man durch die Einfahrt in der Mitte des alten Hotels, durch die einst die Gäste mit den Pferdekutschen gefahren waren.

Aus den Tierknochenfässern holten sich die Buben Maden zum Fischen.

Hüttenmoser kaufte alles, was noch irgendeinen Wert besass. Wenn Kinder ein paar Rappen brauchten, suchten sie etwas, das man Hüttenmoser bringen konnte. In den Kriegsjahren wurden die Schüler aufgerufen, mit den Leiterwägeli Papier und Altmetall zu sammeln. Was Altwarenhändler dafür zahlten, war für die Ferienkolonien bestimmt. Manche Buben stahlen bei Hüttenmoser Altmetall und verkauften es dem Lumpensammler Bohner oder nässten bewusst das gesammelte Papier, um mehr Gewicht auf die Waage Hüttenmosers zu bringen. Grosse Berge von Alteisen lagen im Freien, die selteneren Blei-, Kupfer- und Messingabfälle lagerte er in Schuppen. Über das Areal verstreut lagen Haufen von Lumpen, und an der Mauer zur Pfarrkirche standen Fässer mit allerlei Altstoffen. Aus den Tierknochenfässern holten sich die Buben Maden zum Fischen. Adolf Hüttenmoser wohnte mit seiner Familie in einem Haus hinter dem «Seehof», in

Fässer für alles Mögliche: Das Areal des Lumpensammlers Hüttenmoser.

Das Seehofquartier kurz vor dem Abriss 1979.

dem früher der Pferdeknecht und die Pferde des Hotels untergebracht waren. Ein grosser Gemüsegarten reichte bis zur Bahnlinie.

Seine Tochter Hildegard Frei-Hüttenmoser bezeichnet ihren 1966 verstorbenen Vater als Original: «Er konnte einfach alles. Mit einer Zange war er Zahnarzt für einfache Leute, setzte Blutegel an, schnitt Haare und rasierte, war Securitas-Mann am Hafen und Einsarger für die Stadt. Immer mit Mütze und blauer Schürze, zog er sein Wägeli durch Rorschach, um Altmaterial abzuholen.»

Schuhmacher, Fischer, Hausbesetzer

Der Seehof war ein lebendiges Quartier mit Werkstätten und Wohnungen für die kinderreichen Familien. Im Norden begrenzt von der Bahnlinie, war es mit drei Strassen mit Barrieren erschlossen, die von der Bahnwärterin Amherd vom Wärterhäuschen an der Scholastikastrasse bedient wurden.Die Barrieren blieben manchmal gefährlich lange offen, und die Wärterin sah sich oft von der SBB verwarnt. Die Kinder spielten auf den Quartierstrassen und im kleinen Vögelipärkli an der Hauptstrasse, so nannten sie das Stadtpärkli wegen seiner Volière und der langen «Gigampfe». Hans Keller, der im noch erhaltenen Haus der Nähmaschinenhersteller Alfons und Josef Keller an der Ecke Haupt- und Buchstrasse aufwuchs, erinnert sich an den Schuhmacher Blumenstein an der Laubenstrasse: «Wir schauten ihm bei der Arbeit zu. Dabei erzählte er uns Kindern immer Geschichten.» Der nahe Friedhof war nur durch einen Zaun abgetrennt und wurde von den Kindern mit Schaudern in ihre Spiele einbezogen. In die Werkstatt des Malers Rüst an der Buchstrasse zog später der Fischer Willi Schlegel, der dort Netze trocknete und flickte. Ein Haus an der Buchstrasse nannte man das alte Pfarrhaus, doch lässt sich in den Archiven der Kirchgemeinde kein Hinweis darauf finden. Ein kleines Stück Weg hinter dem Haus Hauptstrasse 5 stammt aus dem Mittelalter. In alten Katastern als Rheinweg bezeichnet, war es wahrscheinlich der Kirchweg der Altenrheiner und führte zur Treppe mit dem Tor in der Kirchenmauer hinter den Velo-Giger-Häusern.

So reich die Geschichte, so wenig ist geblieben – mit der allmählichen Zerstörung des Quartiers wuchsen nur die Parkplätze. Im Hinblick auf eine neue Strassenführung hatten Stadt und Kanton im Laufe der Jahre das ganze Areal aufgekauft und damit das Quartier letztlich zum Abbruch verurteilt. Es vergammelte derart, dass es zu einem Ärgernis und Schandfleck der Stadt wurde. Zwar vermochte das Seehofareal bis in die 70er-Jahre seinen urbanen Charakter beizubehalten und junges Szenenvolk anzuziehen, das hier günstige Wohnungen fand. 1974 verlangten 731 Bürger in einer Petition, dass die Stadt das Haus Buchstrasse 6 für ein Jugendzentrum freigeben solle. Jugendliche besetzten das Haus, worauf es polizeilich geräumt wurde. Eine Aktionsgruppe «Wohnliches Rorschach» wehrte sich gegen den Abbruch des Seehofs: Die Erhaltung sei weniger ein Akt der Denkmalpflege als ein Beitrag zur Erhaltung der Lebensqualität. Doch retten liess sich das Quartier nicht mehr, es fanden sich kaum noch Mieter für die Wohnungen in den verlotterten Bauten. Daher war es kein Verlust, als Haus um Haus verschwand – der «Seehof» 1979 nach einem Brand.

Hirnrissige Strassenprojekte

Das Quartier starb, weil eine für heutige Vorstellungen hirnrissige Planung den Verkehr mittels Betonbrücken über die Bahn zwischen Seerestaurant und Schweizerhof und auf einer neuen Strasse mitten

Die Häuser nördlich und südlich der Hauptstrasse bildeten das Eingangstor zur Stadt.

durch das Quartier bis zum Rathaus führen wollte. Ohne Erfolg, denn die Stimmbürger, welche die Stadt nicht verschandeln wollten, sagten zweimal Nein zu diesen Projekten – zuletzt vor 34 Jahren. Der Gemeinderat war überzeugt, dass bald wieder ein Projekt für die Bellevue-Sanierung vorliegen würde und bewilligte einen Parkplatz als Provisorium. Seither wartet Rorschach immer noch auf eine Verkehrssanierung.

Als bald letzte Zeugen des Quartiers wurden 2011 auch die beiden Eckhäuser im Westen abgerissen, die jahrhundertelang den Rathausplatz mit Kapelle und Kirche geprägt hatten. 80 Jahre lang war dort Velo Giger eingemietet gewesen, in Rorschach eine Institution. Die Velos auf dem Trottoir am Rathausplatz gehörten zum Stadtbild; Generationen von Rorschachern haben ihr erstes Velo bei Giger gekauft, mit einer mit dem Rorschacher Wappen und dem Schriftzug «Alb. Giger» verzierten Glocke geklingelt und später dort Pneus, Lampen und gestauchte Räder flicken lassen.

Ein legendärer Velomechaniker

Nur wenige konnten sich ein Auto leisten, als sich 1928 kurz vor der Weltwirtschaftskrise der Romanshorner Albert Giger (1893–1971) entschloss, sein Velogeschäft nach Rorschach an die Hauptstrasse 23 ins Haus des Geschirrwarengeschäfts Klaus zu verlegen. Die Arbeiterstadt zählte 11 550 Einwohner – und Giger versprach sich gute Geschäfte, zumal als einziger Konkurrent nur Josef Keller unweit von ihm an der Hauptstrasse 5 eine Velo- und Nähmaschinen-Handlung betrieb. In den Strassen der Stadt verkehrten wenig Autos, die Arbeiter und Angestellten waren zu Fuss oder mit Velos unterwegs. Vor den Fabriken und Ämtern genügten Velounterstände anstelle von Parkplätzen.

Velo Giger gehörte während Jahrzehnten zum Stadtbild (Abriss 2011).

Wer sein Velo nicht selber reparieren konnte – Giger flickte alles in seiner dunklen, niedrigen Werkstatt. Das Geschäft blühte trotz der Wirtschaftskrise, weil sich in jenen Jahren der Radsport zu einer der beliebtesten Sportarten der Schweiz entwickelt hatte. Velorennen und die Radfahrer der Armee begeisterten das Volk. Als die Armee 1930 in Rorschach ein Defilee mit 450 Radfahrer-Rekruten veranstaltete, schaute ganz Rorschach auf dem Kurplatz zu. Fotos von Tour-de-Suisse-Durchfahrten in den 1930er-Jahren zeigen dichtgedrängte Zuschauermassen an der Hauptstrasse vor Gigers Werkstatt. Schwieriger wurden die Kriegsjahre: Ersatzteile fehlten, Pneus und Schläuche waren kaum erhältlich. Alte Pneus wurden bis zum Gehtnichtmehr geflickt, galvanisiert und aufgummiert.

Albert Giger senior und junior 1969 beim 50-Jahr-Jubiläum.

Giger übergab das Geschäft 1962 seinem Sohn Albert, der 1928 im Haus geboren wurde und darin zeitlebens bis zu seinem Tode 2010, wenige Monate vor dem Abbruch, wohnte und arbeitete. Es waren die Jahre, in denen die Mopeds und Mofas, Roller und billige Autos wie die Volkswagen, Citroën 2 CV oder der Topolino das Velo zu verdrängen begannen. Dank des wirtschaftlichen Aufschwungs konnte sich bald jeder Arbeiter und Angestellte einen motorisierten Untersatz leisten. Velofahren war nicht mehr in, die Verkäufe brachen ein. Giger und sein Vater reagierten schnell auf den Wandel und teilten die Arbeit auf. Vater Giger blieb der Velofachmann, der junge Albert reparierte Mofas. Solex, Mobylette, Kreidler, später Sachs und Puch hiessen die Modelle. Die Rollenantriebe auf dem Vorderrad und Tretlagerantriebe auf das Hinterrad waren oft noch reparaturanfällig. Kein Problem für Albert, er brachte jedes Moped wieder zum Laufen.

Da der eigenwillige Junggeselle immer unter Zeitdruck arbeitete – jeder wollte sein Velo sofort repariert zurück –, erschien er einem oft als einsilbig und überhaupt nicht kundenfreundlich. Mancher hat ihn als strengen Erzieher in Erinnerung: Er tadelte uns Buben wegen nachlässig behandelter oder schmutziger Räder. Doch wer ihn näher kannte, bekam ein anderes Bild: Albert Giger wollte einfach, dass die Kunden mit seiner Arbeit zufrieden waren. Als ihn der Hausabbruch zur Geschäftsaufgabe zwang, verlor Rorschach nicht nur einen hilfsbereiten, kompetenten Fachmann und eine Werkstatt – es verlor ein Stück lebendige Velo-Geschichte.

Der Neuaufbau des Quartiers begann 2011. Das erste der neuen Gebäude soll «Seehof» heissen und an das Hotel erinnern, das dem Quartier seinen Namen gab.

Von den Tabakfabriken blieben nur die Tabakianer

Auch dies gab es in Rorschach: mehrere Fabriken, in denen Zigarren und Tabake hergestellt wurden. Von einer, umgewandelt in ein Wohngebäude, blieb der Name «Tabaki».

Raucher haben es heutzutage nicht mehr leicht. Die Zeiten, als in den Zeitungsinseraten Marlboro-Cowboys durch die Prärie ritten, sind vorbei. Daher ist für die heutigen Nichtraucher kaum vorstellbar, dass im Tagblatt in den 1930er-Jahren ernsthaft mit dem Slogan «Sei ein Mann und rauche Stumpen!» geworben wurde. Zigarren, Stumpen und Tabakpfeifen gehörten für Männer in der Zeit, bevor die Zigaretten aufkamen, wie Essen und Trinken zum täglichen Leben. Tabakfabriken florierten im 19. Jahrhundert in der ganzen Schweiz, besonders im Tessin, im Aargau und im Welschland, wo Burrus im Jura, später mit der Zigarettenmarke Parisienne bekannt, und Ormond in Vevey die grössten Unternehmen waren. Von diesen ersten Herstellern sind Markennamen wie Ormond, Villiger, Rössli-Stumpen und Brissago erhalten geblieben.

«Tabac Fabric des Gottshauses»

Auch in Rorschach stand schon um 1800 eine Tabakfabrik, und zwischen 1840 und 1900 wurden hier sogar in mehreren Fabriken Zigarren, wahrscheinlich auch Schnupf- und Kautabak produziert. Davon blieb noch lange der Hausname «Tabaki» in Erinnerung. Dank des Leinwandhandels wohnten in Rorschach weltoffene, unternehmerische Kaufleute, die wohl auch Tabak aus Kuba, der deutschen Pfalz und dem Elsass importierten. 1777 gestattete der Abt von St. Gallen Peter Anton Danielis, dem Sohn des Rorschacher Leinwand- und Kolonialwarenhändlers Giacomo Danielis, den Bau einer Tabakfabrik. Im Rorschacher Ortsplan von Nicolaus Ehrat aus dem Jahr 1790 ist ein kleines Haus in der Hub – etwas unterhalb des ehemaligen Werkhofs an der Hubstrasse – als «Tabac Fabric des Gottshauses» angeschrieben. Eine Tabakfabrik befand sich später im Kloster Mariaberg, bis dort 1864 das kantonale Lehrerseminar einzog.

Eine weitere Fabrik entstand 1852, als ein Jacob Gechter das noch heute stattliche Haus «Friedberg» (Promenadenstrasse 87) kaufte und zur Tabakherstellung umfunktionierte. Es muss aber 1868 teilweise leer gestanden sein, denn die Soldaten der französischen Bourbaki-Armee wurden dort interniert. Eine Tabakfabrik Wunderlich oder Wunderli befand sich in Gebäuden hinter dem heutigen Restaurant Löwen an der Hauptstrasse. Weiter gab es eine Tabakfabrik Ehringer an der Hauptstrasse 82 (beim Jakobsbrunnen).

Damals hielt mancher Stationsvorstand ein Kistchen Zigarren bereit.

Vor dem Stickereiboom bildete die Arbeit in diesen Fabriken – besonders die Herstellung von «Strassburger Tabak» – einen wichtigen Erwerbszweig für die Bevölkerung. Die Fabrikbesitzer erzielten gute Gewinne. 1820 hatte der Kanton den Bauern empfohlen, ergänzend zum Import Tabak anzubauen. 1864 sind einige Tabakpflanzungen im Rheintal verzeichnet. Gut möglich, dass auch Tabak aus dem Rheintal in Rorschach zu Zigarren verarbeitet wurde.

Alljährliches «Tabakianertreffen»

In der Eisenbahnerstadt Rorschach waren die ersten Bahnangestellten der 1850er- und 1860er-Jahre noch schlecht besoldet. Deshalb gestattete man ihnen und den Ehefrauen einen Nebenerwerb, etwa einen Zigarrenladen. So verkauften die Bahnangestellten oft nebenbei Zigarren, die sie in der Rocktasche ihrer Uniform mit sich trugen. Damals hielt mancher Stationsvorstand am Billettschalter ein Kistchen Zigarren bereit, damit er einem Billettkäufer statt eines Fünfers oder Zehners Herausgeld nach Wunsch eine oder zwei Zigarren verkaufen konnte.

Die grösste Fabrik war wahrscheinlich diejenige der Firma Hinderegger und Frick an der Badstrasse 3. Sie war gegründet worden von einem August Frick aus Cincinnati in den USA. Doch auch seine Fabrik hatte wie die seiner Konkurrenten nur bis um 1900 Bestand. Warum, lässt sich schwer eruieren. Vermutlich waren die schweizerische und die ausländische Konkurrenz zu stark oder aber die Qualität war zu schlecht. Vielleicht war aber auch die Arbeit in den grossen Stickereifabriken angenehmer und besser bezahlt. Frick verkaufte das 1900 bereits leerstehende Fabrikgebäude an das Baugeschäft J. Bischofberger. Rorschach brauchte Arbeiterwohnungen, und so baute Bischofberger 1902 zuerst im Ostbau, später im Mittel- und Westbau bescheidene Wohnungen, indem er in die Fabriksäle und in den Estrich Zwischenwände zog.

Anneli Dörig ist in diesem grossen Mehrfamilienhaus aufgewachsen. «Wir wohnten in der ‹Tabaki›, in ganz Rorschach kannte man das Haus mit diesem Namen», erzählt sie. «Von der einstigen Tabakfabrik wussten wir nichts mehr. Die Wohnungen waren einfach, ohne Warmwasser, ohne Bad, die Aborte auf einem Zwischenboden im Hausgang.» Die kinderreichen Familien arbeiteten im Hof südlich des Hauses, spitzten Bohnen und höhlten Karotten in Heimarbeit für die nahe Konservenfabrik Roco.

Die Bewohner des ganzen Quartiers zwischen Bad- und Marmorstrasse nannte man die «Tabakianer». Es ergab sich ein derartiges Gefühl der Zusammengehörigkeit, dass, wer im Quartier aufgewachsen war, sich noch bis in die 1980er-Jahre alljährlich zu einem «Tabakianertreffen» einfand.

Das lebendige Quartier verlor mit der Zeit seinen Charakter. Gastarbeiter zogen in die billigen, schlecht unterhaltenen Wohnungen. Nicht nur die «Tabaki», sondern auch die Häuser in der Umgebung verlotterten. 1966 planten die Grundstückbesitzer eine Neuüberbauung mit einem Hochhaus. Die Stadt lehnte die Baueingabe ab, bewilligte aber den heutigen Mehrfamilien-und Geschäftshauskomplex, der ab 1970 erstellt wurde. Die «Tabaki» wurde 1969 mit zwei weiteren Häusern abgerissen, und etwas später verschwand auch die mit einem Garten an die «Tabaki» angrenzende Sonnenhof-Garage Stärkle an der St. Gallerstrasse, die erste und lange einzige Autogarage Rorschachs.

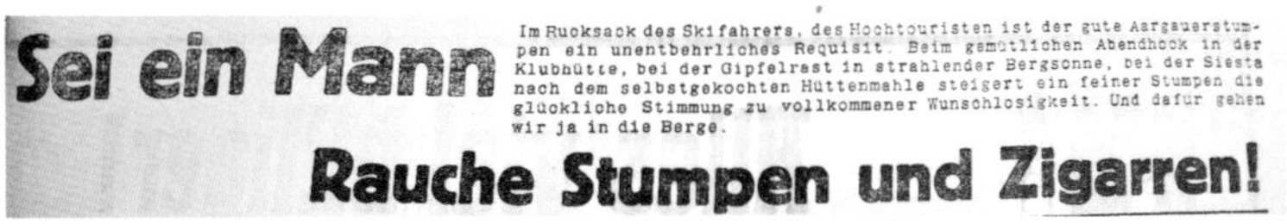

Das «Tabaki»-Wohnhaus links im Hintergrund, vorne die Sonnenhof-Garage Stärkle an der St. Gallerstrasse. Beide wurden 1969 abgerissen.

Das beste Haus am Platz: Der «Anker» nach seinem Umbau 1903 zum Grand Hotel.

Verblasster Glanz im Gästebuch

«Wenn Rorschach, dann ‹Anker›» – das stillgelegte Hotel Anker war Treffpunkt Reicher und Berühmter und das Zentrum des gesellschaftlichen Lebens in der Stadt. Ein Gästebuch erinnert an die besseren Zeiten.

……………………

Gottlieb Kaspar Kündig, der Besitzer der «Anker»-Liegenschaft an der Hauptstrasse, sitzt vor einem Espresso im «La Vela» und freut sich am lebhaften Vormittagsbetrieb des Lokals. Das Vela befindet sich in den Räumen, wo schon vor 100 Jahren das Café-Restaurant Anker «ein Rendez-vous der Fremden und der besseren einheimischen Gesellschaft» war. Kündig hat das heruntergekommene Hotel 1999 ersteigert; über seine lange Blütezeit, aber auch über seinen Niedergang wusste er Bescheid. Schliesslich ist er an der Ankerstrasse, nur wenige Meter entfernt, aufgewachsen. «Ich habe eine sentimentale Beziehung zu diesem Haus. Die Lage des Hotels am Hafenplatz direkt gegenüber dem Kornhaus reizte mich.» Kündig zeigt auf eine Passage im Text einer Broschüre, welche die Bedeutung des 1905 prächtig renovierten Hauses hervorhebt: «Der Schwerpunkt und das Herz Rorschachs ist unstreitig der Hafenplatz. Wer sich auf dem Hafenplatz umsieht, dem fällt die imponierende Front des Hotels Anker auf, das eine dominierende Stellung an diesem wichtigen internationalen Verkehrsplatz einnimmt.»

Ein Grand Hotel

Entstanden war das Hotel aus Häusern, die 1485 der St. Galler Abt Ulrich Rösch gebaut hatte – um seinen Hafen gegen Süden abzuschliessen. In dem Gebäude, das etwa dem heutigen Hotelbau entspricht, wurde nach dem Ende der äbtischen Herrschaft die Rorschacher Leinwand begutachtet. 1801 verkaufte es die Regierung des neu entstandenen Kantons St. Gallen an einen Apotheker Felder.

1845 findet sich in einem Versteigerungsdokument erstmals ein Hinweis auf eine Gaststätte «zum Anker» geschrieben, und 30 Jahre später wird in einem Reiseführer das «Hotel de l'Ancre» für die prachtvolle Aussicht gerühmt und für «gute Küche, feine Weine, billige Preise».

1893 kauft Louis Kaiser aus Grellingen (BE, heute BL) das Haus und lässt es gründlich renovieren. Mit Zimmern an weiten Korridoren mit mächtigen alten Schränken, mit Speisesaal, Salon, Schreib- und Lesezimmer sowie dem damals modernen elektrischen Licht bezeichnet Kaiser sein Hotel als «auf der Höhe stehend, fein und behaglich, die Zimmer mit einer entzückenden Aussicht auf den See und den stets belebten Hafenplatz oder auf die grünen Matten und Wälder des Rorschacher Berges und die höher gelegenen Quartiere Rorschachs mit den stolzen Kirchen und Villen». Auf dem Dach prangt fortan über der Schrift «Hotel Anker» ein eisernes «Grand».

Die Kaisers führten das Hotel 53 Jahre lang, bis es 1946 Walter Moser-Zuppiger erwarb und modernisieren liess. «Rorschach darf sich rühmen, ein ganz erstklassiges, modernes Hotel besitzen zu dürfen», schrieb die Presse 1947. Die Eheleute Moser waren überaus beliebte und charmante Gastgeber, das Hotel florierte entsprechend. Viele Rorschacher erinnern sich lebhaft an den «Anker» in der Ära Moser. Etliche denken an ihr Hochzeitsfest im Ankersaal, an Treffen im Salon und an unzählige Vereinsanlässe zurück. Zur Zeit der Fasnachtsparaden und Bälle und später dann in den Jahren, als nach dem Abbruch der «Krone» das «Ankersäli» als einziger Saal in Rorschach übrigblieb, war der «Anker» ein begehrter Treffpunkt. Nachdem Walter Moser das Hotel 1972 verkauft hatte, ging es mit dem «Anker» abwärts. Das Hotel verlor seinen Ruf, der Betrieb wurde aufgegeben, und das Haus verlotterte.

Thomas Manns schlimme Erinnerung

Ein tiefer Fall für das Grand Hotel, das jahrzehntelang viele beherbergte, die Rang und Namen hatten. Gut möglich, dass Hans Castorp, der Held des berühmten Romans «Der Zauberberg» von Thomas Mann, auf seiner Reise nach Davos mit dem Schiff vom deutschen Ufer kommend, im «Anker» abgestiegen ist. Im Tagebuch des Schriftstellers und Nobelpreisträgers Thomas Mann heisst es: «Sonntag 30. April 1933 Rorschach-Hafen. Hotel Anker». Auf seiner Ausreise aus Deutschland aus Furcht vor den Nazis übernachtete Mann im besten Haus in Rorschach und traf sich hier mit seinem Sohn Golo und Freunden. «Rorschach wird mir in schlimmer, schwerer Erinnerung bleiben», schrieb Mann. Seinen «unheimlichen Zustand durch die Nähe der Grenze» und seine «entsetzte und schaurige Stimmung» konnte auch der damalige Hotelier Oskar Kaiser nicht verbessern.

Nah am Hafen: Das Hotel Anker im 19. Jahrhundert.

Bundesrat Philipp Etter und Ständerat Antonio Riva geniessen 1935 ein Ständchen der Stadtmusik vor dem Hoteleingang.

Hotel
Anker
Rorschach

Heute Mittwoch, 31. Dezember
findet der traditionelle

Silvesterball

statt. — Beginn ca. 20.15 Uhr.

Kaltes Buffet ab 23.00 h

Tischreservationen nimmt gerne entgegen
Telephon 4 33 44.
Herren erscheinen in Dunkel.

Allen unseren Gästen wünschen wir
ein glückliches neues Jahr!

Am Neujahrstag empfehlen wir Ihnen
unsere exquisiten Festtags-Menüs.

Höflich empfehlen sich 449
Orchester und W. Moser-Zuppiger.

«Herren erscheinen in Dunkel»: Inserat für den Silvesterball 1949.

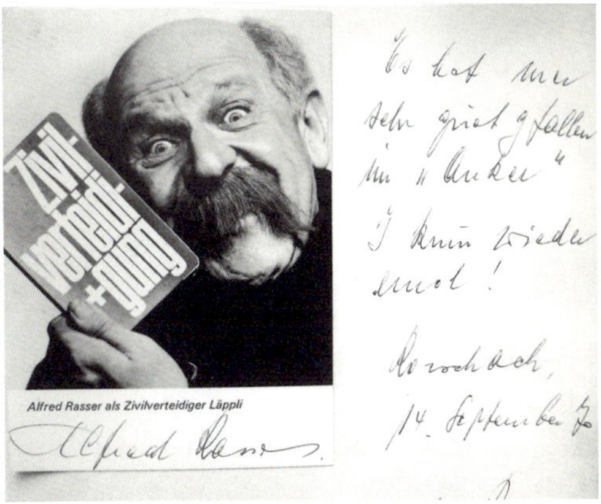

Alfred Rasser (alias HD Läppli), ein zufriedener «Anker»- Gast.

Nur noch ein Stern leuchtet über dem einstigen Grand Hotel.

Von Gästen hingegen, die in späteren Jahren begeistert ihren Aufenthalt im «Anker» genossen, zeugen die Einträge im einzigen noch erhaltenen Gästebuch. Rita Gerster-Moser gewährt Einblick – sie ist die Tochter des Hoteliers Walter Moser. Das ab 1956 geführte Buch liest sich wie eine Gesellschaftsgeschichte jener wirtschaftlich fetten Jahre. Der «Anker» hatte unter dem Ehepaar Moser und später unter Thomas und Rita Gerster-Moser einen weitherum guten Ruf für seine Gastfreundlichkeit und sein vorzügliches Essen.

Caterina Valente und Willi Millowitsch

Allen voran übernachteten hier die vielen Schauspieler, die im Palace engagiert waren. Der Kinosaal war ein von Gastspieltruppen gern benütztes Theater, auf dessen Bühne weltberühmte Stars auftraten. Die Ensembles der Cabarets Cornichon, Fédéral, Rüeblisaft, Muggatätscher, sie alle waren Gäste des «Ankers«. Die Unterschriften im Gästebuch lesen sich wie ein Who's who des damaligen schweizerischen Showbusiness: Fredy Scheim, Elsie Attenhofer, Walter Roderer, Voli Geiler, Walther Morath, Bella Neri, Zarli Carigiet, Alfred Rasser (alias HD Läppli). Aber auch Weltstars wie Caterina Valente, Vico Torriani, die Sopranistin Maria

Stader, die damals am Anfang ihrer Karriere standen, gastierten im Palace vor vollen Rängen und lobten ihren Aufenthalt im «Anker». Weiter waren unter den Gästen etwa die Radiomoderatoren Fritz Schäuffele, bekannt als Briefkastenonkel, und Elisabeth Schnell, unvergessen wegen ihrer Sendung «Nachtexpress».

Die Chris Barber's Jazz Band, berühmt durch ihre Millionenschlager «Petite Fleur» und «Wild Cat Blues», die Hof- und Deutschmeisterkapelle, die Hazy Osterwald Band, die Festival Strings Luzern unter Dirigent Rudolf Baumgartner – unglaublich, wer da alles einst in den heute verwahrlosten Zimmern wohnte. Es war die Zeit, in der Fernsehequipen noch Aufsehen erregten – wie jene von «Heute in Rorschach» mit Mäni Weber; natürlich war auch er im «Anker» abgestiegen. Einen lustigen Eintrag hinterliess der deutsche Fernsehprominente Willi Millowitsch: Vielleicht sang er noch seinen Schlager «Schnaps, das war sein letztes Wort, dann trugen ihn die Englein fort», bevor er in einem Ankerbett einschlief.

Bundesräte, Botschafter, Generäle

Die Eleganz der Speisesäle, Rauch- und Sitzungszimmer des «Anker» zog auch Politiker an. Bundesrat Giuseppe Lepori kam 1958 nach Rorschach, weil er sich als Chef des Verkehrsdepartements mit den Rorschacher Barrieren und der Höherlegung der Bahnlinie befassen musste. Und die Bundesräte Karl Kobelt und Paul Chaudet logierten öfters hier, um sich in Altenrhein bei den Flug- und Fahrzeugwerken (FFA) über den Baufortschritt des Düsenflugzeugs P-16 zu informieren. «Dinner in Honour of his Eminence» stand oft auf einer «Anker»-Speisekarte, wenn etwa ein Kardinal aus Formosa, ein türkischer General, ein Ministerpräsident aus Syrien, Botschafter, Ministerialräte, Bundesräte oder Richter im Speisesaal dinierten.

Hier dinierten ein Kardinal aus Formosa, ein türkischer General und ein Ministerpräsident aus Syrien.

Eltern aus ganz Europa und Übersee, die ihre Töchter im Institut Stella Maris besuchten, waren im «Anker» stets gern gesehene Gäste. «Im Anker zu ankern, ist nie vergebens», schrieb ein Deutscher; ein Italiener aus Parma schwärmte von «ottima ospitalità e buonissima cucina» und ein Engländer dankte für einen angenehmen Aufenthalt in «a beautiful town» – für Rorschach damals kein seltenes Kompliment.

Feldmühle, Roco, FFA, Starrag, Aluminiumwerke – die regionale Industrie florierte, und natürlich wurden deren Kunden im «Anker» bewirtet. Der Berner Verleger Paul Haupt schrieb ins Gästebuch: «Trotzdem der «Anker» nicht von Albert Anker geführt wird, fühlt man sich heimelig.» Der Eintrag «Wenn Rorschach, dann ‹Anker›» ist unterschrieben von «Bö», dem legendären Zeichner des «Nebelspalters». Weitere

«Nebi»-Karikaturisten wie Hürzeler, Sigg, Jüsp, Büchi und Fehr verewigten sich mit einer witzigen Zeichnung anlässlich einer Ausstellung im Kornhaus im Gästebuch.

Britische Militärpiloten dankten mit Kunstflug

Ein Besuch ist Rita Gerster-Moser unvergesslich: Im Juli 1970 zeigte die berühmte Jetstaffel «Macawas» der britischen Royal Air Force ihre Künste am Seenachtfest in Konstanz und durfte ausnahmsweise in Altenrhein landen. Die Piloten fühlten sich im Hotel Anker derart gut aufgehoben, dass sie am andern Tag beim Training über dem See laut Zeitungsbericht vor dem Hafen ihre Jets zu einer «präzisen Figur» formten, um damit Rorschach und dem Hotel Anker zu danken. Bilder und Zeitungsberichte davon hat Rita Gerster-Moser ins Gästebuch geklebt; als Erinnerung an all die vielen dankbaren Gäste im einst besten Haus am Platz.

Ein einziger Stern prangt jeweils als Teil der Weihnachtsbeleuchtung vor dem Hotel Anker – Sinnbild für den verlorenen Glanz des einstigen Grand Hotels. Ob der «Anker» je wieder als Hotel mit mehreren Sternen in Rorschach glänzen wird, steht in den Sternen.

Die Flughafenstadt mit Do X und P-16

In der Anfangszeit der Luftfahrt lockten Rorschacher Flugtage Zehntausende von Zuschauern an. Man träumte von einem zentraleuropäischen Flughafen Rorschach-Altenrhein.

Plakat für eine Flugfahrzeug-Ausstellung im Kronensaal, bereits 1910.

«Im Wasser und in der Luft liegt Rorschachs Zukunft», hiess es 1920 in der Stadt. Der Traum vom Reisen im Flugzeug war eben erst Wirklichkeit geworden. Der Stadtrat hatte sich bei der frisch gegründeten schweizerischen Luftverkehrsgesellschaft Ad Astra für die Errichtung einer Flugstation am Bodensee beworben: Rorschach eigne sich am besten. Die Ad Astra stimmte zu. Die Stadt plante daraufhin auf dem Gelände des heutigen Strandbads den Bau einer Flughalle und Rorschach wurde vertraglich als Zollflughafen bestimmt. Vor der Aufnahme eines regelmässigen Flugverkehrs sollte sich das Volk vorerst an dieses neue Verkehrsmittel gewöhnen; so beschloss die Stadt, einen Flugtag durchzuführen. Prompt fanden sich am 16. Mai 1920 Neugierige aus dem ganzen Kanton ein. Zehntausende von Zuschauern bewunderten die waghalsigen Piloten in den Maschinen. Schon zehn Jahre zuvor war die Stadt das Ziel von Flugbegeisterten gewesen, die in der ersten Rorschacher Luftfahrzeug-Ausstellung im Kronensaal Frei- und Lenkballons und Flugmaschinen besichtigten.

Nur für Mutige mit Geld

Noch war das Vertrauen der Bevölkerung in Flugzeuge gering. Der Seepark und ein Teil des Kurplatzes wurden für das Fest abgesperrt. Auf dem See begrenzten Bojen eine Landestrecke. Das Wasserflugzeug, ein Doppeldecker, lag am Strand flugbereit, als sich am Morgen des Flugtages die Passagiere meldeten: Stadtammann Arnold Engensperger ging als erster Fahrgast mit gutem Beispiel voran. «Sie legten sich Mantel, Mütze und Brille an, bestiegen das Flugboot, ein Anlauf durch hoch aufschäumende

Wogen, wütendes Propellergesurr und plötzliches leichtes Heben über die Wasserfläche und ruhiges Steigen über Goldach-Rorschach», schrieb das Tagblatt und bezeichnete den Piloten Leutnant Fricker als «eine sympathische, ruhig auftretende und Vertrauen erweckende Pilotengestalt, die seit 1913 im Dienst schon 7000 Flüge ohne Unfall zurückgelegt» hatte. Für 25 Franken waren Mutige fünf Minuten lang in der Luft, damals ein stolzer Preis. Der Berichterstatter schrieb denn auch: «Wer arm am Beutel ist, dem hilft auch nicht der Mut der Mutigen.»

Das Volk war nun vom Zweck einer Flughalle am See überzeugt. Noch im gleichen Jahr, am 29. August 1920, wurde sie mit einem zweiten Flugtag eröffnet. Der Flugzeugbau hatte sich weiterentwickelt, Schutzkappen und Brillen brauchte es nicht mehr: «Man setzte sich in das Flugzeug, wie man einen Zug besteigt.» Im September engagierte die Stadt Charles Koepke als Leiter und Piloten der Flugstation. Der zuverlässige Pilot eroberte sich das Vertrauen der «Luftmenschen». Und ein Einwohner schrieb: «Rorschach ist eigentlich fast über Nacht permanenter Flughafen geworden. Wer genug Batzen im Sack und Unternehmungslust spürt, kann jederzeit in luftige Höhen und in lächerlich kurzer Zeit nach Lugano, Genf, Luzern oder St. Moritz fliegen.»

Rorschach ist fast über Nacht permanenter Flughafen geworden.

Die Begeisterung fürs Fliegen war mit diesen Flugtagen endgültig geweckt: Die Bürger von Rorschach, Thal und Rheineck stimmten im Januar 1926 einem Vertrag zwischen Bund, Kanton und den deutschen Dornier Metallbauten zu, in Altenrhein zwischen Speck und Buriet einen Flugplatz und eine Flugzeugfabrik zu bauen. Der Friedensvertrag von Versailles nach dem Ersten Weltkrieg (1914–1918) hatte Deutschland den Flugzeugbau verboten. Der Flugzeugbaupionier Claude Dornier umging das Verbot und verlegte eine Konstruktionsstätte nach Italien. Der Stadtrat von Rorschach soll Dornier eingeladen haben, auch in Rorschach ein Werk zu eröffnen, denn die Region benötigte Arbeitsplätze.

Das erste Flugschiff der Welt

1927 beginnt in Altenrhein der Bau des ersten Flugschiffs der Welt. Am 12. Juli 1929 schwimmt der metallene silbergraue Riesenvogel auf dem Bodensee, einige Tage später erhebt er sich erstmals in die Luft. Er wiegt 35 Tonnen, hat eine Tragfläche von 477 Quadratmetern und eine Spannweite von 48 Metern. Altenrhein ist plötzlich in der ganzen Welt ein Begriff. Als die Do X als erstes Riesenflugzeug vorgestellt wird, kommen 45 000 Schaulustige und Ehrengäste mit Sonderzügen. Im gleichen Jahr fliegt das Luftschiff mit 169 Passagieren, darunter die gesamte Belegschaft der Dornier, rund um den Bodensee. Drei Jahre nach Charles Lindberghs Rekordflug von Amerika nach Europa wagt auch Pilot Richard Wagner mit der Do X den Flug über den Atlantik, zunächst nach Rio de Janeiro, dann am 27. August 1931 von Norfolk nach New York.

Der ehemalige Eichmeister Karl Keller hat einen Start der Do X auf dem See vor Staad erlebt: «Das Flugschiff wurde auf Schienen über eine breite Rampe in den See gefahren. Dann zog das Motorboot ‹Altenrhein› der Dornier-Werke die Do X weiter auf den See hinaus. Der Lärm der zwölf Motoren, als die Maschine startete, war unheimlich gross. Ganz Rorschach blickte auf. Und wenn das Ungetüm in der Luft war, hörte man das Riesengebrumm rund um den See.» Die Weltpresse berichtete über die gewaltigen Dimensionen eines tatsächlichen Wunders der Technik. In einer Broschüre über das Flugschiff heisst es: «Da drüben in Altenrhein, unweit davon das traute, schöne Rorschach. Da pulst reges Leben, kühner Forschergeist. Die Beherrschung der Luft liess hier ein Werk entstehen, auf das sich die Augen der gesamten Kulturwelt mit grösster Spannung richten.» Die überschwengliche Begeisterung war berechtigt. «Der Luftverkehr von Kontinent zu Kontinent mit Riesenflugzeugen ist keine Utopie mehr», schrieben Fachleute und sahen im kommenden Weltluftverkehr den Flugplatz Altenrhein-Rorschach bereits als europäischen Zentralflughafen und den Bodensee als ideale Start- und Landefläche.

Der Zweite Weltkrieg vereitelte die Pläne und lenkte die Entwicklung in andere Bahnen. Die Zeit der Flugschiffe war, kaum hatte sie begonnen, schon wieder vorbei. Der Ruf der Dornierwerke verblasste

Das Wasserflugschiff Do X in der Rorschacher Bucht.

in der Nachkriegszeit aus ganz anderen Gründen. Schon während des Krieges sagte man der Firmenleitung und den Angestellten, die Dornier von Friedrichshafen nach Altenrhein mitgenommen hatte, eine nazifreundliche Gesinnung nach. Der ehemalige Mitarbeiter Leo Blattner erzählt: «Wir Arbeiter legten eine 50 mal 50 Meter grosse Schweizerflagge auf dem Flugplatz aus, um alliierte Bomberpiloten für Notlandungen auf die Schweiz aufmerksam zu machen. Wenn sie auf der anderen Seite des Rheins gelandet wären, hätte man sie erschossen. Die immer bevorzugten deutschen Mitarbeiter hänselten uns: ‹Ihr seid feig, ihr helft den Alliierten›. Wir stritten, bis einer von uns gebüsst wurde. Darauf veranstalteten wir einen Sitzstreik, den SP-Regierungsrat Alfred Kessler schlichtete.» 1945, nach dem Krieg, erzwangen die Schweizer Arbeiter mit Streikdrohungen die Entlassung nazifreundlicher Arbeitskollegen. Die Siegermächte verlangten von der Schweiz, dass die deutsche Dornier in schweizerischen Besitz gelange. Dornier verkaufte daher die Firma an den Tessiner Claudio Caroni, der sie in Flug- und Fahrzeugwerke Altenrhein (FFA) umbenannte.

Das erste Schweizer Düsenflugzeug

Zehn Jahre später, am 25. April 1955, standen Altenrhein und Rorschach wegen eines ganz anderen Flugzeuges wieder im Zentrum der Aufmerksamkeit. Seit Wochen hatten Scharen von Flugzeugfans in Altenrhein die Standläufe und Rollversuche des ersten schweizerischen Düsenkampfflugzeuges beobachtet. Nun war der Tag da, an dem Testpilot Hans Häfliger erstmals mit dem silbernen Vogel abheben sollte. Auf der Strasse zwischen Staad und Buriet hielten die Autos an, um den ersten Start und die Landung mitzubekommen. Minuten später kletterte der mutige Testpilot freudestrahlend aus dem Flugzeug. Die tausend Mitarbeiter der FFA waren begeistert. In den schwierigen Nachkriegsjahren hatte ihr Werk seine Existenzgrundlage verloren, doch nun schien die Zukunft gesichert. Seit es Caroni gelungen war, in Bern den Auftrag für die Entwicklung eines Kampfflugzeugs zu erhalten, waren alle Kräfte auf den Bau des P-16 ausgerichtet worden. Ein Heer von Spezialisten hatte in Zusammenarbeit mit Professoren der ETH Zürich ein Flugzeug entwickelt, mit dem die FFA in den Kreis der weltbekannten Flugzeugbauer vordringen wollte.

Die deutschen Mitarbeiter hänselten uns: «Ihr seid feig, ihr helft den Alliierten».

Nur vier Monate nach dem ersten Flug stockte die Treibstoffzufuhr auf einem weiteren Testflug des Prototyps J3001. Wegen Wolkenbänken konnte Pilot Häfliger Altenrhein nicht mehr anfliegen. Auf 600 Metern Höhe gab er den Jet auf. Es gelang ihm noch, das Flugzeug Richtung See zu steuern, um keine Ortschaften zu gefährden. Dann betätigte er den

Der Prototyp des P-16
vor einem Testflug 1955.

Die Dornier-Werkhallen
um 1929.

Schleudersitz und landete mit dem Fallschirm unverletzt in einem Obstgarten bei Horn. Der P-16 stürzte in den See und wurde einige Tage später vom «Bomber-Schaffner» geborgen, der mit seinem Bergungsschiff schon amerikanische Bomber aus Schweizer Seen heraufgeholt hatte. Es dauerte nur einige Monate, bis die zweite Maschine flog. Ein Jahr später wurde ein dritter Prototyp mit einem stärkeren Triebwerk ausgestattet. Die Flugwaffe erprobte den Jet – mit guten Ergebnissen. 1958 stellte Bundesrat Paul Chaudet im Nationalrat den Antrag, von der FFA für 407 Millionen Franken 100 P-16 zu kaufen. Die Gegner des P-16 wünschten weitere englische Hunter. Chaudet verteidigte den P-16 eine Stunde lang. Er betonte, eine eigene Flugzeugindustrie sei wichtig für die Landesverteidigung. Die FFA-Mitarbeiter vernahmen mit Freude, dass National- und Ständerat dem Kauf zustimmten.

Die Freude währte nicht lange. Nur drei Wochen später stürzte der Prototyp J3003 beim Anflug vor Rorschach in den See. «Ich war mit drei Freunden auf einem Pedalo. Wir sahen den P-16 immer tiefer sinken und sorgten uns um den Piloten, bis wir einige hundert Meter entfernt den Fallschirm entdeckten», erzählt der Bootsbauer Hanspeter Füllemann. «Wir pedalten so schnell wir konnten zum Piloten. Er lag entkräftet im acht Grad kalten Wasser, am Rücken verletzt. Wir zogen ihn aufs Pedalo. Der Pilot, er hiess Jean Brunner, sagte: ‹Meine Hände sind schon steif, lang hätte es mit mir nicht mehr gedauert. Das Steuer des Flugzeugs war gebrochen, ich konnte nichts mehr tun.›» Vom Ufer aus hatten Sekundarschüler Hans Mazzel und Lehrling Walter Eugster die Rettung beobachtet, in einer Fischergondel mit Aussenborder fuhren sie zum Pedalo und übernahmen den Piloten. Presse und Fernsehen schilderten die Rettung, ganz Rorschach war stolz auf seine Seebuben.

Caronis Wut auf den Bundesrat

Der Absturz zerstörte das Vertrauen in eine eigene Flugzeugindustrie. Der Bundesrat annullierte den Kauf. In der Presse häuften sich spöttische Berichte über dieses «untaugliche Flugzeug». Das «Ostschweizerische Tagblatt» dagegen schrieb drei Tage nach dem Absturz: «Wir Rorschacher sahen den P-16 täglich fliegen. Wir bewunderten das blitzschnelle Ansteigen und Absteigen. Die beiden Maschinen verzeichneten 300 Flüge ohne Störungen. Fachleute nennen sie die beste aller Flugmaschinen.» Der Rorschacher Nationalrat und FFA-Anwalt Theodor Eisenring und die Ostschweizer Parlamentarier kämpften für Arbeitsbeschaffung in ihrer Region. «Einige Räte nannten meinen Vater nur noch P-16», erinnert sich der Sohn Hans Eisenring.

Der Bundesrat warf der FFA vor, vertragliche Verpflichtungen nicht eingehalten zu haben. Tatsächlich war es für die Techniker oft unmöglich, den Forderungen der Beamten nachzukommen. Der damalige Lehrling Ruedi Heeb erinnert sich an einen gängigen Spruch im Werk: «Die in Bern wollen ein Flugzeug und ein Unterseeboot in einem.» Der temperamentvolle, in Bern oft arrogant auftretende Tessiner Claudio Caroni wehrte sich mit Herzblut, aber wenig diplomatisch für «sein» Flugzeug. Sein persönlicher Pilot Alfons Eigenmann soll gehört haben, wie Caroni einmal Bundesrat Chaudet vorwarf: «Ich würde Sie bei mir nicht einmal als Portier einstellen.» Den Verzicht auf den P-16 verschmerzte er nie. Dass das elegante Flugzeug als Learjet in den USA einen Neustart erlebte, konnte dem geistigen Vater des Jets, dem Staader Ingenieur Hans Luzius Studer, und Caroni nur ein schwacher Trost sein. Die Schweiz hatte die einmalige Chance zum Bau eines eigenen Düsenflugzeugs verpasst.

Endstation Rossbüchel Kulm

Vor dem Ersten Weltkrieg war Rorschach eines der populärsten Ausflugsziele der Ostschweiz. 1911 bestanden sogar Pläne für den Bau einer Standseilbahn vom Bahnhof auf den höchsten Punkt des Rossbüchels.

....

«Tausende von Menschen stossen sich an schönen Sonntagen ‹à niveau› der Geleise. Die Verhältnisse auf dem Bahnhof sind kläglich, unwürdig und unerträglich», beklagten sich Reisende vor hundert Jahren. Unvorstellbar für alle, die heute den eher leeren, modernisierten Hauptbahnhof betreten und die stilgerecht renovierten Perrondächer bewundern. Tatsächlich war der Bahnhof dem damals riesigen Ausflugsverkehr mit Bahnen und Schiffen nicht gewachsen. 815 485 Reisende zählte man in jenem Jahr in Rorschach, in der Liste der Schweizer Bahnhöfe lag Rorschach an achter Stelle, noch vor Luzern. In einer Zeit ohne Autos brachten an Wochenenden viele Extrazüge die unzähligen Ausflügler in die Gegend. Das «Ostschweizerische Wochenblatt» schrieb 1911: «Ostern bescherte der Hafenstadt eine Menge Ausflügler. An den Hängen des Rorschacherbergs, auf dem Rossbüchel, auf Wegen und Stegen sah man festesfrohe Menschen. Alle an- und abgehenden Dampfer waren voll besetzt.»

Warum nicht eine Bahn auf den Rossbüchel bauen, zu diesem besonders beliebten Ausflugsziel? Schliesslich seien Heiden seit 1875 und Walzenhausen seit 1896 bereits mit Bahnen verbunden und profitierten vom Ausflugsverkehr, sagten sich zwei initiative Rorschacher. Adolf Gaudy war ein Mann voller Ideen und einer der berühmtesten Architekten während der Bauwelle der Stickereizeit. Viele Kirchen, Schulhäuser, Bankgebäude und Villen zeugen noch heute von seiner ungeheuren Schaffenskraft. Im jungen Stadtrat Emil Keller, als Stadtingenieur Vorstand des Bauamtes, fand er einen begeisterten Partner für sein Projekt einer Standseilbahn von Rorschach auf den Rossbüchel.

Viele Haltestellen

Am 10. September 1911 reichten Gaudy und Keller beim Regierungsrat ein Konzessionsgesuch ein und schrieben: «Die Bahn auf Rossbüchel Kulm beginnt bei Rorschach-Bahnhof. Mittels eines ganz kurzen Tunnels wird die Promenadenstrasse unterführt. Die ganze Bahn liegt auf eigenem Trassee, das dem Mühlebachtobel folgt und die Endstation Rossbüchel Kulm erreicht. Die Spurbreite ist ein Meter, der Betrieb ist mit elektrischer Kraft vorgesehen, die von einem benachbarten Kraftwerk bezogen wird. Betriebsmittel sind zwei gewöhnliche Bahnwagen mit den nötigen Bremsvorrichtungen, eine Zahnstange dient zu Bremszwecken. Als Stationen sind vorgesehen: Bahnhof – Promenadenstrasse – Kreuzweg (die heutige Sonnenhof-Kreuzung) – Hüttenmoos/Hohriet – Fronberg – Rossbüchel Staffel und Rossbüchel Kulm.» Die stolzen Bezeichnungen Staffel und Kulm waren Anlehnungen an die Stationen der Rigibahn, der ersten Bergbahn Europas.

Gemessen an heutigen Massstäben erstaunlich tief, auch unter Berücksichtigung der Geldentwertung, schätzten die beiden mutigen Planer die Kosten. Sie rechneten mit billigem Landerwerb, ein längerer Teil der Strecke würde durch das Mühletobel gebaut. Für die drei Kilometer lange Bahnanlage mit einer Ausweichstelle und oberirdischer Stromleitung setzten sie 900 000 Franken ein, für Stationshäuschen und Wartehallen 70 000, für zwei vierachsige Motorwagen 30 000, für eine Reparaturwerkstätte 15 000. Mit 35 000 Franken für Bauprojekt, Bauleitung und Konzessionierung hätte die Bahn nur etwas über eine Million Franken gekostet. Der Zeitplan sah drei Jahre für die Detailplanung und dann eine Bauzeit von zwei Jahren vor.

Den Rorschacherberg besiedeln helfen

Gaudy und Keller nannten handfeste Gründe für das Gesuch: «Die Seilbahn wird für Rorschach einen Hauptanziehungspunkt bilden und den Zuzug von Fremden von den deutschen flachliegenden Ufern des Bodensees mächtig fördern. Sie soll aber zugleich einem praktischen Zweck dienen. Rorschach und Rorschacherberg entwickeln sich am Berghang hinauf, wo wunderschön gelegenes Bauterrain der Erschliessung harrt. Die Besiedelung kann durch eine rasche und billige Verbindung zum See gefördert werden.» Die Stadt unterstützte die Planer mit einer Eingabe an das kantonale Baudepartement. Der Bau der Bahn diene nicht nur dazu, den wunderschönen Aussichtspunkt Rossbüchel zugänglich zu machen, sondern ebenfalls der Besiedelung der Hänge des Rorschacherbergs. Der Rat empfahl, die Bahn näher ans Zentrum zu verschieben und das Trassee Richtung St. Annaschloss zu ziehen. Dies sei aber bloss Wunsch und keine Einsprache; ausserdem bitte man den Kanton um Unterstützung bei den Bundesinstanzen.

Der Gasthof Fünfländerblick, 1968 abgebrannt, wurde nie wieder aufgebaut.

Eine Standseilbahn auf den Rossbüchel – 1913 für Ausflugsverkehr geplant.

Auch der Rorschacherberger Gemeinderat wünschte eine Einmündung der Bahn ins Zentrum. Die Gemeinde sei wegen ihrer aussichtsreichen Lage ausserordentlich geeignet, Fremde anzuziehen. Eine Bahn mitten durch die Gemeinde und mit vielen Haltestellen diene der Weiterentwicklung, die Konzessionierung sei im öffentlichen Interesse. Der oberste Teil des Rossbüchels liegt auf Boden der Gemeinde Eggersriet. Auch sie unterstützte den Plan, wünschte aber eine Verlegung der Station Staffel näher zum bereits bestehenden Restaurant Fünfländerblick, dem Ausflugsziel auf dem östlichen Rossbüchel.

Der Weltkrieg verhindert den Bau

Der Regierungsrat reichte die Pläne am 20. Mai 1913 zur Gutheissung an das Eisenbahndepartement des Bundes weiter. 1914 fragt Gaudy beim kantonalen Baudepartement, was denn eigentlich mit seinen Plänen geschehen sei. Dann wurde es still. Der Erste Weltkrieg brach aus, die Grenzen wurden geschlossen, der Fremdenstrom versiegte jäh. Von einer Bahn auf den Berg sprach niemand mehr. Erst 1934, mitten in der Weltwirtschaftskrise, erinnerte sich ein Chronist im Rorschacher Neujahrsblatt: «Wenn die Sonne wieder einmal über eine ungetrübte Wirtschaftslage leuchtet, wird wohl auch der Bau einer Bahn auf den Rossbüchel nicht das letzte sein.»

Angesichts der heutigen Strassen und des riesigen Individualverkehrs müsste sich heute jener Gegner der Bahn bestätigt fühlen, der bereits 1911 im «Ostschweizerischen Wochenblatt» schrieb: «Das Projekt ist recht nett, aber ohne praktischen Wert. Die Einheimischen überwinden die kurze Entfernung bei schönem Wetter gern zu Fuss und bei schlechtem Wetter geht überhaupt niemand hinauf.» Offen bleibt die spannende Frage, ob sich die beiden Gemeinden mit dem Bau der Bahn näher gekommen wären, ja sich sogar vereinigt hätten.

Per Schienenauto nach Heiden

1908 wurde auf der Strecke der Rorschach-Heiden-Bahn ein Auto getestet, das auf Eisenbahnschienen fahren konnte. Den öffentlichen Verkehr eroberte die Erfindung aber nie.

Schnell und sicher im eigenen Auto auf Schienen unterwegs? Nicht Utopie bleiben sollte dies für die Automobilkonstrukteure der Firma Saurer im Winter 1908. Dem Arboner Unternehmen gelang ein erstaunlicher Versuch. Auf den vereisten Schienen der Rorschach-Heiden-Bergbahn fuhr ein Auto in knapp zehn Minuten vom Bahnhof Rorschach zur Station Heiden. Die Privatbahn suchte damals einen Weg, um Zwischenfahrten nicht mit dem normalen Zug, sondern mit einem kleineren Vehikel auszuführen. So könnte man mehr Fahrten im Tag anbieten und Betriebskosten sparen. Das damals bereits im Autobau erfolgreiche Unternehmen bot sich als idealer Partner für Versuche an.

Die Saurer-Ingenieure konstruierten ein Fahrzeug mit der gleichen Spurbreite wie normale Eisenbahnwagen. Damit das Auto nicht vom Bahngleis rutschen konnte, wurden beidseits der Räder Scheiben angebracht, die etwas über das Rad hinausragten. Um wieder auf der Strasse zu fahren, mussten nur die Scheiben von den mit Hartgummi bereiften Rädern abmontiert werden. Die Rorschach-Heiden-Bahn, als Bergbahn mit einer Zahnradschiene zwischen den Geleisen, war eine ideale Versuchsstrecke.

Auf vereisten Schienen

Der 24. Januar 1908 war ein kalter Wintertag. Die Geleise der Rorschach-Heiden-Bergbahn waren verschneit und vereist, als sich die Ingenieure für die Testfahrt bereit machten. 13 Personen sassen gespannt in warmen Mänteln und eleganten Hüten im offenen Tourenwagen. Wenige Zuschauer verfolgten das historische Ereignis; sie beobachteten, wie das

Auto seinen 50-PS-Benzinmotor startete und losfuhr. In zehn Minuten durchquerte es die schneebedeckte Landschaft zur Station Heiden. Die Rückfahrt dauerte dann 19 Minuten – weil die Bremsen versagten, landete das Auto zwischendurch in einer Wiese.

Die Presse war begeistert. «Der Versuch ist vollkommen gelungen», schrieb das «Ostschweizerische Wochenblatt». «Ohne dass das Automobil die Zahnradstange benutzen konnte und obwohl das Geleise zum Teil eisig war, gelang es ihm, die Strecke zurückzulegen. Während ein Zug etwa fünfzig Minuten braucht, dürfte ein solches Automobil auf dem Geleise bei Kursfahrten in fünfzehn bis zwanzig Minuten am Ziel sein. Da die Morgen- und Abendzüge der Bergbahnen wenig frequentiert sind und die Probefahrt sich bewährt hat, eröffnet sich nun für die Automobilindustrie ein neues Absatzgebiet.» Der Verfasser des euphorischen Berichtes erwähnte nicht, wie das Fahrzeug von den Schienen geriet und wie es trotz des Zwischenfalls nach nur 19 Minuten Talfahrt wieder in Rorschach angekommen war. Möglicherweise war es den 13 Passagieren rasch gelungen, das leichte Auto wieder auf die Schienen zu heben.

Das Saurer-Schienenauto mit prominenten Passagieren am Fuss der Bergbahnstrecke Rorschach–Heiden auf Höhe des heutigen Schienenübergangs zum Werkzeugmaschinenhersteller Starrag Heckert.

Die Pioniertat ist dank des Rorschachers Hans Wirrer nicht in Vergessenheit geraten. Wirrer, der von 1928 bis 1978 für die Firma Saurer tätig war, erinnert sich lebhaft an seinen Onkel Gottfried Wirrer: «Er war einer der leitenden Saurer-Ingenieure des Schienenautos. 1911 wanderte er in die USA aus und wurde dort später für viele seiner Erfindungen im Motorenbau bekannt. Auf Besuchen in der Schweiz erzählte er uns anhand von Fotos von der Testfahrt mit dem Schienenauto.» Das Bild, das von der Fahrt erhalten ist, zeigt Onkel Wirrer als Dritten von links auf dem Wagen. Der Zweite von rechts, mit dem weissen Bart, ist Patron Adolph Saurer.

Leider ist das aussergewöhnliche Fahrzeug nicht in einem lokalen Museum erhalten geblieben, ebenso wenig wie eines der 96 ähnlichen Tourenautos, die Saurer zwischen 1904 und 1911 gebaut hat. Auch die Hoffnungen auf ein neues Absatzgebiet für Saurer erfüllten sich nicht. Sicherheitsvorschriften des Eidgenössischen Eisenbahndepartements verhinderten die Weiterentwicklung, und die Generation der ersten Autofahrer suchte die grenzenlose Fahrfreiheit auf den Strassen.

Das Institut Stella Maris um 1950 noch inmitten von Wiesen.

Aristokratentöchter, Spione und ein Papst

Fast wie ein Schloss prangt östlich des Spitals Rorschach ein historisch einzigartiges Gebäude: Im Stella Maris, heute von der Pädagogischen Hochschule des Kantons St. Gallen genutzt, unterrichteten Menzinger Schwestern einst vornehme Töchter aus dem Ausland, aber auch einfache Mädchen aus der Region.

Weit über die Landesgrenzen, ja sogar über Europa hinaus leuchtete dieser «Stern des Meeres», und noch heute erscheint die Lage über der Stadt phänomenal. Dabei war das «modern eingerichtete Haus in schöner, gesunder Lage am Bodensee», wie das Stella Maris 1929 in einem Inserat warb, zunächst einfach ein bescheidenes Institut der Menzinger Schwestern im noch dörflichen Rorschach gewesen. An der Ecke Burg- und Bäumlistorkelstrasse lag es hart an der Bahnlinie und von allen Seiten eingeengt; 1911 suchten die Schwestern einen Bauplatz. Sie dachten an eine Verlegung nach St. Gallen, kauften dann aber für sechs Franken pro Quadratmeter 25 000 Quadratmeter Land im Osten der Stadt.

Hardeggers «Wolkenkratzer»

Mit dem Neubau wurde der berühmte St. Galler Architekt August Hardegger betraut. Ein mächtiger Bau sollte es werden, in Anlehnung an die Vorbilder Kornhaus und Mariaberg. Doch es gab Einsprachen. Der Rorschacher Architekt Adolf Gaudy wehrte sich auch als Nachbar gegen das Projekt: «Gegen die Errichtung eines solchen Kastells & Wolkenkratzers, das uns den ganzen schönen Rorschacherberg verdeckt, mich aufs Äusserste zu wehren, gebietet der Selbsterhaltungstrieb & kann mir auch von Ihnen selbst nicht verübelt werden, wenn Sie sich einmal die himmelhohen Bauvisiere, die ja erst den untern Dachrand markieren, besichtigen.» Die Gemeinde fand, es gebe zu viele Türmchen und Türme. Gemäss Bauordnung sei der Bau zu hoch, man würde aber ein Auge zudrücken, wenn eine ruhigere Fassade gefunden würde.

Erst nach einigem Ringen wurde am 14. Oktober 1912 mit dem Spatenstich begonnen. Im milden Winter 1912/13 arbeiteten viele Arbeitslose an den Fundamenten, streikten dann aber im Frühling. Der Sommer 1913 war so nass, dass die Arbeiten fast eingestellt werden mussten. In der Südfront des 60 mal 43 Meter grossen Baus reihte sich Schulzimmer an Schulzimmer, die Seitenbauten enthielten Musiksaal, Turnsaal, Speisesäle und eine Kapelle so gross wie eine mittlere Dorfkirche. Fünf «helle, freundliche, luftige» Schlafsäle lagen im obersten Geschoss. Der breite Korridor zum offenen Hof wurde mit Kreuzgewölben eingedeckt.

Angelegt wurde auch ein Rasentennisplatz und eine 250 Meter lange Rampe zum Schlitteln. Zum Eislaufen eignete sich der Spielplatz. Fortschrittlich war der Innenausbau mit elektrischem Lift, Wäscheschacht und Entstäubungsapparat. Der gewaltige Bau mit einem Inhalt von 30 000 Kubikmetern kostete 700 105 Franken oder umgerechnet 23 Franken pro Kubikmeter. «Vom See aus gesehen dominiert das grosse Gebäude wegen seiner erhöhten Lage die Ortschaft. Eingebettet in Obstbäume bietet es einen herrlichen Blick auf den See mit Rundsicht von Meersburg bis Bregenz», schrieben Bewunderer damals.

Die Engländerinnen erhielten wöchentlich ihren Schwarztee mit Pudding.

In diesen schlossartigen Neubau zügelten die Schwestern im August 1914, der Erste Weltkrieg war eben ausgebrochen. Zwei Wochen lang zog ein Pony auf der steilen Mariabergstrasse ein mit Hausrat beladenes einziges Wägelchen, das vom Militär als untauglich befunden worden war. Pferde und Wagen wurden für die Grenzbesetzung gebraucht. Im alten Stella Maris wohnten bald darauf kriegsinternierte Soldaten.

Endlich höhere Schulbildung für Mädchen

Seine Entstehung verdankt das Institut den Schulverhältnissen im 19. Jahrhundert. «Jeder Bewohner Rorschachs weiss, wie stiefmütterlich der Unterricht der Mädchen bis anhin war», heisst es in einer Akte von 1849. Eine öffentliche Realschule gab es nur für Knaben. Pater Theodosius Florentini, der Gründer der Kongregation der Lehrschwestern von Menzingen, animierte Rorschacher Frauen, mit seinen Schwestern eine Mädchenrealschule zu gründen. Kantonsrat Roman Hertenstein half dabei: «Wir traten die Wanderung durch Rorschachs Gassen an, zogen die Hausglocke, wo wir schulentlassene Mädchen wussten, und so gelang es uns, sieben Schülerinnen zu bekommen.» Der noch kleine evangelische Bevölkerungsteil Rorschachs gründete wenige Jahre später ein eigenes Institut.

Aus der Schule in einem Hinterzimmer wurde ein Institut, als sich Florentini entschloss, ein in Zizers gelegenes Mädchenpensionat nach Rorschach zu verlegen. Er mietete ein Haus an der St. Gallerstrasse für seine Pensionärinnen. Das Institut wuchs rasch, mit «Externen», weil die Rorschacher Realschule keine Mädchen aufnahm, und mit «Internen», weil immer mehr Eltern auch aus dem Ausland ihre Kinder den Schwestern anvertrauten. Kantonsrat Hertenstein kaufte 1855 in der Stadt ein Haus mit Hof und Garten. In den folgenden Jahren wurde das Haus erweitert, daneben ein Schulhaus gebaut sowie ein Bau mit Turnsaal, Schlafräumen und Kapelle.

Den Namen Stella Maris (Stern des Meeres) erhielt das Institut 1878 nach einem Gedicht von Hermann dem Lahmen, der im Mittelalter als Mönch auf der Insel Reichenau lebte. Als ein Institut am Überlingersee sich ebenfalls Stella Maris nennen wollte, wehrten sich die Rorschacher, sie seien bereits derart bekannt, dass Post aus ganz Europa bei ihnen ankomme, adressiert nur mit «Stella Maris am Bodensee».

Vornehme Töchter aus aller Welt

Tatsächlich war das Institut bereits weltweit anerkannt. Aus vielen Ländern Europas, aus Ägypten, aus Lateinamerika und den USA, aber auch aus China und Japan sandte man seine Töchter nach Rorschach. Eine Schwester Evangelina schrieb: «Töchter, meist aus den vornehmsten Familien fast aller Länder fanden sich in unserer einfachen Umgebung heimisch. Die Engländerinnen erhielten wöchentlich ihren Schwarztee mit Pudding, die Serbinnen am Dreikönigstag aus der Heimat die am Spiess gebratenen Ferkelchen.»

Wie international das Institut war, vermittelt eine Episode aus dem Ersten Weltkrieg. Die «Berliner Zeitung» klagte einen in Rorschach wohnenden Graf Della Torre an, Spionage zugunsten der Engländer zu betreiben. Er habe seine Kinder im Stella Maris eingeschrieben, wo sie im gleichen Schlafsaal mit den Kindern österreichischer Aristokraten wohnten. Über diese Kontakte hole er sich wertvolle Informationen. In der Tat stammten viele Interne aus vornehmen Familien, die Rorschacher Externen hingegen aus allen Bevölkerungsschichten. «Mit den Internen hatten wir wenig Kontakt. Die waren wohlbehütet. Das Betreten ihrer Räume war uns verboten» erinnert sich eine ehemalige Externe.

Der Ferienort eines Papstes

Bekannt wurde die Schule auch als Ferienort des späteren Papstes Pius XII. Als päpstlicher Gesandter in Deutschland wurde ihm 1918 das Institut zur Erholung empfohlen. Bis 1938 verbrachte Nuntius Pacelli seine Ferien oft im Stella Maris, wo ihn 1931 die Ernennung zum Kardinal

Die Zeichnung auf einem Briefkopf von 1910 idealisiert die Lage oberhalb des Sees.

überraschte. Eine Rorschacher Grossmutter erinnert sich an den hohen Gast: «Wir mussten stets bereit sein, seinen Ring zu küssen, falls wir dem Kardinal in den Gängen begegnen sollten.» Beim Versuch, diese ungeliebte Ehrerbietung zu vermeiden, fiel sie einmal mehrere Treppenstufen hinunter.

Das Institut genoss den Ruf «einer sehr guten Schule und Erziehungsanstalt». Die Leitsätze aus der ersten Zeit galten auch später: «Nicht gelehrte eitle, sondern bescheidene, gesittete, brave, für die Haushaltung tüchtige und brauchbare Töchter heranzubilden.» Zählte man 1854 noch 17 Schülerinnen, waren es 1904 bereits 158, und 1954 unterrichteten 34 Schwestern 286 Schülerinnen. Ein Foto von 1954 zeigt eine Familie, deren Frauen aus vier Generationen alle im Institut erzogen worden waren. Die Schwestern bürgten für eine religiös geprägte Erziehung und sorgten wie Mütter für ihre Zöglinge. Eine Schwester schildert die Bombardierung von Friedrichshafen 1944: «Bei jedem Fliegeralarm standen wir auf, und oft führten wir die Schülerinnen aus den Schlafsälen in den Keller.» In den Schulstunden durfte der Krieg allerdings kein Thema sein. Ein Schulinspektor ordnete an: «Bei den Töchtern ist die Aufzählung von kriegerischen Ereignissen möglichst zu vermeiden und dafür der Besprechung hervorragender Frauengestalten Aufmerksamkeit zu schenken.»

«Mädchen schlag die Augen nieder...»

Korrektes Benehmen wurde im Fach Anstandslehre geübt, zum Beispiel, wie korrekt angeklopft wird: «Mit gekrümmtem Zeigefinger zweimal

Gesittete Mädchen in einer Stella-Maris-Schulklasse um 1950.

kurz nacheinander, zurückhaltend und dennoch sachlich energisch anklopfen». Die Inspektoren mahnten auch wegen der Bekleidung: «Im Interesse des sittlichen Zartsinns sollte auch Töchtern aus ‹bessern Familien› das Tragen allzu weit ausgeschnittener oder ärmelloser Kleider im Institut nicht gestattet werden.» Eine Rorschacherin empfand in den 50er-Jahren den Wechsel vom Stella Maris in die Kantonsschule als Befreiung: «Die Schwestern waren gegenüber den natürlichen Bedürfnissen von uns jungen Mädchen sehr restriktiv. Wir durften keine Hosen tragen, Ellbogen und Knie mussten bedeckt bleiben. ‹Mädchen, schlag die Augen nieder, denn ein Bürschchen geht vorüber›, galt nicht nur bei Schulreisen und Ausflügen.» Das nicht getrennte Strandbad war verpönt. Eine andere externe Schülerin erinnert sich: «Wir wurden gefragt, ob zu Hause die ‹richtige, blaue› oder die ‹rote› Zeitung aufliege.» Die konservative «Rorschacher Zeitung» war blau gehalten, das liberale «Ostschweizerische Tagblatt» führte einen roten Balken im Titel.

Trotz der strikten Disziplin und der Autorität blicken Ehemalige aus den 1920er- und 30er-Jahren wehmütig auf ihre Zeit im Stella Maris zurück. Viele Lehrschwestern bleiben ihnen unvergesslich. Die Schwestern waren mit Rorschach verbunden: Sie besuchten kulturelle Anlässe in der Stadt und die Examen der staatlichen Schulen. Spaziergänge mit den Klassen der Internen führten sie durch die Stadt, und manch noch barfüssiger Bub suchte – meist erfolglos – die Blicke einer fremden dunkeläugigen Schülerin auf sich zu lenken. In der Stadt wusste man von den schönen reichen Mädchen dort oben, Jugendliche wurden zuweilen beim «Fensterlen» erwischt. Das Institut trug auch zum kulturellen Leben der

Stadt bei. Schwester Theodata war für ihre Theateraufführungen in der Turnhalle bekannt – das Publikum kam in Scharen. An den Schlussfeiern im Frühling bot die beliebte Gesangslehrerin Cäcilia Clara mit allen Schülerinnen ein Programm mit Liedern von Mozart, Schubert, Händel und Bach. Schwestern führten auch die konfessionell getrennten Kindergärten sowie die Haushaltungsschule Blumenau.

Opfer einer liberaler gewordenen Welt

1901 hatte Rorschach eine Realschule gebaut, die auch Mädchen zugänglich war. Die Eltern sandten ihre Kinder in die neue Staatsschule, das katholische Stella Maris und das evangelische Institut Biene verloren ihre Rorschacher Schüler. Doch der Druck von kirchlicher Seite war gross, die Mädchen weiterhin katholisch zu erziehen. Pfarrer Zöllig berichtete 1918: «Rorschach hat neben dem Institut eine sehr leistungsfähige Realschule, die auch den Mädchen ohne irgendeinen Rappen Kosten zugänglich ist. Von liberalen Kreisen wird sehr stark für die Frequenz dieser Schule gearbeitet. Ich gebe mir viele Mühe, die katholischen Mädchen dem Institut zuzuführen.» Auch die nachfolgenden Pfarrer gaben sich Mühe, oft vergeblich. Die Rorschacher Mädchen zogen es vor, mit den «Kamerädli» aus der Primarschule in die Sekundarschule zu wechseln. «Ich weinte nächtelang vergeblich, weil die Eltern den Wechsel ins Stella verlangten», erinnert sich eine ehemalige Schülerin.

Als konservative Kreise 1953 finanzielle Unterstützung für Rorschacher Stella-Maris-Schülerinnen forderten, verweigerten die Schulbürger Beiträge. Die Jahre des Instituts waren gezählt. Wegen Schwesternmangels kam das Ende rasch. Zwar mochten sich viele Eltern mit der Aufhebung des katholischen Erziehungsideals nicht abfinden. Es gab Leserbriefe, Telefonate, Kopfschütteln. 1969 gaben die Schwestern die Lehrtätigkeit auf, nach 125 Jahren. Das Haus diente noch als Sitz des Generalrates, bis sich die Schwestern im April 1989 endgültig nach Menzingen zurückzogen. Zum Abschiedsfest kamen 25 Schwestern und 600 ehemalige Schülerinnen. «Stella Maris als Haus der Erziehung im christlichen Geist hat den guten Ruf von Rorschach als Schulstadt während rund 130 Jahren mitgeprägt», schrieb Stadtammann Marcel Fischer in der Festschrift.

Nach Verhandlungen der Schwestern mit dem Kanton über den Kauf der Liegenschaft stimmte das St. Galler Volk im Jahr 2000 deutlich dem kantonalen Kredit für Erwerb, Umbau und Erneuerung der Liegenschaft zu. Und Rorschach als Schulstadt konnte sich freuen, dass das Haus als Bildungsstätte der Pädagogischen Hochschule des Kantons St. Gallen erhalten blieb.

SCHULE & SPORT

Rorschachs erster Kindergarten Kronengut (erbaut 1885, abgebrochen 1981) stand südlich der Kirchstrasse – am Ort der heutigen Garageneinfahrt zum Berufsbildungszentrum.

Zu Tante Lina und Schwester Ida Klara

Bereits 1885 wurde in Rorschach der erste Kindergarten erstellt. Der rote Backsteinbau wich hundert Jahre später dem Berufs- und Weiterbildungszentrum Rorschach-Rheintal.

....

«Z Rorschach im Chroneguet stoht e rots Hüsli, ringsum e Gärtli dra, s gfallt mir so guet, Buebe und Meiteli chömed go spiele dri, do isch halt lustig, do isch halt guet.» Dieses Liedlein lernten Kindergärtler vor über hundert Jahren im ersten Kindergarten der Stadt Rorschach. Das rote «Hüsli» war ein Backsteinbau mit der Nummer 41a und stand südlich der Kirchstrasse – dort, wo sich die Einfahrt in die Parkgarage der Berufsschule befindet. Es wurde 1981 von der Schulgemeinde gekauft und abgerissen, als das Berufsbildungszentrum erbaut wurde.

Zum Glück streitet sich heute niemand mehr über konfessionell getrennte Kindergärten. Anders war es, als in Rorschach vor 130 Jahren die ersten Kindergärten – damals Kleinkinderschulen genannt – eingeführt wurden. Seit 1870 war die Bevölkerung der Stadt sprunghaft gewachsen. Die Erziehung der zahlreichen Kinder der Arbeiterfamilien wurde vernachlässigt, weil Frauen und Männer, ja selbst Kinder in den Fabriksälen der Stickereiindustrie arbeiteten oder den knappen Lebensunterhalt mit Heimarbeit aufbesserten. So beschlossen am 3. Oktober 1879 einige Bürger, geleitet vom damaligen evangelischen Pfarrer Hermann Albrecht, einen Kindergartenverein zu gründen. Der von ihnen genannte Zweck, «eine gesunde Betreuung und Erziehung der Kinder bei Erwerbstätigkeit beider Elternteile» zu bieten, ist bis heute aktuell.

Der Kindergarten war von Anfang an für alle Kinder jeglicher Herkunft offen, echt paritätisch – ohne Rücksicht auf die wirtschaftliche, konfessionelle oder politische Stellung der Eltern. Die Gründer finanzierten den Betrieb und hofften, dass die Schulgemeinde diese Aufgabe später übernehmen werde. Im damals mehrheitlich katholischen Rorschach gründeten aber kurz darauf einige Katholiken einen Verein zur Errichtung einer eigenen Kleinkinderschule ihrer Konfession und bauten dafür 1895 nördlich der Eisenbahnstrasse ein stattliches Haus mit Spielplatz dicht an der Bahnlinie vis-à-vis der heutigen Bäckerei Egger. Über der Eingangstür prangte in grosser Schrift die Bezeichnung «Kinderheim».

Der erste Kindergarten wurde wegen der katholischen Konkurrenz bald der «evangelische» Kindergarten genannt, obwohl er stets allen Konfessionen offenstand. Somit kam auch die Übernahme durch die Schulgemeinde nicht mehr in Frage, hingegen leistete der Schulrat bald einen Beitrag an die Betriebskosten, später auch die politische Gemeinde. Ab 1930 unterstützte auch die evangelische Kirchgemeinde die Institution.

Bau im Kronengut

Während der ersten Jahre war der «evangelische» Kindergarten in einem heute verschwundenen Anbau des Restaurants Mariaberg auf dem Lindenplatz eingemietet, später in einem Hintergebäude des Hotels Krone. 1885 beauftragte ein Komitee den Rorschacher Architekten Carl Herkommer, einen eigenen Bau im damaligen Kronengut zu erstellen; der Name Kronengut blieb dem Kindergarten über all die Jahre erhalten. Das rote Backsteinhaus kostete inklusive Boden 24 500 Franken und wurde dem Kindergartenverein geschenkt.

Die von namhaften Bürgern unterzeichnete Stiftungsurkunde enthält die Bedingung, dass «die Liegenschaft dem doppelten Zweck eines Kindergartens und eines Lesezimmers für Lehrlinge» zu dienen habe. Das Lesezimmer verfügte über reichhaltige Literatur und Unterhaltungs-

Schwester Ida Klara mit einer Kindergartenklasse, 1938.

Der katholische Kindergarten nördlich der Eisenbahnstrasse. Erbaut 1895, abgerissen 1970.

spiele. 1942 wurde im Dachstock ein Lokal für junge Leute und für die Sonntagsschule der evangelischen Kirchgemeinde eingebaut. Die Schülerzahlen wuchsen sprunghaft, ab 1947 brauchte es eine zweite Klasse, die zuerst behelfsweise im Dachstock untergebracht war, ab 1953 in der «Sonne», der ehemaligen Volksküche am Sonnenweg. 1955 wurde das Kronengut vollständig renoviert.

In Tante Linas Kämmerlein

Zum Kindergarten im Kronengut gehörte fast vierzig Jahre lang Lina Kobelt. Die von allen «Tante Lina» genannte Kindergärtnerin wohnte in zwei Zimmern des Gebäudes. Von 1918 bis 1955 betreute sie die Kleinen, einerseits liebevoll, andererseits auch mit der damals üblichen Disziplin. Der Rorschacher Hafenmeister Urs Grob, in den Vierzigerjahren ein «Kronengut-Kindergärtler», erinnert sich an ein dunkles Kämmerlein, wahrscheinlich das Kohlenlager, in das nicht nur er einst zur Strafe gesteckt wurde. In einer Ecke des Schulraums stand ein mit Kohle beheizter Zylinderofen; dessen heissem Mantel durfte man nicht zu nahe kommen. Erstaunlich, dass es nie zu einem Brand kam. Beim Unterricht trugen die Kinder Überärmel und Schürzchen, die in der Garderobe in Säckchen aufgehängt wurden. Die Einweihung nach der Renovation 1955 und dem Abschied von Tante Lina war das allererste Festchen, das sich der stets bescheiden auftretende Verein leistete.

Der katholische Kindergarten wurde von Klosterfrauen des Instituts Menzingen geführt, die in zwei Schulsälen im Parterre unterrichteten. Im ersten Stock wohnten Ingenbohler Krankenschwestern, die im Auftrag der Stadt die Kranken der Gemeinde pflegten, heute eine Aufgabe der Spitex. Von Westen her führte ein Weg entlang der Bahnlinie zum Kinderheim, von Osten her mussten die Kleinen den damals noch offenen

Schulbach hinter den Casinogebäuden (heute Stadthof) überqueren und eine grosse Treppe zum Kiesplatz hochsteigen. Ab 1895 haben drei Generationen und wohl gegen 3000 Rorschacher Kinder im Haus an der Eisenbahnstrasse spielen und singen gelernt. Die Schwestern erzogen betont religiös, oft streng und autoritär. Nebst Märchen erzählten sie sehr eindrücklich biblische Geschichten aus dem Alten und Neuen Testament. Ungehorsame Kinder bestraften auch sie mit einigen Minuten Aufenthalt im Kohlenlager. In den beiden Schulzimmern mit niedrigen Tischen und kleinem Bühnenaufbau betreuten zwei Schwestern Klassen von je über 50 Kindern. Einige Schwestern wirkten beinahe lebenslang in Rorschach, die Namen Camilla Maria, Pia Monika oder Ida Klara hört man heute noch, wenn Erinnerungen ausgetauscht werden.

1956 planten die SBB den Bau einer Doppelspur zwischen Rorschach und St. Gallen. Das katholische Kinderheim dicht am Geleise stand im Weg. So kauften die SBB das Gebäude und überliessen es dem Kindergartenverein zur Miete, bis dieser 1962 in der Nähe das neue Kindergartengebäude Seehof bezog. Als es um die Doppelspur wieder still wurde, vermieteten die SBB die Räume an die damals noch junge Heilpädagogische Vereinigung Rorschach. Diese zog 1976 in ihre neue Schule Wiggenhof, und die SBB liessen das bereits ehrwürdige Kindergartengebäude im Winter 1976/77 abreissen.

Das Ende der konfessionellen Kindergärten

Beide Kindergartenvereine wurden durch die zunehmende Schülerzahl gezwungen, weitere Kindergärten zu eröffnen, der katholische in einer Liegenschaft der Mettler-Müller AG und in einem Neubau an der Buchelistrasse, der evangelische zuerst in der Wachsbleiche (1948), dann im Schönbrunnquartier (1962) und am Sonnenweg (1963). Obwohl die Stadt und die Schulgemeinde den evangelischen und den katholischen Kindergartenverein mit Beiträgen unterstützten, konnten die Vereine die Kosten für Bau und Unterhalt der Kindergärten nicht mehr tragen. Mitte der Fünfzigerjahre begannen auch in den katholischen und nicht wie bisher nur in den evangelischen Kindergärten weltliche Frauen zu unterrichten, die das Kindergartenseminar absolviert hatten. 1972 kam es zur Übernahme aller Kindergärten durch die Schulgemeinde. Der katholische Verein hatte die Verhandlungen lange blockiert. Die Liegenschaften wurden an die Schulgemeinde verkauft.

Die beiden Vereine lösten sich in der Folge auf, der evangelische nach 102 Jahren. Es regte sich kaum Widerstand. Die Zeit der konfessionell getrennten Kindergärten war endgültig vorbei. Die von den Gründern gewünschte «gesunde Betreuung und Erziehung» und der Geist von Tante Lina im Kronengut sind heute noch in den für Kinder aller Konfessionen und Herkunftsländer offenstehenden Rorschacher Kindergärten zu finden.

Den Griffel am Sandstein gespitzt

Im Bedaschulhaus, heute ein Teil des Berufs- und Weiterbildungszentrums, verbrachten Generationen von Rorschachern ihre ersten Schuljahre. Zum Schulhaus gehörten die älteste Turnhalle der Stadt und ein grosser Pavillon.

Den vielen Lehrlingen aus dem ganzen Kanton, die im Berufsbildungszentrum ein- und ausgehen, ist der Name Bedaschulhaus kaum geläufig. Das ins Zentrum integrierte Gebäude an der Löwenstrasse hingegen erinnert alte Rorschacher an Griffel und Schiefertafeln und an zwei grosse Sandsteinblöcke seitlich des Eingangs, an denen die Erstklässler die Stifte spitzten. Die langjährigen, oft strengen Lehrerinnen der ersten und zweiten Klasse sind vielen Schülern von damals noch gegenwärtig: Fräulein Braun, die erste Blockflötenlehrerin, das grosse, elegante Fräulein Burgener, das stets dunkel gekleidete Fräulein Herbert mit ihren schwarzen Schnürstiefeln, Fräulein Bättig mit der Zopffrisur, ab 1943 die lebhafte Martha Schreiber, die in den Schulferien in den letzten Kriegsjahren im Frauenhilfsdienst (FHD) an der Grenze Flüchtlinge betreute.

Das Schulhaus war 1893 erbaut worden, als das bisher einzige Rorschacher Schulhaus Mariaberg die vielen Schüler nicht mehr fassen konnte. Kaum erstellt, war es auch schon wieder zu klein. Für die ständig wachsenden Schülerzahlen musste 1905 hinter dem Schulhaus ein Pavillon mit vier Schulzimmern erstellt werden, und 1908, nur drei Jahre später, beschloss die Schulgemeinde, das Pestalozzischulhaus zu bauen.

Rorschachs erste Turnhalle

Entlang der Kronenstrasse war 1889 noch vor dem Schulhausbau die Bedaturnhalle errichtet worden. Für heutige Sicherheitsexperten undenkbar, standen Kletterstangen im Raum und Schwebebalken entlang der Wände, die Fenster waren aus normalem Fensterglas und zersplitterten immer wieder bei Fussball- und Handballspielen. Der Parkettboden dröhnte und vibrierte beim Laufen. Zwischen Pavillon und Halle befanden sich im Freien eine Sprunggrube, Reckstangen und eine Stabhochsprunganlage. Für die Heizung von Halle und Pavillon musste der Abwart Kohlen in einem Kessel aus dem Schulhauskeller schleppen.

«Während des Weltkriegs rückte meine Grenzschutzkompanie I/288 in die Bedaturnhalle ein», erinnert sich Viktor Karrer. «Wir schliefen in der Turnhalle auf Strohsäcken, An- und Abtreten in Reih und Glied fanden auf dem Kiesplatz zwischen Schulhaus und Pavillon statt.» Die Soldaten benützten auch die altertümliche, weit und breit einzige Dusche im Schulhauskeller. Kinder warteten in den Kriegsjahren mit Kesseli in den Händen während der Essenszeiten vor der Soldatenküche, wo ihnen heisse Suppe für ihre Familien ausgeschenkt wurde. Kompanieköche waren der «Fuchsschwanz»-Wirt Waldner und der Metzger Gnädinger. Während des Krieges wurden rund um das Schulhaus Kartoffeln angepflanzt, der langjährige Schulsekretär Walter Graf soll den Spatenstich ausgeführt haben.

Lebensmittelmarken und Radballturniere

Der Pavillon diente nicht nur Schulzwecken. Als in der Schweiz Schulzahnkliniken aufkamen, wurde auch in Rorschach eine Klinik im Pavillon eingerichtet. Im Krieg war die Alarmzentrale des örtlichen Luftschutzes dort untergebracht. Beobachter auf dem Fünfländerblick und im Turm der evangelischen Kirche waren mit der Zentrale verbunden und meldeten auftauchende Bomber, die Richtung deutsches Ufer flogen. Mit dem berühmten Knopf wurde der Fliegeralarm ausgelöst, die Sirenen heulten auf, die Schule schloss, die Kinder rannten nach Hause und kehrten erst nach Endalarm, einem langanhaltenden Ton, wieder in die Schule zurück. Im Pavillon wurden auch die ersten Rationierungsmärkli für Lebensmittel abgegeben. Wer sich fürs Militär stellen musste, wurde in einem der Zimmer untersucht. In den Räumen probten auch Musik- und Gesangsvereine. Die Bedaturnhalle war während Jahrzehnten für die Durchführung von Radballturnieren bekannt. Dieser Sport war damals in Rorschach sehr beliebt. An den Turniertagen drängten sich die Zuschauer entlang der Wände. Abends war die Halle meistens durch den Arbeiterturnverein Satus belegt; deshalb hiess sie zeitweise auch Satushalle.

Anfangs der Achtzigerjahre hatten die fast hundertjährige Turnhalle und der Pavillon ausgedient. Beide wurden abgebrochen, um dem Berufsbildungszentrum mit Tiefgarage Platz zu machen. Das alte Bedaschulhaus wurde geschickt mit dem Neubau verbunden. Am 26. November 1983 wurde das Zentrum eingeweiht und ist seither Berufschülern der weiteren Region ein Begriff.

Die Bedaturnhalle wurde 1889 erbaut, der Pavillon 1905. Beide wurden 1980 abgerissen. Heute steht dort das Berufsbildungszentrum.

Ein Hauptverlesen des Militärs 1942 auf dem Mariaberg-Schulplatz.

Eine Sekundarschulklasse 1948 vor dem Knabeneingang. Der Schüler ganz rechts hält noch das blaue Käppi in der Hand.

Zittern vor den Osterexamen

Das Examen vor Ostern war früher der einsame Höhepunkt des Schuljahres: Für die von allen Eltern besuchten Schlussprüfungen putzten sich Schüler wie Lehrer heraus, und die Abschlussfeier der Sekschüler im Kronensaal war stets ein öffentliches Ereignis.

Examen im Pestalozzischulhaus am letzten Schultag vor den Osterferien: Der Tag, mit dem ein Schuljahr zu Ende ging und an dem die Zeugnisse ausgeteilt wurden. Tagelang waren das bevorstehende Examen und die mit Spannung erwarteten Zeugnisse die einzigen Gesprächsthemen auf dem Schulweg. In den Schulstunden wurde repetiert, was während des Jahres eingetrichtert worden war. Die Schüler lernten Lieder und Gedichte für diesen einmaligen Tag, an dem Schulräte und Eltern zu Besuch erwartet wurden. Für den Lehrer ging es darum, während der Examensstunde den Besuchern zu zeigen, was er seiner Klasse im vergangenen Jahr beigebracht hatte. Und die Kinder wollten ihren Eltern beweisen, dass sie zu den Besten der Klasse gehörten.

«Zum Examen kamen die Schüler immer geschniegelt in Sonntagskleidern, wir Lehrer trugen Krawatten», erinnert sich der Lehrer Walter Osterwalder. «Wir hängten die schönsten Zeichnungen an die Wände, stellten Blumen aufs Lehrerpult.» Zitternd und aufgeregt suchten die Schüler vor dem Examen den Blickkontakt zu den Eltern, die mit Schulräten und Gästen hinten im Schulzimmer und entlang der Fensterfront standen oder die geographischen Reliefs in den Sandkästen bewunderten.

Jeder Lehrer hatte den Examensstoff auf seine eigene Weise vorbereitet. Wer sich vor den Gästen hervortun wollte, hatte sein Programm mit den Schülern einstudiert. Andere wählten unbekannte Themen, dem Durchschnitt der Klasse angepasst – sie wollten die Schüler aufmerksam und neugierig präsentieren. Bei Lehrer Josef Schawalder wähnte man sich in einem Musiksaal. Um die Schüler vor ihren Eltern nicht blosszustellen, griffen einige Lehrer zu Tricks: Wer eine Antwort sicher wusste, sollte die rechte Hand aufstrecken, wer nicht sicher war, die linke. Die Schüler sollten sich profilieren können. Einigen Schülern kündigte der Lehrer bestimmte Fragen an. «Für ein Examen in der Primarklasse lernte ich alle Rechenaufgaben der Siebener-Reihe extra gut, da der Lehrer Antworten von mir erwartete», erinnert sich der spätere Schulratspräsident Werner Fuchs. Und der Schulsekretär Paul Angehrn wurde einst von seinen Eltern nach einem Examen getadelt: «Hättest wohl etwas mehr aufstrecken können!» Schliesslich wollten alle Eltern sehen, wie sich ihre Zöglinge als besonders muntere und gescheite Schüler hervortaten. Die letzte Viertelstunde des Examens klang bei allen Lehrern mit Liedern und Gedichtvorträgen aus.

Um die Schüler nicht blosszustellen, griffen einige Lehrer zu Tricks.

Nach dem Examen, der letzten Schulstunde des Jahres, verteilten die Lehrer die Zeugnisbüchlein. Beste Note war damals noch die Eins. Fleiss und Leistung wurden mit eigenen Noten bewertet. Einige Lehrer schrieben den Schülern vor, die Zeugnisse erst zu Hause zu öffnen. Die Neugier war zu gross, wollten die Schüler doch sehen, ob sie im Vergleich zu den Mitschülern fair bewertet wurden, oder wer aus der Klasse ein «steigt bedingt» oder «steigt nicht» für die jeweils nach den Osterferien erfolgende Versetzung in die höhere Klasse eingefangen hatte.

Stolz mit blauen Kappen

Kein Zittern vor dem Examen kannten die Sekundarschüler, die noch bis in die Fünfzigerjahre blaue Käppis mit ledernem Schild trugen. Mit diesen unterschieden sie sich von jenen Gleichaltrigen, die es nicht in die Sek geschafft hatten und weiterhin im «Pesta» die 7. und 8. Abschlussklasse besuchten. Gelassen schauten sie dem Examenstag entgegen. Schliesslich war für diese Erstklässler das erste Jahr mit der gefürchteten Probezeit überstanden, die Zweitklässler waren selbstbewusst, und die Drittklässler schrieben bereits Bewerbungen um Lehrstellen. Alle freuten sich auf die Schlussfeier und probten bei lockerer Disziplin wochenlang für die Aufführung auf der Kronenbühne.

Organisator dieser Abschlussfeier war Kurt Osterwalder, der beliebteste der damaligen langjährigen Rorschacher Sekundarlehrer. Besonders die Mädchen schwärmten von ihrem jugendlichen Lehrer mit seinem sportlichen MG-Cabriolet. Der Name Osterwalder muss seine Schüler veranlasst haben, basierend auf ihren ersten Französischkenntnissen «Paquesœuf» zu nennen. Ihre Version von Osterei blieb Osterwalder zeitlebens als Übername. In seinem Schulzimmer mit einer Stehrampe, von der man durch die grossen Fenster über den weiten See von Lindau bis

Überlingen blickte, lernten die Mädchen und Buben singen – «Hoch auf dem gelben Wagen» oder «Le ranz des vaches». Sein grosser jährlicher Auftritt kam mit der Schlussfeier, an der seine Klassen zeigten, was sie bei ihm gelernt hatten. Für Osterwalder musste alles perfekt stimmen, nicht nur der Konzertflügel. Beim Schulrat beklagte er sich, der Flügel des Kronensaals sei in einem derart jämmerlichen Zustand, dass er nicht einmal gestimmt werden könne und er jedes Jahr den Männerchor Frohsinn um dessen Flügel bitten müsse.

Dichterballaden und Soldatenlieder

Der Auftritt im bis zum letzten Galerieplatz besetzten Kronensaal bedeutete für viele Schüler einen Höhepunkt in ihrem jungen Leben. «Nous chantons en français» und «Cantiamo in italiano» hiess es im Programm. Nebst Gedichten auf Englisch, Französisch und Italienisch trugen die Deutschklassen längere Balladen deutscher Dichter oder fremdsprachige Texte von Schriftstellern wie Robert Louis Stevenson oder Gabriele d'Annunzio vor. Die ersten Worte «Zu Dionys, dem Tyrannen, schlich Möros, den Dolch im Gewande» aus Schillers «Bürgschaft» blieben manchem Schüler von Lehrer Gotthold Lutz bis heute im Gedächtnis. In den Kriegsjahren sangen die Buben Soldatenlieder. Zum Schluss stand die

Die Sekundarschullehrer 1950: hintere Reihe von links: Eugen Ebneter, Gotthold Lutz, Heinrich Hasler, Alois Schmucki, Kurt Osterwalder, Richard Grünberger, Mitte: Hermann Scheiwiler; vorne: Hans Gentsch.

gesamte Schülerschar auf der Bühne. Beim mächtig tönenden Gesang entstand ein erhebendes Gefühl, und viele wurden sich der Bedeutung des Endes der Schulzeit bewusst: Die unbeschwerten Jugendjahre waren vorbei.

Die Lokalzeitungen berichteten überschwenglich: «Das Programm war reichhaltig und bot gediegene Proben aus fleissigem, methodischem Schulschaffen. Die jungen Vortragskünstler standen ohne Lampenfieber auf der Bühne und deklamierten mit Schwung und jugendlicher Begeisterung.» Als der Lokalhistoriker und Lehrer Richard Grünberger in einem Kriegsjahr mit seiner Geschichtsklasse das Tellspiel in zehn Szenen aufführte, lobte man auch die bühnentechnische Ausstattung und Effekte wie die Beleuchtung oder einen Gewittersturm. Und über das traurige Beresina-Lied als Schlussgesang war zu lesen: «...im Stillen mag mancher Zuhörer den frohen Sängern gewünscht haben, dass ihrer Lebensreise sonnige Tage und Zuversicht beschieden sei, die Zeiten des Wanderns in der Nacht zu überstehen.»

Schulgemeinde Rorschach

Examenpläne
für die Primar- und Sekundarschule

A. PRIMARSCHULE

Donnerstag, den 30. März 1950,
vormittags, im Pestalozzischulhaus

08.00—09.00 Uhr Herr Forrer Hans, Herr Köppel, Herr Jäger.
09.00—10.00 Uhr Herr Forrer Ulrich, Herr Hutter, Hr. Schönenberger, Hr. Hochreutener.
10.00—11.00 Uhr Herr Kuster, Herr Oeler, Herr Meßmer, Herr Wahrenberger.
11.00—12.00 Uhr Herr Dr. Bauer, Herr Forster, Herr Huber, Herr Schawalder.

Nachmittags im Bedaschulhaus

14.00—15.00 Uhr Frl. Egger, Frl. Burgener, Herr Gehrig.
15.00—16.00 Uhr Frl. Schlegel, Frl. Schreiber, Frl. Romer.

B. SEKUNDARSCHULE

Freitag, den 31. März, vormittags,
im Sekundarschulhaus.

	Klasse		
08.00—08.30	1a	Rechnen	Herr Gentsch
	1b	Geographie	Ebneter
08.30—09.00	1b	Geometrie	Scheiwiler
	1c	Deutsch	Osterwalder
09.00—09.30	2b	Rechnen	Scheiwiler
	3b	Geschichte	Grünberger
09.30—10.00	3a	Deutsch	Lutz
	3b	Naturlehre	Schmuki
10.00—10.30	2a	Geometrie	Schmuki
	3a/b	Englisch	Hasler
10.30—11.00	3a	Französisch	Lutz
	2c	Naturgeschichte	Gentsch
11.00—11.30	2a	Turnen *	Hasler
11.30—12.00	1c	Turnen *	Frl. Leutenegger

* in der Seminarturnhalle.

Schülern ist der Besuch von Schlußstunden anderer Klassen nicht gestattet.

Schlußfeier nach besonderem Programm
Freitag, den 31. März 1950, 17 Uhr,
im Saal des Hotel «Krone».

Eltern und Schulfreunde werden zum Besuch dieser Schlußprüfungen höflich eingeladen.

Rorschach, den 25. März 1950.

Aus Auftrag: Das Schulsekretariat.

Examensplan mit den Namen aller Lehrer und der Einladung zur Schlussfeier, 1950.

«Fläsche», «Boy», «Sabor» und «Schmöck»

Die wirklich letzten Schulstunden folgten am Tag nach der Schlussfeier. Alles Material war abgegeben, es herrschte bereits Ferienstimmung. Den Schülern wurden Ratschläge fürs Leben mitgegeben. Besonders ernste Worte des strengen Lateinlehrers Heinrich Hasler sind in einer Schülerchronik verzeichnet: «Wenn in einigen Minuten die Schulglocken läuten, tretet ihr ins Leben hinaus. Habt keine Angst vor der Zukunft. Jetzt steht sie noch dunkel vor euch. Es ist eure Aufgabe und Pflicht, was ihr in neun Schuljahren gelernt habt, anzuwenden und zu verstehen.» Die Lehrer als Vorbilder? Rorschacher und Rorschacherinnen erinnern sich bei ihren Sekundarschul-Klassenzusammenkünften meistens mit Hochachtung, aber auch mit etwas Schalk an sie. Zeichenlehrer und Kettenraucher Gotthold Lutz trug den Übernamen «Fläsche», der Geographielehrer Alois Ebneter hiess «Boy», den Mathematiklehrer Hermann Scheiwiler nannte man «Sabor»; und «Schmöck», das war die Abkürzung für Alois Schmucki, der im abgestuften Zimmer Chemie und Physik unterrichtete. Auch Hans Gentsch, der jüngste Lehrer jener Generation, stellte so manchen Rorschacher Schülern die Weichen fürs Leben.

Die Tradition der Schlussfeiern fand ein Ende, als 1965 die «Krone» abgebrochen wurde. Die heutigen Schüler kennen die einst so gefürchteten Examen nur noch vom Hörensagen. Heute können sich Eltern für einen Besuch anmelden und einer Lektion ihrer Wahl beiwohnen. Der Begriff Examen ist aber nicht ganz vergessen: Der Betriebsanlass für das Lehrpersonal am Ende des Schuljahres heisst noch immer Examenessen.

«La lettera di Rorschach» – ein mutiger Brief

Rorschacher Sekundarschulmädchen empörten sich 1942 in einem Brief an den Bundesrat über die Ausschaffung von Flüchtlingen während des Zweiten Weltkriegs. Der Brief löste in Bern eine kleine Staatsaffäre aus.

Die Tessinerin Silvana Calvo engagiert sich seit über 20 Jahren gegen Rassismus und Fremdenhass. «Um die Probleme der heutigen Zeit zu verstehen und zu bewältigen, muss man die Vergangenheit kennen. Nur so erkennt man die Warnzeichen für gefährliche Wiederholungen», schreibt sie auf ihrer Homepage. Ihre Nachforschungen konzentrierte sie auf die Jahre zwischen 1933 und 1945, die Zeit des Nazi-Faschismus, des Antisemitismus und einer heute fragwürdigen Flüchtlingspolitik der Schweiz in jenen Jahren. Ihre Artikel in Zeitschriften im Tessin und in Italien sowie ihr erstes Buch «1938 – Anno infame – Antisemitismus und Flüchtlinge in der Tessiner Presse» widmen sich diesem Thema. Ein Brief, den Rorschacher Sekundarschulmädchen vor bald 70 Jahren an den Bundesrat schrieben, hat sie zu einem weiteren Buch über die Politik des Bundesrates zu jener Zeit angeregt.

Mitten im Weltkrieg, im August 1942, als die Nazis auf der Höhe ihrer Macht standen, beschloss der Bundesrat, zivile Flüchtlinge an den Grenzen vermehrt zurückzuweisen. Die Fremdenpolizei verschärfte diesen Beschluss antisemitisch: Juden galten nicht mehr als politische Flüchtlinge. Der mutige «Nebelspalter»-Verleger und St. Galler FDP-Ständerat Ernst Löpfe-Benz liess daraufhin einen erschütternden Bericht der Basler «National-Zeitung» über die Art und Weise, wie Flüchtlinge in der Westschweiz zurückgeschickt wurden, auch in seinem «Ostschweizerischen Tagblatt» abdrucken. Diese Reportage bewegte die Schülerinnen, und sie beschlossen, an die «Sehr geehrten Herren Bundesräte» zu schreiben. Sie beschwerten sich, «dass man Flüchtlinge ins Elend, ja in den sicheren Tod» zurückstosse, und baten um Aufnahme dieser Ärmsten und Heimatlosen.

Der Brief der Schülerinnen verursachte in Bern eine kleine Staatsaffäre: Bundesrat Eduard von Steiger fühlte sich beleidigt vom Satz: «Es kann ja sein, dass Sie den Befehl bekommen haben, diese Flüchtlinge nicht aufzunehmen.» Den Entwurf einer Antwort unterbreitete er seinen Bundesratskollegen Marcel Pilet-Golaz und Philipp Etter. Erstaunlich in der Stellungnahme von Pilet-Golaz ist der Verweis auf ein «landesinneres Problem», indem er schreibt, «entgegen der Meinung gewisser Kreise, braucht es nur wenig, um den latenten Antisemitismus ausbrechen zu lassen.» Bundesrat von Steiger verzichtete auf eine Antwort an die Schülerinnen, schaltete aber die Bundesanwaltschaft ein, weil der Verdacht aufkam, Sekundarlehrer Richard Grünberger habe die Mädchen zum Schreiben angestiftet. Der freisinnige Thurgauer Nationalrat Alfred Müller aus Amriswil schrieb an Bundesrat von Steiger, der Brief sei den Schülerinnen von einem «gewissen Grünberger», Klassenlehrer der Mädchen-Schulklasse 2 c, diktiert worden. Zudem sei der Lehrer früher antimilitaristisch eingestellt gewesen. Die Schulbehörde müsse disziplinarisch gegen einen Lehrer vorgehen, der sich derartige Verdächtigungen der obersten Landesbehörde zuschulden kommen lasse. Die Bundesanwaltschaft forderte den Schulrat daraufhin auf, eine Untersuchung

Der mutige Brief der Mädchen-Sekundarschulklasse 2c an den Bundesrat im Kriegsjahr 1942, unterschrieben von 21 der 32 Schülerinnen.

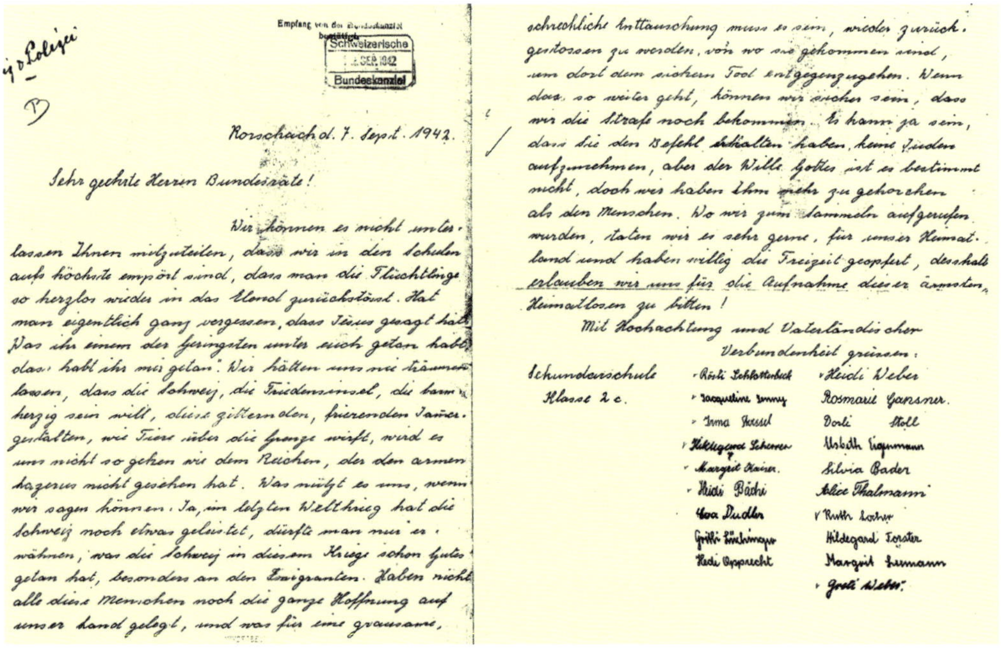
Empfang von der Bundeskanzlei bestätigt
Schweizerische
SEP. 1942
Bundeskanzlei

Rorschach d. 7. Sept. 1942.

Sehr geehrte Herren Bundesräte!

Wir können es nicht unterlassen Ihnen mitzuteilen, dass wir in den Schulen aufs höchste empört sind, dass man die Flüchtlinge so herzlos wieder in das Elend zurückstösst. Hat man eigentlich ganz vergessen, dass Jesus gesagt hat: Was ihr einem der Geringsten unter euch getan habt, das habt ihr mir getan". Wir hätten uns nie träumen lassen, dass die Schweiz, die Friedensinsel, die barmherzig sein will, diese zitternden, frierenden Jammergestalten, wie Tiere über die Grenze wirft, wird es uns nicht so gehen wie dem Reichen, der den armen Lazerus nicht gesehen hat. Was nützt es uns, wenn wir sagen können: Ja, im letzten Weltkrieg hat die Schweiz noch etwas geleistet, dürfte man nur erwähnen, was die Schweiz in diesem Kriege schon Gutes getan hat, besonders an den Emigranten. Haben nicht alle diese Menschen noch die ganze Hoffnung auf unser Land gelegt, und was für eine grausame, schreckliche Enttäuschung muss es sein, wieder zurückgestossen zu werden, von wo sie gekommen sind, um dort dem sichern Tod entgegenzugehen. Wenn das so weiter geht, können wir sicher sein, dass wir die Strafe noch bekommen. Es kann ja sein, dass Sie den Befehl erhalten haben, keine Juden aufzunehmen, aber der Wille Gottes ist es bestimmt nicht, doch wir haben Ihm mehr zu gehorchen als den Menschen. Wo wir zum Sammeln aufgerufen wurden, taten wir es sehr gerne, für unser Heimatland und haben willig die Freizeit geopfert, deshalb erlauben wir uns für die Aufnahme dieser ärmsten Heimatlosen zu bitten!

Mit Hochachtung und Vaterländischer Verbundenheit grüssen:

Sekundarschule Klasse 2 c.

Rösli Schlatterbeck, Jacqueline Immy, Irma Hessel, Hildegard Scherrer, Margrit Kaiser, Heidi Bächi, Eva Dudler, Gritli Linchinger, Hedi Opprecht, Heidi Weber, Rosmarie Gansner, Dorli Stoll, Liselotte Siegenmann, Silvia Bader, Alice Thalmann, Ruth Locher, Hildegard Forster, Margrit Lehmann, Greti Weber.

Heidi Weber, die Initiantin und Erstunterzeichnerin.

durchzuführen, und erwähnte in ihrem Brief die strafrechtlichen Konsequenzen für den Lehrer. Schülerinnen und Lehrer wurden schliesslich ohne Vorwarnung durch den Schulratspräsidenten (und Zahnarzt) Karl Lutz und den Vorsteher Gotthold Lutz verhört.

Schulratspräsident Karl Lutz verhielt sich hingegen nicht ängstlich. Die Antwort des Schulrates an Bundesrat von Steiger war deutlich: «Wir kennen Herrn Grünberger nur als politisch verlässlichen, vaterländisch gesinnten Menschen und Lehrer, dem eine extreme oder gar hetzerische Tätigkeit zweifellos fernliegt. Es täte uns leid, wenn Herr Grünberger in ein anderes Licht gestellt worden sein sollte.» Tatsächlich war Richard Grünberger (1896–1976) schon damals eine angesehene Rorschacher Persönlichkeit; neben seiner Tätigkeit als Lehrer für Sprachen und Geschichte an der Sekundarschule und an der Berufsschule verfasste er zahlreiche historische Arbeiten für das Rorschacher Neujahrsblatt und die Monatschroniken des «Ostschweizerischen Tagblatts». Er war Präsident der Ortsgemeinde und Ehrenmitglied des Heimatmuseums; die Stadt verdankte sein vielfältiges Wirken mit der Ehrenbürgerschaft.

Zum Stillschweigen verpflichtet

Aus der mutigen Antwort von Schulratspräsident Karl Lutz an den Bundesrat lässt sich weiter herauslesen, dass man der gleichen Meinung war wie die Schülerinnen: «Weder Schule noch einzelne Lehrer haben die Abfassung des Briefes veranlasst. Wir können im Verhalten des Reallehrers Grünberger keinen strafbaren Fehler erblicken. Die Schülerinnen handelten nicht in der Absicht zu beleidigen. Aus diesen Gründen sieht der Schulrat von Disziplinarmassnahmen ab. Er bedauert, dass der Schülerbrief geeignet war, so schwere Missverständnisse hervorzurufen und hofft, dass durch die angestellten Erhebungen die Bedenken beseitigt sind. Der Schulrat bittet Sie, das Vorkommen zu entschuldigen und die Angelegenheit nicht weiter zu verfolgen.» Daraufhin liess der Bundesrat die Angelegenheit auf sich beruhen. Den Schülerinnen wurde Stillschweigen auferlegt – und in Rorschach hörte jahrelang niemand etwas von diesem Brief.

Dank des 2010 erschienenen Buches «A un passo dalla salvezza» von Silvana Calvo, in dem «La lettera di Rorschach» als Einstieg dient, dürfte der mutige Brief der Rorschacher Schulmädchen nun im italienischen Sprachraum und mit zukünftigen Übersetzungen auch in anderen Ländern Europas bekannt werden und dazu beitragen, dass immer wieder aufflackernder Rassismus und Menschenhass bekämpft werden.

3000 Zuschauer verfolgen auf dem Pestalozziplatz das Fussball-Cupspiel Rorschach – Grasshoppers Zürich 1958.

Handball gefördert, Fussball untersagt

Rorschach hatte einen klingenden Namen als Handballstadt. Fussball hingegen war bei Lehrerschaft und Kirche verpönt, lockte aber dennoch grössere Menschenmengen auf den Pestalozziplatz.

Warum die Arbeiterstadt, in der die Buben auf allen Quartierstrassen Fussball spielten, eine Hochburg des Handballs wurde und nie – wie andere Arbeiterstädte – eine Mannschaft in die Fussball-Nationalliga brachte, hat seine Gründe. Fussball war damals sowohl bei den Lehrern als auch in kirchlichen Kreisen verpönt. Kein Primarlehrer, kein Sekundarlehrer liess die Buben in der Turnstunde «tschutten». In den Pausen war Fussball untersagt, gestattet einzig das «Köpfeln» mit Tennisbällen unter den Kastanienbäumen. Der Sport sei grob, die Fussballer seien allesamt Trinker, und die Spiele fänden während der Zeiten von Gottesdiensten und Christenlehre statt. Diese Meinungen beeinflussten viele Eltern. Mancher Bub, der gerne im FC Rorschach gekickt hätte, landete in den politisch und konfessionell getrennten Turnvereinen, in denen nur Handball gefördert wurde.

Die sozialdemokratischen Arbeiter spielten im Arbeiterturnverein Satus, die christlichsozialen im katholischen KTV Fortitudo und die Freisinnigen im Stadtturnverein (STV). Die «Etudizia», eine Vereinigung von Kantischülern und Studenten, bestand aus besonders talentierten jungen Männern. Diese Häufung von Handball spielenden jungen Leuten in verschiedenen Vereinen – im Vergleich zum einzigen Fussballclub, dem FC Rorschach – gab dem Sport Auftrieb. Die Konkurrenz zwischen den Vereinen spornte die Spieler an und förderte die Qualität des Spiels; die Derbies zwischen dem «Stadt» (wie der STV genannt wurde) und dem Fortitudo sind legendär. Rorschachs Handballer waren bald in der ganzen Schweiz für ihre Stärke bekannt, in den Fünfzigerjahren stieg der Stadtturnverein in die höchste Liga auf.

«Bienvenidos en Rorschach»

Spielbeginn der Feldhandballpartien auf dem Pestalozziplatz war jeweils am Sonntagmorgen um 10.30 Uhr. Über 1000 Zuschauer standen auf den zwei Stufen des Pesta, wenn die Grasshoppers, die «ewigen» Schweizermeister, gegen den «Stadt» spielten. Für den Eintritt zahlten Erwachsene 1.20 Franken, Studenten 80 Rappen, Schüler 50 Rappen. Im Tor der Rorschacher stand Hans Stöferle, bewundert von einer Schar parteiischer Buben. Besonders stolz waren sie auf Max Straub und Felix Stürm, als diese in die Nationalmannschaft berufen wurden. Die Buben stimmten Pfeifkonzerte an, wenn ihr Held, der Mittelstürmer Guido Benz, für fünf Minuten vom Platz gestellt wurde, weil er sein Temperament wieder einmal nicht im Griff hatte. «Das unflätige Gebaren der Jugendlichen, die sich jeweils hinter den Toren placieren, muss abgestellt werden, glauben doch diese bei jedem Handballmatch den Schiedsrichter und die Gästespieler mit Kosenamen betiteln zu müssen», schrieb der Berichterstatter des «Ostschweizerischen Tagblatts», Eugen Fleischhauer, weil ein Spiel gegen GC deswegen beinahe abgebrochen worden war.

Das WM-Spiel 1952 zwischen Österreich und Spanien auf dem «Pestalozzi» bot den Höhepunkt für die Handballbegeisterten. Als die Organisatoren dieses Vorrundenspiel an Rorschach vergaben, schrieb Fleischhauer: «Bienvenidos en Rorschach. Die Erteilung einer Weltmeisterschaftspartie an Rorschach ist wohl darauf zurückzuführen, dass in unserem Hafenstädtchen dieses schöne und gesunde Kampfspiel im Vergleich zu vielen Grosstädten besonders hoch im Kurs steht.» Viele Rorschacher Unternehmen – so Feldmühle, Roco, Mettler-Müller, Seilerei Wisiak, Stärkle-Moser oder Löpfe-Benz – spendeten

Die Schiedsrichter führen die Mannschaften von Österreich und Spanien zum Länderspiel der Feldhandball-WM 1952 auf den Pestalozziplatz. Spieler von Stadtturnverein und Satus stehen Spalier.

Inserat für die Feldhandballspiele.

Der FC Rorschach warb während Jahrzehnten mit diesem Logo.

den Teams Andenken an die Stadt. Die Mannschaften reisten mit einem Extrazug der SBB aus Magglingen an. Begrüsst wurden sie von Stadtammann Ernst Grob, früher selber aktiver Handballer. Zum Spiel kamen 3500 Zuschauer. Die Stadtmusik spielte die Landeshymnen, die Fahnen Spaniens und Österreichs wehten, auf dem «Pesta» herrschte eine Atmosphäre wie in einem grossen Stadion.

Der Feldhandball verschwand, als der schnellere und akrobatischere Hallenhandball aufkam. Die Stadtturner stellten rasch um auf dieses attraktivere Spiel: 1953 wurden sie Hallen-Schweizermeister. In den folgenden Jahren zogen die Spiele der Rorschacher Vereine noch Zuschauer an den Rand des Spielfelds in der Mehrzweckhalle. Doch die Zeiten der Handball-Hochburg waren vorbei, obwohl noch Rorschacher wie die Gebrüder Peter («Geischt») und Robert («Buuch») Jehle sowie Peter Stürm (dessen Vater Felix schon in der Nati gespielt hatte) und Torhüter Hanspeter Lutz im St. Galler Spitzenteam St. Otmar spielten und in der nationalen Auswahl brillierten. Die Handballeuphorie verebbte Ende der 80er-Jahre, die Jungen wollten mehrheitlich nur noch Fussball spielen. Auf dem Rasen wurde längst nur noch «tschuttet». Und was noch vor Jahren undenkbar gewesen wäre: Rorschacher Schüler durften allmählich auch in den Turnstunden und in der Pause «tschutten», ja selbst ihre Lehrer wurden aktive Mitglieder des FC Rorschach.

Der FC Neuquartier auf dem «Pesta»

Der Fussballclub Rorschach, gegründet bereits 1907, war in den Jahren der Handballbevorzugung keineswegs untergegangen. In der Arbeiterstadt gab es stets genug Eltern, die sich nicht um erzieherische und kirchliche Meinungen kümmerten und ihre Buben den geliebten Sport ausüben liessen. Die Spiele der ersten Mannschaft an Sonntagnachmittagen auf dem 1926 erstellten Pestalozziplatz zogen meistens mehr Zuschauer an als am Vormittag die Handballmatches.

In den Vierzigerjahren nannte man den Club scherzhaft FC Neuquartier, weil viele Spieler in den Feldmühle-Wohnhäusern aufgewachsen waren und dort den besten Fussball auf der Strasse gelernt hatten. «Wir spielten barfuss auf der Washingtonstrasse und gaben uns den Namen FC Washington. Die meisten Buben der Arbeiterfamilien landeten später in der ersten Mannschaft des FC Rorschach», erzählte Edy Rechsteiner, der 2010 verstorbene langjährige FCR-Berichterstatter. Und Roland Boppart, einer der besten Fussballer der Stadt, nennt Quartiermannschaftsnamen wie FC Felsenberg, FC Scheidweg, FC Guet vom Rocoquartier und FC Hof vom Rorschacherberg. Damals tauchten auch die ersten ausländischen Namen in der ersten Mannschaft auf: Beggiato, der Mittelfeldstratege; Deamoli, der Dribbelkünstler; sowie Masiero,

Giotto und Mazzorana, die dem Club 1948 zum Aufstieg von der dritten in die zweite Liga verhalfen.

Boppart erinnert sich lebhaft an die bescheidenen Verhältnisse der Nachkriegsjahre: «Der Bauernhof Kühne mit dem Restaurant Rosenheim diente damals als Garderobe. Wir zogen uns im Saal um, die Schuhe wuschen wir nach dem Spiel im Brunnen vor dem Stall. In der Pause standen beide Mannschaften für einige Minuten in der Platzmitte, immer von einer Schar Buben umringt. Kühnes Tochter Hildegard brachte Tee aufs Feld.» Boppart erwähnt auch die einst viereckigen Torpfosten und die Latten. Und dass noch lange nach dem Krieg das Spielfeld wegen der Anbauschlacht verkleinert blieb: «Am Tor vorbei geschossene Bälle mussten der Torhüter oder die Zuschauer zwischen Kartoffelstauden und Gemüse suchen. Auch die Schulwiese war ein Gemüsefeld.»

Roli Boppart gegen Bobby Charlton

Die beste Zeit erlebte der FCR in den Fünfzigerjahren, als er 1948 in die zweite Liga aufstieg. Roland Boppart hat alle Spielberichte mit Fotos in Alben eingeklebt und weist auf die für heute unglaublich grossen Zuschauerzahlen hin: 1700 Zuschauer für ein Zweitliga-Spitzenspiel gegen Frauenfeld. 3500 Zuschauer 1954 für das Spiel gegen Horgen um den Aufstieg in die erste Liga und später in den Erstligaspielen stets zwischen 1500 und 2000 Zuschauer. Auf dem «Pesta» waren nicht nur die Stufen im Süden, sondern auch der schmale Streifen entlang der Pestalozzistrasse voller Fussballbegeisterter, die noch nicht durch Fernsehen und individuelle Mobilität verwöhnt waren. Im Herbst 1958 wollten 3000 Zuschauer die «Seebuben» in einem Cupspiel gegen die Grasshoppers sehen. Die «Arbeiter-Zeitung» schrieb von einem den Zürchern schmeichelnden 2:4-Resultat und lobte den «hünenhaften Torraumbeherrscher Dölf Züger im Tor» und «Roli Boppart, den Mann mit dem Bombenschuss». Boppart erinnert sich auch an ein Spiel auf dem «Pesta» gegen ein Nachwuchsteam von Manchester United mit dem später berühmten Bobby Charlton.

3000 Zuschauer wollten die Seebuben im Cup-Spiel gegen die Grasshoppers sehen.

Abbild der multikulturellen Stadt

Dass Fussball ein Sport der Arbeiter blieb, zeigte sich, als sich die Stadt zum multikulturellen Zentrum der Region entwickelte. So, wie man in Rorschachs Strassen viele Sprachen hört, sind auch die Zuschauer der Juniorenspiele auf dem «Pesta» und auf der regionalen Chellenanlage Väter aus vielen Nationen. Die hier geborenenen Söhne der Gastarbeiter mit Namen wie Grassi, Lo Bartolo, Gonzales, Guirao, Kokanovic, Silva und Arena lernten auf den Schulplätzen und im FC «tschutten». Ein

Bei der Platzwahl vor dem 1.-Liga-Aufstiegsspiel Rorschach – Horgen 1954 drängen sich die Zuschauer an den Banden entlang der Pestalozzistrasse.

Trainer der ersten Mannschaft, Pepe Memoli, wuchs am Rande des Sportplatzes Pestalozzi auf; der Vater kam aus Italien, die Mutter aus Spanien. «Wer in Rorschach im FC aufwächst, lernt gutes Einvernehmen mit den anderen Nationen schon als Bub. Gut zu spielen zählte, nicht, woher einer kam», sagt Memoli. «Ich liess Gehässigkeiten nie aufkommen. Fluchen und Schimpfworte büsste ich mit zwei Franken», erzählt Diego Allegrini, ehemaliger Trainer einer Juniorenmannschaft. Er sähe dieses Verhältnis gerne noch mehr auf das Zusammenleben der Kulturen in Rorschach übertragen. Die Secondos betrachten sich als Rorschacher, wenn sie in den gelb-schwarzen Leibchen auf den Fussballplätzen der Ostschweiz als FC Rorschach auftreten. Zum Beispiel der Torhüter Carlos Silva. Der gute Goalie spielte einige Jahre in höheren Ligen, so in Vaduz, bevor er wieder nach Rorschach zurückkehrte und Rückhalt der Mannschaft wurde: «Man spielt nicht immer nur für Geld. Der Zusammenhalt und die Identifikation mit einer Mannschaft sind viel wert.» Man hört aus seiner Aussage die Verbundenheit mit der Stadt.

In den Schweizer Nationalmannschaften aller Altersstufen spielen heute Secondos. Der Weg zum Ruhm steht auch allen Buben offen, die heute im FCR sowie in den Familien und Schulen der multikulturellen Stadt lernen, wie man nicht nur zusammenspielen, sondern auch, bei allen kulturellen Unterschieden, zusammenleben kann. Viele heutige Junioren stammen aus Familien, die nach dem Zerfall von Jugoslawien oder später aus der Türkei einwanderten. Rorschach hat einen Ausländeranteil von fast 50 Prozent, und so spielen allein in der ersten Mannschaft Fussballer aus 13 Nationen. An Vornamen wie Avni, Arbnor, Durim, Esad oder Osman gewöhnt man sich. Und der einstige Fussball auf den Quartierstrassen? Jüngst wurde im ehemaligen Roco-Quartier ein «Street Soccer»-Event durchgeführt. FC Löwenstrasse? Die Geschichte wiederholt sich.

Das Rorschacher Wasserballteam der Vierzigerjahre, vorne von links: Fritz Müller, Albert Temperli, Ernst Hüttenmoser; hinten (v.l.): Ferdy Waldner, Werner Kopp, Max Künzli, Ernst Schär, Erwin Klumpp.

Das grosse «R» auf der Badehose

Vor Jahren so beliebt wie Handball oder Fussball: Wasserball beim Kornhaus. Und die Rorschacher hatten gar olympische Schwimmer in ihren Reihen, allen voran Werner Kopp und Erwin Klumpp.

Es ist kein Phantasiebild, das Aquarell vom Wasserballspiel vor dem Kornhaus, das Theo Glinz, der bekannteste Künstler der Gegend, malte. Wasserball wurde meistens vor dem Kornhausquai gespielt, bei Sturm und Wellen allerdings im Hafen vor dem Eingang zum Kornhaus. Glinz malte das Bild 1946 anlässlich einer als Turnier ausgetragenen Schweizer Meisterschaft. Wasserballspiele fanden an Samstagabenden und Sonntagmorgen statt. Die Tore mit den Spielfeldabgrenzungen schwammen im See vor dem Kornhausquai, ausgesteckt von der Mannschaft des Schwimmclubs. Im Park unter den Platanenbäumen sassen bis zu 1000 Zuschauer auf einigen Reihen Bänken oder standen auf einer kleinen Stehrampe, die Clubmitglieder für jedes Spiel aufstellten. Für den Schiedsrichter war ein kleines Podest über das niedrige Parkmäuerchen gehängt. Die beiden Linienrichter sassen etwas weiter rechts und links auf dem Mäuerchen, an das sich die Buben seitlich der Rampe drängten.

Mit einem Hechtsprung stürzten sich die Wasserballer von der Quaimauer ins oft sehr kalte Wasser. Wer sich über die Seeleiter vor dem Sprung annetzen ging, wurde von den Buben als Weichling ausgebuht. Sobald der Schiedsrichter den Ball zum Anspiel von seinem Podest in die Mitte des Spielfeldes warf, wurden die Anschwimmer der beiden Mannschaften lautstark unterstützt. Gross war der Jubel, wenn es dem Rorschacher Crawl-Star Werner Kopp gelang, den Ball vor Schweizer Meister Rauber, seinem jüngeren Rivalen, zu ergattern. Die Ambiance am See war oft einzigartig. Ein Berichterstatter schrieb 1950 nach einem Abendspiel: «Die Gewitterstimmung mit Blitzen war im Eintrittspreis inbegriffen.»

Aquarell von Theo Glinz: Wasserball vor dem Kornhaus in den Vierzigerjahren. Zuschauer in Booten und auf der Hafenmauer.

Wasserball war in Rorschach stets populär. Mit Werner Kopp gewannen die Rorschacher bereits 1920 einen Meisterpokal, den man im Schaufenster des Kleidergeschäfts von Theodor Federer (heute Federerhaus) beim Hafenbahnhof bewundern konnte. Kopp spielte schon 1922 in der Nationalmannschaft. So richtig berühmt in der Schweiz wurden die Rorschacher in den Vierzigerjahren, 1941 stiegen sie in die Nationalliga auf. Die Mannschaften aus Bern, Genf und Lausanne mussten ins kleine Rorschach reisen. Wettkämpfe gegen den SC Limmat, den SC Zürich und die Clubs Horgen und Thalwil wurden in Rorschach Tagesgespräch. Das Team jener Jahre mit dem grossen «R» auf der Badehose war eine verschworene Gruppe von hervorragenden Schwimmern. Ernst Schär, Ernst Hüttenmoser und Erwin Klumpp waren Mitglieder der Nationalmannschaft. Werner Kopp gewann 1934 den Schweizer-Meister-Titel über 100 Meter Crawl und nahm an drei Olympiaden als Schwimmer und Wasserballer teil; Erwin Klumpp schaffte es an die Olympiade 1948.

Den Hitlergruss verweigert

Den beiden Rorschachern blieben ihre Teilnahmen an olympischen Spielen ihr Leben lang unvergesslich. Kopp war der erste Rorschacher, der es an eine Olympiade schaffte. Aufgewachsen am See im «Neuseeland», entwickelte er sich zu einem der besten Schwimmer der Schweiz. Und so wurde er 1924 für Paris und 1928 für Antwerpen aufgeboten; und 1936 qualifizierte er sich für die letzte Vorkriegsolympiade in Berlin als Teilnehmer in der Einzeldisziplin Schwimmen sowie als Mitglied der Wasserpolo-Nationalmannschaft. «Wir waren in Berlin im ersten sogenannten olympischen Dorf untergebracht. Bei der Heimkehr gab es keine Empfänge», erinnerte sich Kopp 2000 als 97-Jähriger, kurz vor seinem Tod. Erhalten geblieben ist ein einzigartiges Buch, das Kopp aus Deutschland zurückbrachte. Es handelt von der Olympiade 1936 in Berlin, die Hitler und die Nazis glorifizierte. Im Buch haben sich alle Medaillengewinner mit ihrer Unterschrift verewigt, darunter auch der vierfache schwarze amerikanische Olympiasieger Jesse Owens, dem Hitler den Handschlag wegen seiner Hautfarbe verweigerte. Kopp war stolz auf die Haltung seiner Delegation: «In Berlin rangierten wir unter ferner liefen, doch beim Hitlergruss rundum haben wir Schweizer den Arm nie hochgehalten.»

Inserat 1946 für ein Sonntagmorgen-Spiel vor dem Kornhausquai.

Erwin Klumpp, aufgewachsen an der Bogenstrasse, war schon als Schulbub immer einer der Besten im Schwimmen. Er wollte eigentlich Sportlehrer werden, doch seine Eltern wünschten sich einen Nachfolger für ihre stadtbekannte Bäckerei. So absolvierte der Sohn eine Bäckerlehre in Zug und arbeitete dann in Biel, wo er in der Freizeit neben dem Schwimmtraining auch als Boxer Wettkämpfe bestritt. Nach vielen Diensttagen während der Kriegsjahre kehrte er zurück in die elterliche Bäckerei. Für die Teilnahme an der ersten Nachkriegsolympiade 1948 in London war er besonders fit. In einer Zeit, in der Nationalmannschaften noch nicht für gemeinsame Trainings zusammengezogen wurden, beauftragte der Verband den damaligen Badhütte-Bademeister Heim, das Klumpp auferlegte Trainingsprogramm zu überwachen. Heim musste schriftlich bestätigen, dass Klumpp täglich zwischen der Badhütte und der 50-Meter-Marke eisern und allein hin und her crawlte.

Bekannt als John Davis und Tarzan

Klumpp erzählte lebhaft von den Erlebnissen an der Olympiade 1948 in London: «Wir belegten den 12. Rang von 25 Mannschaften und waren stolz auf den Sieg gegen Australien und das Unentschieden gegen Uruguay. Wir logierten in einem Royal-Air-Force-Camp, über uns die Mannschaft der USA. Wir waren noch zu 100 Prozent Amateure. Die olympische Bekleidung, Trainer und Badehosen bezahlten wir selber.» Wie Kopp anno 1936 waren sich die Schweizer auch 1948 ihrer Demokratie bewusst: «Bei der Eröffnungsfeier senkten die Fahnenträger aus aller Welt die Landesfahnen vor dem englischen König. Unser Fahnenträger, der Zehnkämpfer Armin Scheurer, hielt als Einziger die Schweizerfahne oben, getreu dem ungeschriebenen Gesetz und der Weisung des Delegationsleiters, die Schweizerfahne vor keiner königlichen Hoheit zu beugen.» Zurück in

Rorschach wurde Klumpp vor dem Kornhausquai als Held gefeiert. Er trug jeweils die Trainingsanzugsjacke, die er in London mit dem amerikanischen Goldmedaillengewinner John Davis ausgetauscht hatte, und wurde bald als John Davis bekannt, da die Jacke auffällig mit diesem Namen beschriftet war. Wegen seiner stattlichen, muskulösen Figur und der Ähnlichkeit mit dem aus seinen Tarzanfilmen bekannten amerikanischen Schauspieler und Crawl-Olympiasieger Johnny Weissmüller nannten ihn viele auch den schweizerischen Tarzan.

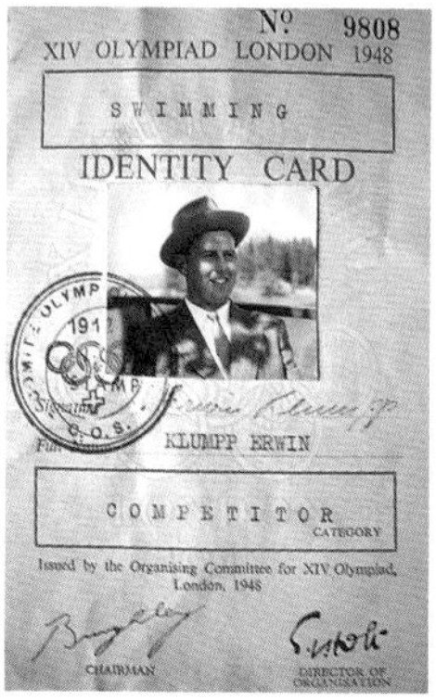

Offizieller Ausweis des Wasserballers Erwin Klumpp an der Olympiade 1948 in London.

Kaltes Wasser, blutige Rücken

In der ganzen Schweiz zählte man 1939 nur vier Hallenschwimmbäder, so dass die meisten Spiele in den Seen stattfanden. Die Schwimmer waren abgehärtet. Der Verband schrieb vor, dass ab 15 Grad Wassertemperatur gespielt werden musste, später wurde die Limite auf 18 Grad hinaufgesetzt. «Anfangs Saison machte uns das kalte Wasser jeweils zu schaffen. Wir traten einmal gegen die Militärmannschaft CPK Prag bei 13 Grad kaltem Wasser an. Ein anderes Mal spielten wir gegen Genf am Samstagabend bei 24 Grad, in der Nacht kam ein Föhnsturm auf, und am Sonntagmorgen für das Spiel gegen Lausanne war die Wassertemperatur auf 16 Grad gesunken», erinnerte sich Klumpp. Er beschrieb das damalige Training: «Wir schwammen entweder vom Strandbad Richtung Altenrhein zum Dreierpfahl oder zur Badhütte, alles im Crawl-Stil, begleitet vom Trainer in einem Paddelboot. Auf einen Pfiff hin mussten wir zu Zwischenspurts ansetzen.» Wasserball wurde damals sehr ruppig gespielt. Im trüben Seewasser sahen die Schiedsrichter nicht immer, was da unter Wasser vorging. Man riss sich an den Badehosen, und manch ein Spieler tauchte ohne Badehose oder mit blutig zerkratztem Rücken auf. Der ballbesitzende Spieler durfte ohne Rücksicht getaucht werden. Mit dem Fuss verletzte ein Gegner einst Klumpp am Ohr, der erfahrene Rorschacher Ohrenarzt Vogelsanger konnte ihn heilen.

Obwohl der Club in späteren Jahren unter dem Präsidenten Klumpp Schnupperkurse für Schüler ausschrieb und Werner Kopp und Ernst Schär auch Schwimmkurse gaben, blieb guter Nachwuchs aus. «Die erste Mannschaft war derart gut, dass kaum neue Spieler integriert wurden. Die Junioren wurden zu wenig betreut. Und als überall die Hallenbäder aufkamen, waren wir benachteiligt. Wegen Nachwuchsmangel wurden wir in die zweite Liga relegiert», sagt der ehemalige Spieler Mario Zus. Der Schwimmclub Rorschach organisierte wohl noch Schwimmkämpfe im Strandbad, zu einem Dreistädte-Turnier kamen 1950 noch 4000 Zuschauer. Doch die Tage des in Rorschach so populären Wasserballs waren gezählt, es gab kein geregeltes Training und innert weniger Jahre bald auch keine Mannschaft mehr. Die Erinnerung an die Erfolge der Wasserballspieler mit dem grossen «R» auf der Badehose ist verblasst.

Vom «wilden» zum Sozibad

Viel Widerstand aus politischen und kirchlichen Kreisen musste überwunden werden, bis 1932 auf dem Gelände zwischen dem Bahnhof und dem Schlachthof das Strandbad Rorschach gebaut werden durfte.

Eine Schuttablage am Ufer zwischen Flughalle und Schlachthof war bis Anfang der 1930er-Jahre als Badeplatz bekannt gewesen. Trotz Polizeiverboten hatte man dort seit jeher «wild» gebadet. 1932 gründete der SBB-Kondukteur Edi Bandi mit einigen Gleichgesinnten aus Bähnler- und Arbeiterkreisen eine Genossenschaft, um ein Strandbad zu bauen. Ein Anteilschein kostete fünfzig Franken und konnte, den damaligen Löhnen angepasst, mit jährlichen Abzahlungen von fünf oder zehn Franken erworben werden. Ende 1932 zählte die Genossenschaft 87 Mitglieder und verfügte über ein Kapital von 24 000 Franken. Die Allgemeine Konsumgenossenschaft Rorschach und Umgebung unterstützte das Vorhaben mit einem Anteilschein von 10 000 Franken sowie einem Darlehen.

Ein Berner ist «Mister Strandbad»

Doch der Widerstand von politischer und kirchlicher Seite gegen den Bau war heftig. Besonders energisch wehrte sich die Gemeinde Rorschacherberg. Eine erste Einsprache – «zu nahe am Schlachthaus und an Kanalisationsüberläufen von Häusern und Düngergruben» – schützte der Kanton und schrieb 120 Meter Abstand zum Schlachthof vor. Der Gemeinderat gab sich nicht zufrieden verlangte die Ablehnung des Projekts aus sittenpolizeilichen Gründen: «Das gemeinschaftliche Spiel im Badeanzug ist eine grosse sittliche Gefahr für die Jugend und eine Entsittlichung des Volkes.» Edi Bandi galt als «Bärner Stieregring» – und ohne seine Hartnäckigkeit wäre das Strandbad Rorschach wohl nie entstanden. Heute verdiente er den Titel «Mister Strandbad». Nach einer Unmenge von Eingaben und Besprechungen mit Gemeindebehörden, SBB, kantonalen Departementen und selbst dem eidgenössischen Veterinäramt (wegen des nahen Schlachthofs) schaffte es Bandi, am 12. Juli 1932 vom Regierungsrat eine Baubewilligung zu erhalten.

Noch im gleichen Jahr wurde die Anlage in tausenden Arbeitsstunden von vielen Freiwilligen mit Pickel und Schaufel vorerst provisorisch hergerichtet und hernach im Winter 1932/33 richtig gebaut. Auch nach der Eröffnung war der Widerstand nicht gebrochen. Im Pfarrblatt der katholischen Kirchgemeinde war zu lesen: «Die Seelsorge hält strikte fest am Verbot des Gemeinschaftsbades. Dies ist keine harmlose Sache.» Und der Gemeinderat Rorschacherberg verlangte schriftlich, dass sich Kinder anzukleiden hätten, um Bälle zu holen, die über die Mauer gespielt wurden. Stark war der politische Widerstand vor dem Zweiten Weltkrieg aus Angst vor Kommunismus und Faschismus. Die Gegner nannten das Strandbad abschätzig Sozibad oder Konsumbädli, wegen der Unterstützung durch die Konsumgenossenschaft. Der Stadtrat fürchtete die Konkurrenz zur Badhütte und bangte um die Einnahmen. Edi Bandi bat den Schulrat vergeblich darum, den Schwimmunterricht neu im Strandbad erteilen zu lassen, statt in der Badhütte, wo nach Geschlechtern getrennt gebadet wurde. Der Schulrat lehnte ab, weil kirchliche Kreise die Eltern davon abhielten, Kinder ins Strandbad zu schicken, und die Lehrer die Kinder nicht zwingen konnten. Der Schwimmunterricht fand weiterhin in der Badhütte statt. Ein Gesuch um ein Darlehen beantwortete der Stadtrat 1938 mit der Anfrage, ob es nicht möglich wäre, wenigstens an einem Tag eine Geschlechtertrennung einzuführen, und verwies auf das geschlechtergetrennte Goldacher Strandbad.

Die Gegner nannten es abschätzig Konsumbädli.

Das Strandbad der St. Galler

Das Strandbad wurde trotz aller Widerwärtigkeiten zur Attraktion am See. Auf der 50 Meter langen Schwimmbahn fanden Schwimmwettkämpfe und Wasserballspiele statt, man konnte Paddelboote mieten und Tischtennis spielen. Im ersten Sommer nach dem Bau kamen bereits 35 000 Gäste. Als alle noch mit der Bahn reisten, gab es für die St. Galler kombinierte Billetts SBB / Strandbad. Die Eintrittskosten waren bescheiden: So zahlte das Institut Rosenberg zum Beispiel 1945 für vier Lehrer und 78 Schüler zusammen zwölf Franken für einen Besuch. Mit der steigenden Beliebtheit des Bades schlug die Stimmung im Rathaus Rorschach um. Die Stadt bewilligte ein Darlehen und subventionierte den Betrieb ab 1948 jährlich mit 2000 Franken.

Zwanzig Jahre nach seiner Eröffnung 1932 war das Strandbad Rorschach eines der beliebtesten Bäder am See. Selbst Klosterfrauen aus dem

Die St. Galler füllten in den Fünfzigerjahren das Strandbad.

streng katholischen Vorarlberg begehrten 1950 mit ihren Zöglingen aus der Klosterschule Einlass ins Strandbad. Ein neuer Sprungturm, ein Kinderplanschbecken und eine grössere Liege- und Spielwiese im Osten machten das Bad Anfang der Fünfzigerjahre besonders für Familien attraktiv. Gefahr drohte 1953 vom Projekt, zwischen Schlachthaus und Seepark einen Hafen mit Kranen und Silos für Rheinlastkähne zu bauen. Das Strandbad wäre in die Nähe der Badhütte verlegt worden. Von diesen Plänen blieben nur Schriften und utopische Zeichnungen übrig.

«Rettet den Bodensee»

Eine echte Gefahr bildete hingegen die erstmals 1955 an der Jahresversammlung der Genossenschaft erwähnte Verschlechterung der Wasserqualität. Der See wurde immer stärker mit schmutzigen Abwässern aus Industrie und Haushalten belastet. «Noch nie war die Lage so verheerend. Mehrere Lastwagen von Schlamm und Unrat mussten abgeführt werden», heisst es in einem Jahresbericht Anfang der Sechzigerjahre. 1963 befand der Vorstand der Genossenschaft, dass es notwendig werde, den Bau von Schwimmbecken zu planen. 1965 war die Wasserqualität bereits derart schlecht, dass in der Bevölkerung der Ruf «Rettet den Bodensee» erschallte. Die Verschmutzung nahm mit jedem Jahr zu, gleichzeitig gingen die Besucherzahlen im Strandbad drastisch zurück. Niemand wollte mehr im See schwimmen, das Baden im einst glaskla-

Reger Badebetrieb schon 1933, im ersten Jahr nach der Eröffnung.

Schauspringen auf dem ersten Sprungturm 1943.

ren Bodenseewasser wurde zur Kindheitserinnerung. Wegen der vielen toten Fische musste der Stadtrat 1966 eine tägliche Reinigung der Seeufer anordnen.

Als andere Gemeinden am See in ihren Bädern Schwimmbecken erstellen liessen, erregten sich die Gemüter der Rorschacher Bevölkerung – ihre Sekundarschüler mussten auf Velos für Schwimmlektionen ins Bad nach Rheineck fahren. Der Stadtrat sah sich gezwungen, im Strandbad Schwimmbäder zu projektieren und auch in Zukunft allfällige Defizite zu decken. Dem Projekt wurde 1968 mit grossem Mehr zugestimmt, die neue Anlage 1971 eröffnet. Die Stadträte Theo Gemperle und Hermann Herzog nahmen Einsitz im Vorstand. Gleich im ersten Jahr verdoppelten sich die Einnahmen, die Besucherzahlen lagen jährlich bei über 100 000, und 1976 wurde die einmalige Rekordzahl von 145 000 Eintritten verzeichnet. Im gleichen Jahr wurde erstmals der beliebte Schülerwettbewerb «Dä schnällscht Rorschacher» durchgeführt. Baden und Schwimmen im Strandbad Rorschach war populär, doch in den Achtzigerjahren begann der Besuch erneut zu stagnieren, obwohl dank des Baus von Kläranlagen im nun saubereren Seewasser das Schwimmen wieder unbedenklich war. Der zunehmende Wohlstand ermöglichte den Familien Ferien am Meer und Fahrten zu attraktiveren Schwimmbädern. Die Genossenschaft reagierte 1987 mit dem Bau einer Rutschbahn. Mit dem ersten «Badifäscht» wurde die neue Attraktion eröffnet. Die nasse Bahn lockte in den folgenden fünf Jahren wieder jährlich rund 100 000 Besucher ins Strandbad.

Stets beliebt wegen des guten und preiswerten Essens war das Strandbadrestaurant. Bis zur Übernahme durch die Konsumgenossenschaft (später Coop) wurde das Restaurant jahrelang an Gastwirte aus der Re-

Der 1949 betonierte Sprungturm, leider wegen Uferverlandung bei tiefem Wasserstand gesperrt.

Das Jahrhundert-Hochwasser von 1999 war keine Gefahr für das 1971 gebaute Bassin.

gion verpachtet. Als erste wirteten 1932 die Eheleute Lemm, die das Hotel und Kurhaus Waldau betrieben. Nach dem Tode ihres Mannes 1945 führte die Witwe Lemm das Strandbad-Restaurant bis 1951. Danach folgte Adolf Hässig, der Wirt des Restaurants Falken. Später waren auch die Wirte des «Bellevue» und der «Eisenbahn» Pächter. 1971 baute Coop Ostschweiz ein Selbstbedienungsrestaurant, das von Anfang an ein Erfolg war.

Mit Jugi und Minigolf

1984 diskutierte man im Vorstand und im Stadtrat erstmals die Möglichkeit, die Jugendherberge im Strandbad zu integrieren. 1992 sprachen die Behörden einen Projektkredit für Billigunterkünfte und eine Badmeisterwohnung mit Restaurant. 1994 stimmte die Stadt einem Baukredit von 3,2 Millionen Franken zu. Die neue Anlage wurde am 29. Juni 1996 mit dem traditionellen, vom St. Galler Tagblatt einmal als «ewig schönes Fest» beschriebenen Badifäscht eingeweiht. Schulen und Velotouristen schätzen die Jugi, die mit Schwimmbad vor der Tür und einer Minigolf-Anlage Bewegung und Erholung direkt am See bietet.

Noch einmal war die Existenz des Strandbades bedroht, als um das monströse Projekt «Swiss Marina» gerungen wurde. Nach dem Willen ausländischer Investoren wäre das Strandbad einem «Las Vegas der Schweiz» geopfert worden. Das Megaprojekt blieb gleich utopisch wie seinerzeit der Rheinschifffahrtshafen. Gute Aussichten für eine Verwirklichung haben hingegen kürzlich vorgelegte Überbauungspläne, nach denen das 75jährige Strandbad – etwas nach Westen verlegt – aber erhalten bliebe.

Ein Rennfahrer in den Dreissigerjahren überquert einen Weg beim «Ab-auf-ab»-Rennen vom Gupf ins «Loch».

Mit Bestzeit durchs «Kanonenrohr»

Spannend wie eine Weltcup-Abfahrt war früher das Skirennen vom Fünfländerblick durch den Wald des Rorschacherbergs hinunter zum Ziel beim Kreuzacker ob Rorschach.

....

«Dicht gedrängt standen die Zuschauer beim gefürchteten Kanonenrohr: So nannte man den steilen Hohlweg im Wald über dem Wannenweiher. Die St. Annaschloss-Strasse bildete eine natürliche Schanze. Die Besten sprangen dort meterweit!» Rolf Bächtold erzählt begeistert vom 1. Rorschacher Skitag am 11. Januar 1942. Verständlich, denn sein Vater Robert fuhr in seiner Klasse Bestzeit. Bächtold blättert in Notizen und Zeitungsausschnitten: «Schnee prima – ca. 40–25 cm, Temperatur minus acht Grad», notierte sein Vater, und auch Redaktor Hermann Niederer vom «Ostschweizerischen Tagblatt» schrieb: «Die Schneeverhältnisse und die Piste waren ausgezeichnet, fuhr doch der Schnellste, der Junior Erwin Maurer, die Strecke von ca. drei Kilometern und rund 500 Metern Höhendifferenz in 4 Minuten und 22 $^4/_5$ Sekunden, was einer Durchschnittsgeschwindigkeit von 40 Kilometern entspricht.» Die Reporter der beiden Rorschacher Zeitungen fanden andere Worte als die heutigen Medien. Sie berichteten von einem «schneidigen und stiebenden Rennen» und lobten die «Stilreinheit und die Fahrtsicherheit» der Teilnehmer.

Europa stand mitten im Zweiten Weltkrieg, als sich der Ski-Klub Rorschach und der «Gemeinnützige und Verkehrsverein» entschieden, Skitage mit einem Abfahrtsrennen vom Fünfländerblick zum Kreuzacker durchzuführen. Der «2. offiz. Ski-Tag-Rorschach» fand am Sonntag, 20. Februar 1944, statt. Noch in der Nacht vor dem Rennen heulten Fliegeralarm-Sirenen. Am Horizont über Deutschland sah man den Feuerschein von Bombardierungen. Während auf der deutschen Seite des Bodensees die jungen Männer von den Nazis zu erbittertem Krieg im winterlichen Russland gezwungen wurden, rüstete man sich in Rorschach für ein Skifest.

Im Programm waren 124 Teilnehmer aufgelistet. Startberechtigt waren alle Mitglieder der Sportvereine von Rorschach und Umgebung. Nur sieben Frauen waren dabei, sie starteten zuerst, dann folgten die Männerklassen. Zahlreiche Zuschauer verfolgten den Start östlich des Restaurants Fünfländerblick und die Fahrt bis zur Waldeinfahrt westlich von Unterbilchen. Jeder Teilnehmer kannte seine genaue Startzeit und wurde mit dem Befehl «Achtung, fertig, los» auf die Fahrt geschickt. Die Piste bestand aus den Spuren der Trainingsfahrten vom Vortag. Das lange flache Gleitstück auf den Waldwegen verlangte «ermüdende Stockarbeit», bevor die Schussfahrt durch den «Stiefel» – ein steiler Waldhohlweg ob dem Weiler Fronberg – das Tempo wieder beschleunigte. Vorbei am Weiler Kolprüti bogen die Fahrer ins «Kanonenrohr» ein. Nicht alle wagten, das Tempo für den Sprung über die Schlossstrasse aufrechtzuerhalten. Manche bremsten deshalb im Hohlweg mit den Stöcken zwischen den Beinen.

Das Logo des Ski-Klubs Rorschach.

Nach dem Sprung ging es zwischen vielen Obstbäumen hindurch in den Zielschuss beim Kreuzacker. Noch ohne Funkverbindung zwischen Start und Ziel, wurden die Uhren vor dem Rennen zeitverglichen und die Fahrzeit handgestoppt. Messungen in Zehntel- oder gar Hundertstelsekunden waren noch nicht bekannt.

«Eine Streckensicherung gab es nur beim Sprung über die Kante der St. Annaschloss-Strasse. Weiter unten, vom Wannenweiher bis zum Kreuzacker, drängten sich Hunderte von Zuschauern gefährlich nahe an die Piste. Das Ziel befand sich zwischen zwei Bäumen. Ausgeschwungen wurde auf der Goldacherstrasse», erinnert sich Hugo Oesch aus Rorschacherberg, und er weiss noch, dass sein 5. Rang für die Gruppenwertung zählte. Die Zeiten der vier schnellsten Fahrer aus den teilnehmenden Clubs wurden zusammengezählt. Dank der Brüder Riedener gewann der Ski-Klub Rorschach den Wanderpreis für Gruppen. Bruno Bürkle stand als Bub mit Vater und Brüdern unter den Zuschauern an der Sprungkante des «Kanonenrohrs»: «Der Vater wollte uns die Sprünge der Schnellsten zeigen. Nach dem Rennen versuchten wir, es den ‹Grossen› mit Sprüngen gleich zu tun, denn die Wiese unter der Strasse war unser Übungshang. Die gebrochenen Skilatten reparierte dann der Schreiner Gunkel.»

Ski-Chilbi

Die Rangverkündigung war jeweils ein städtisches gesellschaftliches Ereignis. Gefeiert wurde im bis auf den letzten Platz besetzten Schäflegarten-Saal (heute Coop-Hochhaus). Die besten drei Fahrer erhielten eine goldene, silberne oder bronzene Ski-Anstecknadel, welche die Gewinner

Der Start auf dem Gupf.

Rorschacher Buben beim «Heinzlehügel» Witenwald 1940.

Der Nordhang neben der Kapelle war Startort für die Skirennen Fünfländerblick-Kreuzacker/Rorschach via das «Kanonenrohr».

monatelang stolz an ihren Jacken trugen. Vergeben wurden auch einige Naturalpreise, gestiftet vom Rorschacher Gewerbe. Die anschliessende Ski-Chilbi mit Tanz dauerte bis in die frühen Morgenstunden. Skimeister 1944 wurde Paul Riedener. Er unterbot Erwin Maurers Bestzeit von 1942 um 15 Sekunden. Die Gebrüder Riedener waren kaum zu schlagen; sie galten als Naturtalente vom Rosenegg und hatten am Sulzberg auf Fassdauben fahren gelernt!

Alphons Riedener erzielte 1945 eine neue Bestzeit von 3 Min und 27 Sekunden. Eine Marke, die nie wieder gefährdet sein wird: Denn die Strecke ist seit 1973 durch die Autobahn zerschnitten.

Die Rennen fuhr auch Karl Messmer, der bis ins hohe Alter noch jeden Winter auf den Skis stand. «Das Material spielte schon früh eine Rolle beim Kampf um den Sieg», sagte Messmer. Im Ofen bog er Eschenholz für die ersten Skis, die Bindung erhielt er von österreichischen Skisoldaten. Die ersten richtigen Skis kaufte Messmer bei Brangs, einer kleinen Rorschacher Skifabrik an der Säntisstrasse. Später tauchten die ersten «Bretter» aus Hickory-Holz auf, zuerst noch ohne Kanten, dann bald mit eingeschraubten Metallplättchen. Pioniere des Skisports in der Gegend waren die Skigruppe des SAC, die Naturfreunde und der Ski-Klub Rorschach. Begeisterte Anhänger des Skis, damals ein neues Sportgerät, gründeten 1908 den Ski-Klub Rorschach, um, wie sie schrieben, «die Kunst des Fahrens im tiefen Schnee zu üben und am Rorschacherberg die ersten silbernen Spuren im glitzernden Schnee zu ziehen».

Einer der Gründer hiess Franz Engensperger. «In unserem Geschäft an der Hauptstrasse verkaufte mein Vater die ersten Skis, er importierte sie aus Norwegen», erzählt sein Sohn Arnold Engensperger. In der ganzen Stadt bekannt als erster Skifahrer war Stefan Glaser. Auf der Wiese hinter seinem Haus an der Langmoosstrasse veranstaltete er an Wochenabenden Skikurse bei Scheinwerferlicht.

Bremsen verboten

Der Klub trat 1928 dem Schweizerischen Skiverband bei und zählte bald 165 Mitglieder. Im Februar 1932 wagte man sich an erste öffentliche Abfahrtsrennen mit Start auf dem Gupf. Diese Strecke führte hinunter zum Gasthof Linde im Riemen. Nach der Überquerung der Strasse Grub–Eggersriet galt es, eine Gegensteigung von 60 Metern hinauf nach Würzwallen zu bezwingen, dann ging es wieder abwärts durch den Wald zur Alpenau, weiter zum Weiler Eschlen und dann steil hinunter zum Ziel im Loch. Die erstaunliche Bestzeit für dieses «Ab-auf-ab»-Abfahrtsrennen: 14 Minuten und 1 Sekunde. In der Rennordnung war das Stockreiten und Bremsen verboten. Das Rennen wurde in den Dreissigerjahren oft durchgeführt und 1942 zugunsten des Rorschacher Skitags fallengelassen.

«Mit dem Aufkommen der vielen Bergbahnen und Skilifte klang die Blütezeit des Klubs langsam ab. Die sportlichen Interessen wurden zersplittert», schreibt Robert Bächtold in seinen Aufzeichnungen. In den Fünfzigerjahren ging der Klub endgültig ein. Wer aber glaubt, dass die Winter früherer Jahre schneereicher waren, muss sich belehren lassen. Bächtold hielt fest: «Der Skitag fand grossen Anklang bei der Bevölkerung, fiel aber leider einige Winter zufolge Schneemangels aus und musste aus dem gleichen Grunde schliesslich aufgegeben werden.»

Ein neuer Rorschacher Skitag in der Zukunft? Wetterexperten versprechen den Skigebieten unter 1000 Meter für die künftigen Winter wenig Schnee. Die Hänge und Wege des Rorschacherbergs werden sich wohl höchstens noch zum Schlitteln eignen.

KULTUR

Der letzte Film lief im Kino Eden 1987. Danach verhüllte ein Vorhang die Plakate und Filmbilder im Schaufenster.

Die Zeit der vollen Kinosäle

Palace, Eden, Rex: Rorschach war mit seinen drei Kinos ein regionales Kinozentrum und hatte womöglich die höchste Kinodichte pro Einwohner der Schweiz.

....

Ein Novembersonntag in Rorschach um 1960, nachmittags um zwei. Die Menschenschlange vor dem Kino Palace erstreckt sich bis aufs Trottoir. Ungeduldige befürchten, keinen Platz mehr zu finden, eilen hinüber zum Kino Eden. Doch das ist bereits ausverkauft. Zurück zum Palace – dort gibt es nur noch Tickets für die Vorstellungen am Spätnachmittag und am Abend.

«In jenen Jahren waren wir oft ausverkauft. Wir lagerten dreibeinige Hocker, um noch mehr Platz in den Seitengängen und auf dem Balkon zu bieten. Nach der Vorstellung strömten die Kinogänger bei der Bühne hinaus, während der Eingang das Volk für den nächsten Film kaum zu schlucken vermochte.» Ruth Krasensky sieht den Ansturm noch lebhaft vor sich. Die Besitzerin des Palace, ihre Schwiegermutter Gisela Krasensky, sass stets im kleinen Kassenhäuschen, vor sich Kleingeld aufgehäuft, um schnell wechseln zu können. Ihr Sohn Bobby Krasensky riss die Billetts entzwei, Platzanweiserinnen führten die Besucher zu den Sitzen. Man wählte zwischen der ersten, zweiten und dritten Klasse, einigen kleinen Logen und dem vornehmen Balkon. «Auch im Eden fand man oft nur noch auf den seitlichen Klappsitzen Platz», sagt Ida Göggel-Liebich. Sagenhafte 53 Jahre lang arbeitete sie für den stadtbekannten Charly Weber, Besitzer des Eden.

In dieser klassischen Zeit der weltweiten Filmproduktion fesselte das Kino alle Bevölkerungsschichten, bot nicht selten die einzige Unterhaltung. Das Programm wechselte rasch, in der Woche bis zu dreimal. Zwei, drei Tage für jeden Film. Fast täglich trug Bobby Krasensky die schweren Filmrollen zur Post und holte die neuen ab. Der brüllende Löwe der

Metro-Goldwyn-Mayer, das Scheinwerfer- und Wolkenkratzerlogo der 20th Century Fox, der Gongschläger von Rank Universal entführten in die Traumwelt des Films. Jährlich liefen in jedem der Kinos mehr als hundert Hauptfilme. Jede Vorstellung begann mit einem Beiprogramm von Kurzfilmen über Themen aller Art: Geographie, Sport, Tierwelt, fremde Völker und deren Lebensweisen. Am Sonntagmorgen füllte sich das Palace für Kulturfilm-Matinées, organisiert von Kulturfilmgemeinden in Rorschach und Goldach. Das Eden war bekannt für seine Studiofilm-Abende, besonders anspruchsvolle Filme wurden mit einem Referat vorgestellt.

Widerstand gegen ein drittes Kino

Der Verleih und das Vorführen von Filmen waren ein gutes Geschäft und kartellähnlich reglementiert. Die Verbände waren allmächtig. Die Verleiher regierten, sie bestimmten, dass Kassenschlager zusammen mit B-Filmen übernommen werden mussten. Neue Filme genossen in St. Gallen Vorspielrecht. Trotz des Zuschauerbooms waren Betriebsbewilligungen für neue Kinos selten. Man glaubte es kaum, als sich Fritz Lüpold 1954 risikofreudig an den Bau eines neuen Kinos an der westlichen Hauptstrasse wagte. Krasensky vom Palace und Weber vom Eden stemmten sich mit Hilfe des Verleiherverbandes gegen die neue Konkurrenz. Vorerst mit Erfolg. Die Verleiher lieferten keine Filme. Das schöne neue Kino stand monatelang leer.

Das schöne neue Kino stand monatelang leer.

Lüpold gab nicht auf, kämpfte für Gewerbefreiheit, berief sich auf das Gesetz. Ein Aktionskomitee «Pro Cinema Rex» wurde gegründet, geleitet von Gemeinderat Paul Casserini. «Auch das Volk wollte das Kino. Für unsere damalige Meinungsumfrage versandten wir 5800 Fragebogen. Wir erhielten 3053 bejahende Antworten», erinnerte sich Casserini. Nach langwierigen Verhandlungen beugten sich die Lichtspielverbände dem Argument, dass eine Region von 30 000 Einwohnern mehrere Kinos rechtfertige, und gewährten die Konzession. Mit dem legendären Walt-Disney-Film «Die Wüste lebt» eröffnete Lüpold endlich am 1. Mai 1955 das dritte Rorschacher Kino, das Cinema Rex. Einige Tage später folgte auf der neuen Grossleinwand, neun Meter breit mit Stereoton, der Cinemascope-Film «Drei Münzen im Brunnen». «Der Film lebt von der Breitleinwand», schrieb der Kritiker Charlot vom «Ostschweizerischen Tagblatt».

Filmclubs und reisserische Inserate

«In den 1960er-Jahren füllten unsere Seminaristen allein den Palace-Saal für eine Vorführung des Seminar-Filmclubs. Das Holzspiel aus dem Kultfilm ‹Letztes Jahr in Marienbad› eroberte die Klassenzimmer» sagte der ehemalige Seminarprofessor Walter Fuchs und bedauerte: «In den 80er-Jahren schrumpfte die Teilnehmerzahl auf noch 20 bis 30.» 1962 gründete Gewerbelehrer Alfred Rutz mit dem Goldacher Kaplan Gemperle den Rorschacher Filmclub. Für jedes Semester wurde ein Thema mit fünf Filmen bestimmt. Bobby Krasensky liess sich begeistern, beschaffte die gewünschten Filme, beispielsweise zum Thema «Liebe und Schicksal» die umstrittenen Filme «Phaedra» und «Elektra», reservierte den Dienstagabend für den Club und ermässigte die Eintrittspreise. Die Rechnung ging auf, der Saal war jeweils prallvoll. Rutz gab vor jedem Film eine zehnminütige Einführung, oft wurde nach der Vorführung noch diskutiert. Der Club hielt sich bis 1972, dann wurde das Fernsehen übermächtig.

«Nachdem die Filmkunst in den 60er-Jahren eine einzigartige Breitenwirkung erlangt hatte», erinnert sich Alfred Rutz, «wollten wir der Gefahr des Films, bewegte Bilder nur zu konsumieren, mit dem Filmclub begegnen.» Dabei sollten «die geistigen Hintergründe grosser und guter Filme durchsichtig» gemacht werden. Rutz und seine Kollegen stellten Filmreihen oft unter ein Leitmotiv: So lief der Western «Der Mann, der Liberty Valance erschoss» unter dem Thema «Recht und Gerechtigkeit».

Reisserische Anzeigen der drei Kinos Palace, Eden und Rex erschienen täglich in den Zeitungen.

Das Cinema Rex stand als Neubau monatelang leer, bis es 1954 endlich den ersten Film zeigen durfte.

Das Cinema Palace in seiner ursprünglichen Form.

Rutz: «Der Film war ein Musterbeispiel für das Verhältnis von Anarchie und Demokratie.»

Angekündigt wurden die Filme täglich mit Inseraten in den beiden Rorschacher Zeitungen. Wer sich nicht über die Tageszeitung orientierte, wusste dank der Vorschauen mit dem Hinweis «Demnächst in diesem Theater» Bescheid. Die reisserischen Bilder und Texte füllten oft eine ganze Seite der Samstagsausgabe der Lokalzeitungen. Vor den Kinos waren grosse Tafeln aufgestellt, beklebt mit zugkräftigen Plakaten der Filmverleiher. Die Schaufenster der Kinos zeigten die Stars in Grossaufnahmen, umrahmt von Fotos, den «Stills» (Standbildern), die aus den Filmrollen kopiert waren. Lokale Filmkritiker, darunter die unvergesslichen Redaktoren Franz Mächler und Paul Hug, beschrieben die Filme wöchentlich in der Lokalpresse unter dem Titel «Filme der Woche». Die Kritik durfte nicht zu negativ ausfallen, sonst zog der Verlag den Zorn der Kinobesitzer auf sich.

Filmverrückt in der «Genickbrecherloge»

«Wir waren filmverrückt. Es gab Sonntage, an denen wir den halben Tag im Kino verbrachten. Um 14 Uhr im Palace für den Hauptfilm, um 16.30 hinüber zum Eden für das Doppelprogramm, meistens ein Western mit einem Krimi oder einer Schnulze, und dann gings zurück ins Palace für den Abendfüller», erzählte Walter Fuchs. Als Student oder Lehrling sass man für einen Franken in der dritten Klasse, «Genickbrecherloge» nannte man die zwei Sitzreihen, man musste den Hals strecken, um die Leinwand zu sehen. Zwischenrufe von dort vorn waren mitten in der spannenden Handlung häufig. Sie riefen oft grosses Gelächter hervor.

Besonders witzige Kommentare sind überliefert. So rief einer laut: »Was? Ohne sich anzunetzen?», als sich der Westernheld zur Rettung der Dame in einen Fluss stürzte. Während der Pause bildeten die Raucher auf der Mariabergstrasse und vor dem Eden eine kleine Volksmenge, bis der Gong für den zweiten Teil erschallte.

Was heute die Tagesschau am Fernsehen ist, waren früher die Wochenschauen, die im Vorspann zum Hauptfilm über die Leinwand flimmerten. Im Palace zeigte die amerikanische «Fox, die tönende Wochenschau», das Weltgeschehen, im Eden berichtete die deutschfreundliche Ufa. «Wir pfiffen und buhten, als gegen Ende des Weltkrieges die deutschen Panzer in der Ufa-Schau immer noch vorwärts rollten, während im Palace die Fox die Deutschen bereits auf dem Rückzug zeigte», erinnert sich Markus Meier. Mancher sah die ersten Bilder des Holocaust in einer Wochenschau, erlebte den Abwurf der Atombomben über Hiroshima und Nagasaki in einem Rorschacher Kino. Nur dank der Wochenschauen machte man sich ein Bild von Ereignissen weltweit, von Naturkatastrophen und Unfällen, aber auch von sportlichen Grossanlässen wie der Tour de Suisse oder den Fussball-Länderspielen sowie von den vielen Schweizer Festen.

Die farbigen Plakate lockten später auch im leicht umgebauten Palace die Zuschauer an.

Zu jung für «Die lustige Witwe»

1954 büsste der Bezirksammann 17jährige Jugendliche wegen Besuchs des Films «Die lustige Witwe».

Eine städtische Filmkommission wachte über Sittlichkeit und Anstand der Filme. Umstrittene Filme mussten dieser Zensur vorgeführt werden. Von kirchlicher Seite wurden in einem Anschlagkasten an der «Blumenau» (dem heutigen Stadthof) Filme empfohlen oder abgelehnt. Anstössige Stellen mussten bei den ausgestellten Fotos überdeckt werden. Charly Weber vom Eden verwendete dazu Papiersterne. Waren die Schaufenster voller Sterne, weckten sie die Neugier auf den Film umso mehr. Zu reden gaben etwa 1948 der Film «Duell in der Sonne» mit Gregory Peck und noch viel mehr «Riso amaro» (Bitterer Reis) mit Silvana Mangano. Nach einem vernichtenden Urteil in der katholisch-konservativen «Rorschacher Zeitung» kürzten die Kinobetreiber dem Verleger danach die Aufträge für Kinoinserate. Überwacht wurde auch das Einhalten der Alterslimite für Jugendliche. Wo Bobby Krasensky beim Alter oft ein Auge zudrückte, nahm es Polizeiinspektor Rist mit dem Jugendschutz sehr genau. Er holte Halbwüchsige aus dem Kino und büsste sie.

«Die Verzeigten sind geständig und nicht vorbestraft», heisst es in der «Straferkenntnis» des Bezirksamt Rorschach, datiert vom 15. Januar 1954. Sieben einheimische Jugendliche, ein Student, ein Lehrling, zwei Hilfsarbeiterinnen und zwei Büroangestellte hatten es gewagt, sich im Kino Palace am Neujahrsnachmittag 1954 den Film «Die lustige Witwe» anzusehen. Noch nicht ganz 18 Jahre alt, hatten sie sich offensichtlich an der Kasse als älter ausgegeben und sich in den Saal geschlichen. Prompt ertappte sie die Kantonspolizei und verzeigte sie.

Der Bezirksammann untersuchte den Fall und entschied schriftlich mit Kopie an die Staatsanwaltschaft: «Das Bezirksamt hat in Anwendung der Gesetzesbestimmungen Art. 35 der Verordnung über die Errichtung und den Betrieb von Lichtspieltheatern und Filmverleihgeschäften zu Recht erkannt: Die Angeklagten haben das für Jugendliche unter 18 Jahren bestehende Kinoverbot übertreten. Die sieben Angeschuldigten sind zu einer Geldbusse von fünf Franken verurteilt und haben die entstandenen Untersuchungskosten von 18 Franken je zu einem Siebtel zu bezahlen.» Sicher hat dieser Betrag den Lehrlingen und Hilfsarbeiterinnen bei den damaligen Löhnen ein Loch in der Kasse verursacht.

Bald liefen die meisten Filme nur noch «parlato italiano».

Die drei Kinos florierten bis in die 70er-Jahre. Breitleinwände ersetzten die alten Rechtecke. Die Gastarbeiter aus Italien waren begeisterte Kinogänger, die Kinos wurden ihre Treffpunkte, bald liefen die meisten Filme nur noch «parlato italiano». Die einheimischen Kunden gingen zunehmend ans ständig wachsende Fernsehen verloren. Das Niveau der Filme nahm ab, im Eden tauchten die ersten Sexfilme auf. 1970 beklagte

1950 sorgte der Film «Riso amaro» wegen seiner Erotik für viel Aufregung.

sich Franz Mächler als «Felix Rorschacher» im «Ostschweizerischen Tagblatt», warum denn gleichzeitig in allen drei Rorschacher Kinos nur noch Sexfilme zu sehen seien. Das Kinosterben begann. In Arbon schloss das Scala, in Rheineck das Rex – in Rorschach war es nur noch eine Frage der Zeit.

Mit dem Tod von Bobby Krasensky im Jahre 1972 schien auch das Ende der Zeit der Kinos in Rorschach angebrochen. 1974 übernahm Fritz Lüpold den Betrieb des ehrwürdigen Cinema Palace, später nach dem Tod von Charly Weber auch noch das Eden. Toni Bischof war 17 Jahre lang Chefoperateur in Rorschach. Er projektierte die schweren 35-mm-Zelluloidrollen auf den zwei Zeiss-Ikon-Projektoren des Palace und den alten «Klangfilter»-Maschinen im Eden. Er flickte manche Rissstelle, markierte die Anschlussstellen für den Rollenwechsel. Mit Wehmut blickte er später zurück: «Ich habe in allen drei Kinos die letzte Vorführung abgespult, 1974 im Palace, 1983 im Rex und im November 1987 im Eden.»

Mit neuen Filmclubs und Aktionen suchte Markus Wiesner, der das Eden 1984 erworben hatte, den Kinobesuch nochmals zu beleben. Erfolglos. Die Zeit der Kinos war abgelaufen. Für das obligate «Demnächst in diesem Theater» fährt man längst nach St. Gallen, in die Multiplex-Kinos nach Abtwil oder ins Vorarlbergische. Oder, immerhin, mit dem «Movie Train» der RHB nach Heiden ins Rosental, dem letzten Kino der Region. Abfahrt Rorschach Hafen: jeden Freitag um 19.48 Uhr.

Dreharbeiten zum Film «Das Menschlein Matthias» 1941. «Stuntman» Gallusser rettet «Stuntbub» Charly Köppel.

Ein Seebub als Stuntman in einem Kinospielfilm

Der Schweizer Filmklassiker «Das Menschlein Matthias» über die Stickereizeit spielt teilweise in Rorschach. Ein Bub aus der Stadt liess sich für die Dreharbeiten 1940 von der Hafenmauer fallen.

Charly Köppel sieht all die Schaulustigen noch vor sich, wie wenn es heute wäre. Ganz Rorschach stand am Hafen, als er sich beim Leuchtturm von der Hafenmauer ins kalte Seewasser fallen liess. Es waren, im Herbst 1940, die Aufnahmen für die Schlussszenen des Films «Das Menschlein Matthias»; die Dreharbeiten in Rorschach waren den Sommer über das Tagesgespräch. Nun wollten im Zeitalter der prallvollen Cinemas alle Kinofans doch einmal miterleben, wie ein Film zustande kam.

Charly, der Sohn des beliebten Primarlehrers Carl Köppel, war natürlich kein trainierter Stuntman, sondern ein ganz normaler Sechstklässler, als ihn der Rorschacher Verkehrsvereinspräsident Walter Fuchs «vom Mittagessen weg» dringend für die Filmarbeit engagierte. Der Regisseur Edmund Heuberger hatte Fuchs gebeten, ihm rasch einen guten Schwimmer zu finden, welcher anstelle des Knaben Röbi Rapp (der den Matthias spielte) ins zu kalte Seewasser fallen sollte. Heuberger stand wegen des nahenden Winters unter Zeitdruck und wollte keine Risiken eingehen, die Fertigstellung des Films hätte sich durch eine eventuelle Erkältung des kleinen Schauspielers weiter verzögert. Fuchs war Nachbar der Familie Köppel. Seine Söhne kannten den zwölfjährigen Charly als Pfadfinder und guten Schwimmer.

Unverzüglich wurde Köppel im Hotel Anker am ganzen Körper eingefettet und als Stuntman eingekleidet. Gemäss Drehbuch versank Matthias beinahe im See und wurde im letzten Moment vom Vater gerettet. Köppel erhielt entsprechende Regieanweisungen, wie er sich erinnert: «Ich musste beim Leuchtturm einem Mann, der am Land stand, zuwinken, dabei das Gleichgewicht verlieren und rückwärts auf der Nordseite der Hafenmauer in den See fallen, mit den Händen um mich schlagen, abtauchen und wieder auftauchen.»

«Gerettet» wurde er von einem anderen Stuntman, dem kräftigen Rorschacher Fischer Robert Gallusser, der wegen des kalten Wassers ebenfalls eingefettet wurde. Nach seinem Einsatz wurde Köppel im Hotel Anker wieder massiert und aufgewärmt; er erhielt als Gage 60 Franken. «Ich kaufte mir daraus meine ersten Skis mit Kanten. Mein Primarlehrer Kuster gab mir für die geschwänzten Nachmittagsstunden keine Strafe, da ich ja unerwartet für meinen Stunt aufgeboten wurde und damals noch längst nicht alle Haushalte einen Telefonanschluss besassen», erzählt Köppel, der heute im Tessin lebt, lachend.

Den Film durfte sich «Stuntbub» Charly Köppel im folgenden Jahr mit seinem Vater im Kino Palace anschauen. «Rorschach im Film» titelte der Seminarlehrer Alfred Kuratle seinen Bericht im Neujahrsblatt und dankte «den Initianten des Films, dass sie Rorschach die Ehre erwiesen, in einem Schweizer Filmwerk Inhalt und Hintergrund zu sein».

Eigens den Festumzug wiederholt

Tatsächlich ist der Film noch heute sehenswert – als Dokumentation des damaligen Hafenstädtchens, aber auch als früher Klassiker eines Schweizer Spielfilms, der sich um realistische Milieuschilderung bemüht. In den Jahren 1940/41 wagte sich Regisseur Edmund Heuberger (1883–1962) an die Verfilmung des Romans «Das Menschlein Matthias», den der Thurgauer Dichter Paul Ilg 1914 verfasst hatte. Das Buch versetzt die Leser in die Blütezeit der Stickereiindustrie, die der Region Reichtum, Aufschwung und Kultur in vielen Formen brachte. Es schildert aber auch die krassen sozialen Unterschiede: minimaler Lohn, Kinderarbeit, Wohnungsnot. Eindrücklich zeichnet Ilg, der zeitweise in Rorschach die Realschule besucht hatte, die Einwohner in der damaligen Industriestadt am See. Das Ostschweizer Stickereiarbeitermilieu, in dem das «Menschlein Matthias» aufwächst, ist in Buch und Film hauptsächlich in der industriellen multikulturellen Hafenstadt angesiedelt.

«Gerettet» wurde er vom kräftigen Fischer Robert Gallusser.

Regisseur Heuberger wählte als Kulisse für die Aussenaufnahmen – nebst Herisau – vor allem Rorschach und den Bodensee. Anfangs der Vierzigerjahre, als sich noch Menschenschlangen vor den Eingängen der Rorschacher Kinos Palace und Eden bildeten, brachte die Nachricht, es werde in der Stadt gefilmt, einige Aufregung. Die «Gotthard-Film» produzierte den Film mit dem bekannten Zürcher Schauspieler Leopold Biberti und Darstellern des Berner Stadttheaters; manche Rorschacher hatten Statistenrollen.

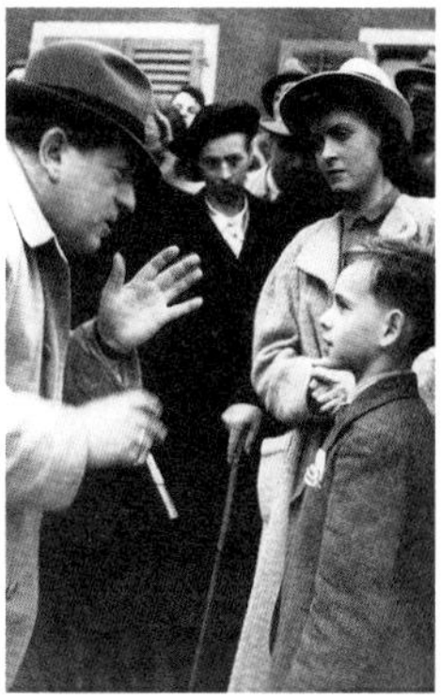

Regisseur Heuberger gibt dem Buben Röbi Rapp (als «Menschlein Matthias») Anweisungen.

Der Festumzug von 1938 wird 1940 für den Film wiederholt – Dreh auf dem Kirchplatz.

Filmplakat «Das Menschlein Matthias».

Für die Romanepisode mit einem Umzug wurde eigens für den Film der Festumzug von 1938 zur 50-Jahr-Feier des Verkehrsvereins wiederholt. «Gestalten aus früheren Jahrhunderten, Ritter zu Pferde, bärtige Jäger, Ritterfräulein, Diplomaten, Kriegsleute aus dem Mittelalter, eisengepanzert und Schwerter tragend, zogen durch die volksbelebten Strassen», schrieb ein Chronist. Die Kirchstrasse zwischen Rathaus und Amtshaus wurde für die Aufnahmen bestimmt. Wie auch bei den Schlussszenen am Hafen verfolgte viel Volk die Aufnahmen. Man hoffte, sich als Umzugsteilnehmer oder als Zuschauer danach im Film selbst zu erkennen. An Ostern 1942 kam der Streifen in die Kinos – und es gibt kaum Rorschacher aus jener Zeit, die diesen erfolgreichen und realistischen Schwarz-Weiss-Dialektfilm nicht gesehen haben.

Der Film zeigt – ähnlich wie Elisabeth Gerters Buch «Die Sticker» – die Stickereizeit mit ihren allgewaltigen Patrons und Chef-Entwerfern, mit ihren eleganten Musterfräuleins und den vielen Stickern, die oft in sehr bescheidenen Verhältnissen lebten. «Die menschlich ergreifende Geschichte des armen, unehelichen, bei der bösen Tante untergebrachten und misshandelten Buben war einer Elite von Schauspielern anvertraut. Wie trefflich ist das düstere Geschehen oben im Appenzeller Berghaus und dann wieder die ganz andere Welt der Hafenstadt am See, der Stickereigrossbetrieb und die Industriearbeiterschaft gezeichnet», schrieb der damalige Filmkritiker des «Ostschweizerischen Tagblatts».

Nostalgie kommt auf beim Umzug entlang der noch nicht durch Neubauten veränderten Kirchstrasse. Da zieht die Stadtmusik vorbei in den Uniformen der Vierzigerjahre. Dann der Hafen, still und leer, sogar das einstige Nebelhäuschen ist zu erkennen. Es ist wie in einer Zeitmaschine – man taucht in die Vergangenheit ein beim Schauen dieses spannenden Filmes, der ein fast vergessenes Rorschach zeigt. Und notabene bis heute einer der wenigen Spielfilme ist, die je in der Ostschweiz gedreht wurden.

Das Hotel Krone, abgebrochen 1965. Auf dem Platz davor hielten einst die Pferdepostkutschen.

Abgerissene Säle und ein vergessener Platz

Das gesellschaftliche und kulturelle Leben fand im Winter in den Sälen statt. Im Sommer gab es «Rorschacher Freilichtspiele» auf dem Lindenplatz und Aufführungen vor der Kolumbanskirche.

Die ersten Tanzschritte oder den ersten Bühnenauftritt wagte man in Rorschach bis in die 1960er-Jahre im grossen Kronensaal oder dem etwas kleineren Raum im Schäflegarten. Als beide Säle abgerissen wurden (1961–1965), kam das gesellschaftliche Leben in der Stadt beinahe zum Stillstand. Nie zuvor waren so viele Bauten im Zentrum Rorschachs abgebrochen worden wie in den Sechzigerjahren. Die Planer des Coop-Centers schlugen dem Stadtrat vor, sich wenigstens als Ersatz für den Schäflegartensaal mit einer Million Franken an einem Saal im Neubau zu beteiligen. Die Stadtbehörden lehnten ab, und so verschwanden innerhalb weniger Jahre Kronen- und Schäflegartensaal ersatzlos.

Die beiden Säle standen stets etwas in Konkurrenz zueinander. Der grosse Kronensaal mit breiter Bühne und prächtiger Galerie rund um den Raum füllte sich mit tanzfreudigem Volk für die gewichtigeren Bälle im Jahr: Silvester- und Neujahrsball, tolles Treiben während der Fasnachtszeit mit dem Maskenball, die Schlussfeier der Sekundarschule, im Herbst die Bälle der prominenteren Vereine, allen voran derjenige des Männerchors Helvetia. Vor Weihnachten besuchte jedermann die alljährlich im Saal aufgebaute Weihnachtsausstellung des Gewerbevereins, schon wegen des Gabentempels der Lotterie. Der weniger geräumige Schäflegartensaal hingegen war beliebt bei den kleineren Vereinen für ihre Abendunterhaltungen, Hauptversammlungen und Ausstellungen. Die öffentlichen Vorträge mit Lichtbildern, Familienabende, Konzerte, Vorleseabende, Wandertheater und künstlerische Vorführungen – sie alle waren oft ausverkauft.

Erstaunlich viele Frauen und Männer blicken zurück auf prägende Erlebnisse in den Sälen: So die Sängerin Margrit Chytil, die als Konservatoriumsschülerin 1943 mit dem Orchesterverein Rorschach unter dem Dirigenten Arthur Bartsch bei ihrem ersten öffentlichen Auftritt eine Konzertarie sang; die Mitglieder des Gesellenvereins und der Jungmannschaft, die dort für ihre Laientheater probten und jeweils vor vollem Saal ihre Stücke aufführten; die Schüler, die für das Millenarium-Festspiel von 1947 übten; Pfadfinder, die sich für ihren Familienabend vorbereiteten. Die Säle dienten als Probelokal für die Stadtmusik und den Musikverein Eintracht, für die Männerchöre Frohsinn und Helvetia; jeweils um 19 Uhr war Vorschule für Tenöre und Bässe, um 20 Uhr Chorprobe. Bernerverein, Turnvereine, Männerchor Rorschacherberg, alle turnten, tanzten und sangen auf der Bühne. Nach den Skirennen des Ski-Klubs Rorschach dauerte die Preisverteilung mit Skichilbi jeweils bis in die Morgenstunden. Müssig zu sagen, dass mit manchem Tanz an einem dieser Anlässe eine lebenslange Beziehung begann...

Platzkonzerte der Stadtmusik und der Eintracht gehörten zum sommerlichen Leben der Stadt.

Soldatenlieder und Chaplin-Filme

Der «Schäflegarten» wurde 1906 vom Architekten Adolf Gaudy als Wohnhaus im Jugendstil mit Restaurant und Saal erstellt und 1919 in ein Hotel umgewandelt. Den Saal betrat man über eine gerundete Treppe auf der Nordostseite. Auf dem Platz vor der Treppe konzertierten an Sonntagvormittagen die Stadtmusik und die Eintracht. Die schattige, bekieste Gartenwirtschaft unter Kastanienbäumen befand sich nördlich des Saaltrakts. In den Sommermonaten war der Garten oft von Kindern auf Schulausflügen belagert. An Sommerabenden wurde eine Freilichtbühne für Wettkämpfe der Ringer und Gewichtheber aufgestellt. 1950 allerdings fiel der Garten Garagen zum Opfer; eine der letzten idyllischen Gartenwirtschaften musste den Autos weichen.

Während des Weltkriegs wohnten viele Offiziere im Hotel, die Mannschaften in der Bedaturnhalle. Singend marschierten die Soldaten, darunter einige Tessiner, zum Hauptverlesen auf den Schäflegartenplatz; Marktplatz nannte man den Platz erst, als der Früchte- und Gemüsemarkt vom Kabisplatz vor die Reblaube verlegt wurde. «Wir konnten nie genug Tessiner- und Soldatenlieder hören. Der Platz war unser Fussballfeld. An der Hotelsüdwand holten wir uns reife Aprikosen und Pfirsiche», erzählt Roland Bossart, der dort aufgewachsene Fussballer und Trainer. An Mittwochnachmittagen drängten sich im Schäflegartensaal die Schüler für die Walt-Disney- und Charlie-Chaplin-Filme des Fip-Fop-Clubs. Bei diesem Kinderklub um die zwei Werbefiguren Fip und Fop handelte es sich um eine langährige (1936 – 1959) Werbekampagne der Schokolademarken Nestlé, Peter, Cailler und Kohler.

Das Hotel Schäflegarten musste 1961 dem Coop-Center weichen.

Der elegante Kronensaal mit Galerien, Ort unzähliger öffentlicher Anlässe.

Stücke von Shakespeare und Nestroy

Doch nicht nur in den Sälen spielte sich das gesellschaftliche Leben der Stadt ab. Vom kulturellen Interesse der Professoren am Lehrerseminar Mariaberg profitierte auch die Bevölkerung. Deutschprofessor Gottfried Fischer gab den Anstoss zu den «Rorschacher Freilichtspielen». Er entschloss sich, mit den Seminaristen jährlich ein Theaterstück unter den Bäumen des Seminarparks aufzuführen. Der «Gemeinnützige und Verkehrsverein» übernahm die Organisation. Nach einigen Verschiebungen wegen Regens fand die erste Aufführung des «Sommernachtstraum» von Shakespeare am 29. Juni 1946 vor ausverkauften Rängen statt. Gegen 2000 Zuschauer wurden in den drei Aufführungen gezählt. Der Erfolg ermunterte zum Weitermachen. 1949 wagte man sich an «Jedermann – das Spiel vom Sterben des reichen Mannes» von Hugo von Hofmannsthal. Gottfried Fischer führte Regie mit Laienspielern aus Rorschach und St. Gallen, die Choreographie leitete Wanda Weber-Bentele. Die schaurigen Todesrufe des «Jedermann» auf der Treppe der Kolumbanskirche sind noch manchen Zuschauern im Ohr.

Nach dem ernsten Mysterienspiel «Jedermann» wollte man im folgenden Jahr ein heiteres Theaterstück bringen. Nach langer Suche besichtigten Fischer und der berühmte österreichische Regisseur Richard Wegeler den Lindenplatz, worauf Wegeler wünschte, an diesem Ort den «Lumpazivagabundus» von Johann Nestroy zu inszenieren. Dieser ruhige Platz war 1850 nicht durch weise Stadtplanung, sondern durch eine Feuersbrunst entstanden. Später bepflanzte man die lange nur «Brandplatz» genannte Fläche mit Kastanien und Linden, daher der Name. «Es schien, als ob der lauschige Platz gerade auf die Spiele gewartet hätte», freute sich das «Ostschweizerische Tagblatt». Die Generalprobe durften Rorschachs Schüler besuchen und zahlten dafür 50 Rappen Eintritt. Die passende Musik spielte der Orchesterverein.

Als ob der lauschige Platz auf die Spiele gewartet hätte.

«Die Erstaufführung fand unter Donnergrollen und Blitzen statt, und kurzer Regen konnte das Publikum nicht vertreiben. Alle waren im Banne dieser einzigartigen Posse. Man gehe hin und geniesse», schrieb die «Thurgauer Arbeiterzeitung». Der Erfolg sprach sich herum, Sonderschiffe brachten Besucher aus Bregenz und Lindau. Zu den neun Vorführungen kamen 4000 Zuschauer, das Lob der Presse war überschwenglich: «Man muss es den Rorschachern ohne Neid lassen. Sie haben auch dieses Jahr wieder eine Freilichtaufführung zustande gebracht, welche die Aufmachung grosser Festspielwochen wettmacht.»

Nach 1958 nur noch Parkplätze

Als viertes Theaterstück wurde 1952 «Der Diener zweier Herren» von Carlo Goldoni wieder auf dem Kolumbansplatz aufgeführt. Unbeständiges Wetter beeinträchtigte diese Aufführungen derart, dass man sich erst sechs Jahre später erneut an ein Spiel auf dem Lindenplatz wagte. Wiederum wählte man ein lustiges Stück: «Die Bürger von Schilda», geschrieben von Eduard Stäuble, der als Seminarist in den Seminartheatern und später in den Freilichtspielen als Schauspieler mitgewirkt hatte. Wegen argen Wetterpechs mussten auch diese Aufführungen immer wieder verschoben werden. Am Ende entstand für den Verkehrsverein ein grosses Defizit. Ob Wetter und Geldmangel oder auch das aufkommende Fernsehen die Gründe waren, dass «Bürger von Schilda» 1958 das Ende der Freilichtspiele bedeutete? Eduard Stäuble sieht es anders: «Wir Schauspieler waren damals jung und unabhängig. Später mit Beruf und Familien fehlte die Zeit, und das Ensemble driftete auseinander.»

Nach dem Abbruch von «Schäflegarten» und «Krone» mussten sich die Vereine mit den kleinen Sälen im «Löwen», «Casino», «Anker», Kino

FREILICHTSPIELE RORSCHACH

Lumpazi Vagabundus

oder «Das liederliche Kleeblatt» von Johann Nestroy

Freilichtbearbeitung u. Regie: Richard Wegeler. Musik: Hans Haug. Gesamtleitung: Dr. G. Fischer. — Mitwirkung des Orchestervereins und Mitglieder der Stadtmusik (musikalische Leitung: Otto Voigt) 99

Aufführungen: 5. 8. 9. 13. 15. 16., event. 18. 20. 22. Juli 1950
je 20.15 Uhr auf dem Lindenplatz. Preise: numeriert Fr. 5.—, 4.—, unnumeriert Fr. 3.—, 2.—. Vorverkauf: Verkehrsbureau, Telephon 4 16 80.
Veranstalter: Gemeinnütziger- und Verkehrsverein.
Extra-Autokurse Thal-Rorschach und Arbon-Rorschach siehe Plakatanschlag.

«Lumpazivagabundus»-Aufführung an einem Juli Abend 1950.

Anstelle der 1980 zusammen mit den Casinogebäuden abgebrochenen Blumenau stehen heute Stadthofsaal und katholisches Kirchgemeindezentrum St. Kolumban.

Palace, Bahnhofbuffet und dem Musiksaal Mariaberg oder aber den Turnhallen begnügen. Auch mit der Beschaulichkeit des Lindenplatzes war es bald vorbei; der Stadtrat beschloss, den Platz zugunsten des Autoverkehrs umzugestalten. Die Bevölkerung nahm den Entscheid schlecht auf. Dennoch fällte man 1958 ausser zwei Kastanien alle Bäume, ummauerte und betonierte das Zentrum für Parkplätze. Vier Jahre später wurde auch das Hemmer'sche Haus am Ort des heutigen Hauses Kirchstrasse 20 als Teil einer altertümlichen Häusergruppe abgerissen.

In den Siebziger Jahren immerhin entdeckte man den Ort aufs Neue für Veranstaltungen aller Art. Ein mehrtägiger «Spielplausch» füllte den Platz wieder mit Kindern; Theatergruppen wie die «Badener Maske» traten auf, die Stadtmusik und das Akkordeonorchester musizierten, und die Jugendmusikschule feierte ihre Schwanenparties. 1991 wählte die Stadt den Platz für die 700-Jahr-Feier der Eidgenossenschaft.

Und die Saalfrage? Bis endlich ein neuer Saal gebaut wurde, sollte es zwanzig Jahre dauern. Stadtammann Werner Müller und Sekundarlehrer Heinrich Hasler verdanken es die Rorschacher, dass sich die Stadtbehörden und der katholische Kirchenverwaltungsrat einigten, auf dem Areal von Blumenau und Casino einen Neubau zu errichten: 1983 wurde der Stadthofsaal eingeweiht.

Aufregung um eine nackte Schöne

Die Bronzeplastik «Die Schwebende» im Seepark erregte einst die Gemüter: 1400 Rorschacher unterschrieben 1954 eine Petition gegen das Aufstellen einer Skulptur, die einen nackten Frauenkörper darstellte.

Heute wäre sie wohl mindestens zur Miss Ostschweiz gewählt worden. Männer blickten ihr nach, wenn sie durch die Stadt ging. Die Schöne hiess Ida Tomasi und war als Tochter eines italienischen Maurers im Neuquartier aufgewachsen. Sie zog nach Genf, wo sie einen reichen Araber derart mit ihrer Schönheit beeindruckte, dass er sie nach Damaskus mitnahm. Dort musste sie jedoch lernen, dass sie nicht die einzige Gattin war. Gekleidet in Seide, floh sie zurück in die Schweiz, ohne etwas von ihrer Schönheit eingebüsst zu haben.

In Zürich soll sie der berühmte Bildhauer Hermann Haller wegen ihrer Figur und ihrer Ausstrahlung gleich auf der Strasse angesprochen haben: «Sie müssen mir Modell stehen für eine Statue.» Ida Tomasi, gewohnt, bewundert zu werden, sagte zu. Und so kam es, dass eine echte Rorschacherin als Modell diente für «Die Schwebende». Diesen Namen gab der Bildhauer der Statue, die seit Mai 1955 im Seepark steht.

Eine Plastik von Hermann Haller

Bis die anmutige Statue auf ihren Sockel zu stehen kam, gab es in Rorschach allerdings einiges zu erdulden. Seit Jahren bestanden Pläne, den etwas steifen Seepark zu verschönern. Irgendwann tauchte der Gedanke auf, eine Plastik aufzustellen. Da bereits Städte am See wie Arbon, Romanshorn und Kreuzlingen ihre Parks mit Statuen ausgestattet hatten, wollte Rorschach nicht hintanstehen. Die Kunstkommission erhielt den Auftrag, eine passende Statue anzuschaffen. Sie suchte in Ateliers von fünf bedeutenden zeitgenössischen Künstlern und stellte am 1. Juli 1953 verschiedene

Figuren einen Tag lang zur Begutachtung in den Park. Die Kommission entschied sich für eine Plastik von Hermann Haller – «eine nackte Frauenfigur, die, auf dem rechten Fuss stehend, in einer beinahe schwebenden Haltung die Arme ausbreitet und den linken Fuss etwas nach hinten gleiten lässt.» Hallers Stellung als Bildhauer war damals bereits fast gleichbedeutend mit der von Ferdinand Hodler als Maler. Er galt als «meisterlicher Künder der weiblichen Schönheit» (NZZ) und war mit Statuen bereits in vielen Parks und Anlagen der Schweiz vertreten. Der Schöpfer der Waldmann-Reiterstatue an der Limmatbrücke in Zürich hatte 1949 den Kunstpreis der Stadt Zürich erhalten und war Ehrendoktor der Universität.

Der Anwalt und Gemeinderat Herbert Sigrist, Präsident der Kunstkommission, beantragte dem Stadtrat schwärmend den Kauf dieser Statue: «Die Figur ist Ausdruck edler Lebensfreude und Symbol des Flugs des menschlichen Geistes in die Weite des Raums und in die Tiefe der Zeit. Die raumgreifende Gebärde verbindet den Beschauer mit der Weite des Sees.» Überzeugt vom Werk, und weil der Seepark geradezu einlud, in seiner Mitte eine Plastik aufzustellen, stimmte der Stadtrat dem Antrag zu.

Klagen wegen moralischer Verwilderung

Als in der Stadt bekannt wurde, dass da ein nackter Frauenkörper aufgestellt werden sollte, bildete sich in der Bevölkerung beträchtlicher Widerstand. «Eine Verletzung der sittlichen Gefühle, ein Werkzeug der sittlichen Abstumpfung und der moralischen Verwilderung», hiess es in einem Leserbrief. Ein «Seeparkbenützer» schrieb: «Niemand würde eine solche Figur in seinem Privatgarten aufstellen.» Und er schlug vor, anstelle der nackten Frauenfigur doch eine Elterngruppe mit spielenden Kindern zu wählen. Sprachrohr des Widerstands war die konservative «Rorschacher Zeitung». Unterstützt wurde sie auch vom damaligen katholischen Stadtpfarrer, der gesagt haben soll, dass ihn eine Aktfigur vom täglichen Breviergebet ablenken werde – seine Terrasse grenzte nämlich an den Seepark. Ernsthaft wurde der Widerstand, als 1400 Unterschriften als Petition gegen den Ankauf gesammelt wurden. Die Gegner wollten den noch offenen endgültigen Entscheid des Gemeinderates beeinflussen.

Niemand würde eine solche Figur in seinem Privatgarten aufstellen.

Gespannt wartete man auf die Gemeinderatsversammlung vom 30. August 1954. Sigrist zeigte seinen Ratskollegen auf einer Projektionswand Bilder alter italienischer Meister und Plastiken aus Parks in Schweden und verglich sie mit aufreizenden Fotos aus Magazinen und Kinoreklamen. Er zitierte auch einen bekannten Pädagogen: «Es handelt sich um das Werk eines grossen Künstlers und ist von jeder obszönen Note frei. Der nackte menschliche Körper wird in einer so grossartigen

«Die Schwebende» schmückt den Seepark seit dem Frühling 1955.

künstlerischen Vergeistigung gezeigt, dass er auch Jugendliche nicht erotisch erregen kann.» Die Gegner mahnten, die Statue wirke erotisch und die Petition sei nicht zu bagatellisieren. Stadtrat Spreiter entgegnete, natürlich könnte man im Seepark «da ein Rehlein und dort ein Zwerglein» aufstellen, doch die Kunstkommission sei sich des Wagnisses bewusst. Als Gewerbeschulvorsteher habe er Erfahrung mit der heranreifenden Jugend und kenne die verderblichen Einflüsse von Schundliteratur, Reklame und schlechten Filmen. Von einer so sauberen Plastik könnten aber nur veredelnde Einflüsse ausgehen.

Das Parlament entschied sich schliesslich mit 14:6 für den Ankauf. Empört über den Entscheid verliessen einige Gemeinderäte den Saal. Am 17. Mai 1955 wurde die Plastik aufgestellt. Und der Zorn war noch nicht verebbt, als Nachtbuben der «Schwebenden» ein Bikini verpassten. Doch die Wellen legten sich rasch. Das «Ostschweizerische Tagblatt» schrieb bereits drei Monate später: «Nun, lassen wir sie schweben. Von Verletzung sittlicher Gefühle ist nicht mehr die Rede. Die Aufregung ist gewichen.»

«Arion» statt der «Schreitenden»

Dreissig Jahre später sollte aber wieder eine nackte Frauenfigur für Aufregung sorgen. Der Stadtrat suchte ein Kunstwerk für die neue Seeaufschüttung im Westen. Gewählt wurde «Die Schreitende», eine Plastik des Bildhauers Wilhelm Meier. Wieder regte sich Widerstand aus sittlichen Gründen. Der Gemeinderat lehnte den Kredit ab, weil Rorschach bereits einige Werke des gleichen Künstlers gekauft hatte. Anstelle der «Schreitenden» stand am See dann bald der mächtige «Arion», von dem man im Wind allerlei Klänge erwartete. Niemand hat bisher je auch nur einen Ton vernommen. Doch manch einer meint, die «Schwebende» darüber schon seufzen gehört zu haben.

Der Name «Negropont» des 1976 abgebrochenen schlösschen-ähnlichen Hauses blieb dem heutigen Gebäude erhalten.

Negropont – ein Mahnmal aus der Ägäis

Im 17. Jahrhundert verloren Rorschacher Söldner in venezianischen Diensten ihr Leben auf einer griechischen Insel. Das Haus Negropont an der St. Gallerstrasse verweist auf diese traurige Geschichte.

Wie kommt der in grossen Buchstaben angebrachte Name «Negropont» an das Wohn- und Geschäftshaus an der Ecke Reitbahn- und St. Gallerstrasse? Negropont hiess einst die heutige Insel Euböa in Griechenland, die im Mittelalter unter venezianischem Einfluss stand. Doch was haben Venedig und eine griechische Insel mit dem Namen eines Hauses in Rorschach zu tun?

Eingangs Rorschach, an der St. Gallerstrasse 7, stand bis 1976 ein wahrlich uraltes Haus, das wie ein mittelalterliches Schlösschen aussah. Auf seinem Erker prangte in schöner alter Schrift der Name «Negropont». Als das Haus 1958 prächtig renoviert wurde und das rotbraune Fachwerk auf der Nordseite und die rot-weissen Fensterläden mit dem Ziegeldach über dem Eingang wieder zur Geltung kamen, schrieb das «Ostschweizerische Tagblatt»: «Das Haus verdient die sorgfältige Pflege schon wegen seiner Geschichte.» Unter dem Erker war als Baujahr die Zahl 1475 eingemeisselt, doch den Namen «Negropont» muss das Haus erst zweihundert Jahre später erhalten haben.

Nur zwei von 21 kehrten zurück

1680 befahl der damalige Abt Coelestin – er stammte aus der berühmten mailändischen Familie Sfondrati –, auf st. gallischem Gebiet eine Kompanie Söldner für die Republik Venedig anzuwerben. Diese stand in der Ägäis im hartnäckigen Krieg mit den Türken. Der Abt wollte von einer möglichen Verbindung der Eidgenossenschaft mit Venedig nicht ausgeschlossen bleiben. Nur mit Mühe brachten die Anwerber eine Kompanie zusammen, die am 6. April 1688 marschbereit war. Sie wurde angeführt von Hauptmann Hans Heinrich Edelmann aus dem Toggenburg und dem Wachtmeister Hans Ulrich Rotfuchs von Rorschach. Aus dem Rorschacher Amt waren 21 Soldaten dabei, alles Männer aus Familien, deren Geschlechtsnamen heute noch in unserer Region geläufig sind: Baumgartner, Buob, Dietrich, Felder, Gruber, Hanimann, Heer, Künzle, Lehner, Stadelmann, Wenk.

In Uri schloss sich diese st. gallische Kompanie dem eidgenössischen Regiment an, marschierte über den Gotthard nach Venedig und wurde dort eingeschifft für die Meerfahrt zur Insel Poros, wo der venezianische Doge Francesco Morosini ein Heer gegen die Türken zusammenzog. Die Belagerung der Festung von Negropont, der heutigen Stadt Chalkida, begann im Juli 1688. Die Rorschacher Söldner erhielten schneller als erwünscht ihre Feuertaufe. Nach vernichtenden Kämpfen war das venezianische Heer nach drei Monaten beinahe aufgerieben. Pest und Fieber dezimierten, was nicht durch den türkischen Krummsäbel fiel. Nach einem letzten vergeblichen Sturm auf die Festung am 12. Oktober 1688 wurde die Belagerung aufgegeben. Hauptmann Edelmann kehrte am 4. November 1691 mit nur noch 13 Mann seiner Kompanie nach St. Gallen zurück. Aus dem Rorschacher Amt sahen nur Jakob Felder und Lontius Aeugstler die Heimat wieder, die andern ruhen auf dem Meeresgrund oder in griechischer Erde.

Nicht überliefert ist, ob einer der Überlebenden später im schlossähnlichen Haus an der St. Gallerstrasse wohnte oder wann der Volksmund zur Erinnerung an die elendiglich verstorbenen Mitbürger dem Haus den schicksalhaften Namen gab. Das Haus, in dem die Familie Ringer Jahrzehnte lang gewohnt und eine stadtbekannte Metzgerei betrieben hatte, wurde 1976 abgerissen – gleichzeitig mit dem Haus des Uhrmachers Weissen und der alten Schmiede Mülhaupt, wo Kinder auf dem Schulweg oft zuschauten, wie Rosse mit Hufeisen beschlagen wurden. An deren Stelle entstand ein markantes Wohn- und Geschäftshaus, auf dem der Besitzer Toni Ringer die weithin sichtbare alte Bezeichnung wieder anbringen liess. So bleibt der Name in Rorschach als geschichtliches Denkmal erhalten.

Die Kriegstoten einer anderen Zeit

Auf dem alten Friedhof bei der Kolumbanskirche steht ein Grabmal für Soldaten der Bourbaki-Armee. Es erinnert an Soldaten, die während des Deutsch-Französischen Krieges von 1870/71 in Rorschach interniert wurden.

....

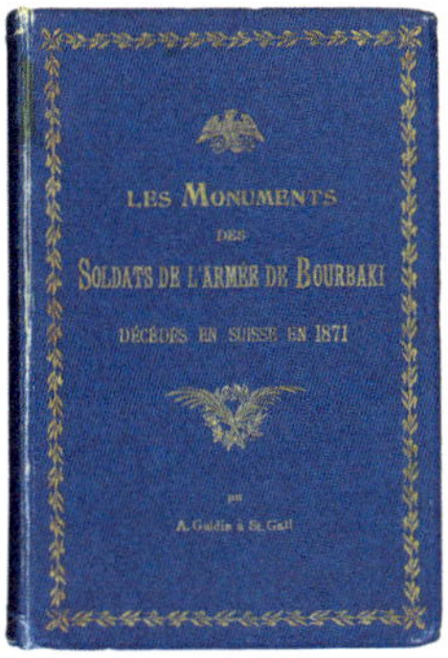

Verzeichnis aller Grabmäler der im schweizerischen Asyl verstorbenen Soldaten der Bourbaki-Armee.

«Leichenanzeige. Französisches Lazareth in Rorschach: 6) Callande Jean Bat. geb. 1849 La Chapelle, Dep. Cher, 48. Cors 42. red de marche 7) François Achilles, Nantes, Dept. Loire inférieure, geb. 1846 48. Corps Artillerie de Marine.» Militärisch kurz wurde im «Ostschweizerischen Wochenblatt» vom 4. März 1871 der Tod von in Rorschach internierten Soldaten der französischen Bourbaki-Armee angezeigt. Bestattet wurden sie «unter dem Wirbel der Trommel und in Begleitung sämtlicher Internierten, der Wachmannschaft und vieler Einwohner» auf dem Friedhof bei der Pfarrkirche. Es waren zwei von elf jungen Soldaten, alle in ihren Zwanzigerjahren, die in Rorschach starben, und im Süden des Friedhofs dicht an der Bahnlinie beerdigt wurden.

Für die fremden Toten stiftete Wilhelm Krämer, ein damaliger Rorschacher Bauunternehmer, einen Sandstein-Obelisk als Grabmal. 1912 musste die Gedenkstätte aufgehoben werden, doch ein neuer Gedenkstein mit einem grossen Kreuz erinnerte bis in die Gegenwart an die Kriegstoten. Vor einigen Jahren wurde das Kreuz von Vandalen vom Sockel gerissen. Der katholische Kirchenverwaltungsrat beauftragte die Bildhauerin Ingrid Tekenbroek, das Grabmal wieder herzurichten. Tekenbroek hatte im ehemaligen Friedhof bereits die Steinplatten des «Notwendenden Wegs», eine Stätte der Besinnung, geschaffen. Sie wählte Rorschacher Sandstein für ein dreiteiliges Kreuz, welches nun wieder auf dem Sockel aufgerichtet wurde. Die Tafel ist verwittert, die Namen der Toten sind kaum noch lesbar und auch in Frankreich vergessen. Eine

Einweihung des Grabmals für die 1871 in Rorschach verstorbenen Soldaten der Bourbaki-Armee.

Die verwitterten Schriften mit den Namen der jungen französischen Toten auf dem noch stehenden Sockel.

Anfrage des katholischen Pfarramtes an die französische Botschaft in Bern wegen dieses Denkmals wurde nie beantwortet.

Das beeindruckende Bourbaki-Panorama in Luzern, so gross wie dasjenige der Schlacht von Murten im Monolith der Expo 02, zeigt die im Krieg 1870/71 von den Deutschen geschlagene französische Ostarmee, wie sie unter General Bourbaki mit 87 000 Mann und 12 000 Pferden den Weg ins schweizerische Asyl antritt. Der Bundesrat verteilte diese Soldaten auf die ganze Schweiz, 266 Asylanten trafen am 7. Februar 1871 in Rorschach ein. «Am äusseren Bahnhof hatten sich sehr viel Neugierige, besonders auch vom schönern Geschlecht, eingefunden, um diese unglücklichen, mitleiderregenden Leute zu sehen. Viele waren kaum 18 Jahre alt, für die kalte Jahreszeit nur notdürftig bekleidet, in den Gesichtern Strapazen, Hunger, Krankheit», schrieb das «Ostschweizerische Wochenblatt». Viele waren verwundet und krank, ein erster Asylant starb bereits in der ersten Nacht in Rorschach.

Mitleid mit den abgemagerten Gestalten

Die Rorschacher zeigten Mitleid mit den «unglücklichen abgemagerten Gestalten, grösstenteils hustend und mit halberfrorenen Füssen, mit zerrissenem Schuhwerk und durchlöcherten Kleidern». Hilfsvereine wurden gegründet, ein Damenkomitee sammelte Gaben für eine Lotterie, deren Erlös für die Franzosen bestimmt war. «Bis dat – qui cito dat» (Doppelt gibt, wer schnell gibt), hiess die Losung. Die Rorschacher erwiesen sich als freigebig. Lange Gabenlisten wurden im «Ostschweizerischen Wochenblatt» publiziert. Das Töchterinstitut spendete die Eintrittsgelder für sein Theater. Für das Stricken von warmen Strümpfen und Socken verkaufte das Garngeschäft Buob Woll- und Baumwollgarne zum Ankaufspreis.

Die Kantonsregierung finanzierte den Gemeinden den Bau von Baracken mit Beleuchtung und Heizung und zahlte pro Soldat für 20 Pfund Stroh und eine Decke. Die Gemeinden kamen für die Verpflegung auf: pro Mann ⅝ Pfund Fleisch und 1½ Pfund Brot. Den Sold von 25 Rappen pro Tag bezahlte die Eidgenossenschaft.

Umstrittene Krankenpflege

Ein Viertel der Internierten war krank, litt an Nervenfieber, Blattern und an Erfrierungen. Die Sterblichkeitsrate veranlasste einen Rorschacher Arzt zu einer Anklage gegen den verantwortlichen Militärarzt Doktor Dudly: «Täglich erscheint der Arzt, rezeptiert zuerst für sich eine Flasche Wein und spaziert dann durch den Krankensaal. Den Lungenkranken ordiniert er Brusttee aus arabischem Gummi und Salpeter, den an Durchfall leidenden Kamillen und Melissentee mit Malaga und Opiumtinktur. Brandige Zehen werden einfach abgeklaubt oder abgedreht. Durchschnittlich sterben dabei nur zwei Kranke.» Nach Untersuchungen bezeichnete das St. Galler Militärdepartement die Anschuldigungen als unbegründet und erklärte die Behandlung von Bataillonsarzt Doktor Dudly als «kunstgerecht». Auch die Kranken verteidigten den Militärarzt und unterschrieben ein Inserat «Aux Habitants de Rorschach», in welchem sie sich für die Pflege bedankten: «Nous n'avons qu'à remercier Mr. Dudly.»

Le peuple républicain nous a ouvert ses bras comme à des frères.

Am 1. März 1871 schlossen Frankreich und Deutschland Frieden. Vor ihrer Rückreise in die Heimat wandten sich die Internierten mit einem Zeitungsinserat an die Bevölkerung und dankten dem «peuple républicain, qui nous a ouvert ses bras comme à des frères». Herzlich war denn auch der Abschied, als die französischen Militärs am 15. März zum letzten Mal durch Rorschach zum äusseren Bahnhof marschierten. Das «Ostschweizerische Wochenblatt» schrieb: «Jung und alt zog hinaus, um den Scheidenden ein letztes Lebewohl zuzurufen und einem lieb gewordenen Bekannten noch einmal die Hand zu drücken. Die Marseillaise tönte aus der wiedererstarkten Brust und die nicht enden wollenden Rufe ‹Vive la Suisse› wurden mit einem ‹Vive la République Française› erwidert. Die Menge sah den letzten Akt eines weltgeschichtlichen Ereignisses».

Einer der ältesten Stiche von Rorschach zeigt den Einzug der Flotte mit den Gebeinen des Constantius.

Wie Rorschach zu einem «Scheinheiligen» kam

Ein Unbekannter aus Roms Katakomben wurde in Rorschach seit 1674 als Heiliger Constantius verehrt. Der Kult um die in der Kolumbanskirche liegenden Gebeine ist in Vergessenheit geraten.

Als die unterirdischen Friedhöfe von Rom, die Katakomben, 1578 zufällig wiederentdeckt wurden, glaubte man, in den Begräbnisanlagen seien Christen bestattet, die als Märtyrer gestorben waren. Man begann, Skelette und einzelne Gebeine an Kirchen zu überweisen, zu verschenken und zu verkaufen. Tausende von Gebeinen gelangten so über die Jahrhunderte in alle Welt. Trotz päpstlicher Mahnung wurde das Sammeln und Verehren dieser Gebeine zu einem weltweit gepflegten Kult. Fand man ein Grab ohne Namen, gab man dem Gerippe einen Namen aus der offiziellen Liste der Märtyrer der katholischen Kirche. Bereits 1691 verbot die Kirche die Verehrung dieser Katakombenheiligen, doch man hielt sich nicht an das Verbot, obwohl schon damals Forschungen ergaben, dass ein Grossteil der Gräber erst nach den Christenverfolgungen entstanden waren. Die Ausgrabungen wurden fortgesetzt, und Händler trieben ihr Geschäft mit den Pseudoreliquien.

Auch im Land des Fürstabtes von St. Gallen bewarb sich bald jede grössere Gemeinde um einen Katakombenheiligen. Als Wattwil 1652 einen Heiligen Leander, Lichtensteig 1657 einen Heiligen Marinus und Wil 1672 einen Heiligen Pankratius erhielten, wollte Rorschach auch seinen Heiligen. Über die Alpenpässe kommend, trafen bereits 1671 in Rorschach die Gerippe von vier Katakombenheiligen ein, von denen der Abt den Rorschachern «gnädig den Leib des Heiligen Sergius zusprach». Die St. Galler Gläubigen waren jedoch mit der Schenkung nicht einverstanden. Und so mussten die von Schwestern des Klosters Scholastika prächtig eingefassten Gebeine der St. Galler Klosterkirche übergeben werden.

Rudolf Pfyffer, Hauptmann der Schweizergarde in Rom, verschaffte dem Abt die Gebeine eines anderen Christen, dem man den Namen Constantius (der Beständige) gab, weil niemand «das unbeständige Rorschach besser steuern könne als ein römischer Constantius». Auch seine Gebeine kamen zuerst ins Kloster Scholastika, damals an der heutigen Scholastikastrasse gelegen. Zwei künstlerisch veranlagte Nonnen gestalteten das Gerippe zu einem für das himmlische Reich kämpfenden adeligen römischen Ritter, bekleidet mit kostbaren Stoffen, verziert mit Edelsteinen, auf dem Haupt einen silbernen Helm und in den Händen ein Schwert.

Mit Kanonen und Musketen

Gemäss einem Bericht aus dem Archiv der Pfarrei Rorschach sollten die Gebeine im Herbst 1673 feierlich in die Pfarrkirche überführt werden, doch der Landesfürst Abt Gallus Alt «brach sich sein rechtes Bein so gefährlich, dass er sechs Monate unbeweglich auf dem Rücken liegen» musste. Das Fest wurde auf den 22. April 1674 verschoben. Ein herrlicher Frühlingstag, die Obstbäume blühten. Schon um drei Uhr morgens läutete die grosse Glocke der Pfarrkirche, «Trommeln und Trompeten schmettern durch die Gassen des Fleckens, alles Volk aufweckend und zum Fest rufend.» Den in einem Glasschrein liegenden Constantius hatte man vorher heimlich in die Kirche Steinach gebracht. Bei Fackellicht und Morgenröte begleitete eine Reiterkompanie den Schrein auf eine im Hafen Steinach wartende, eigens für diese Überfahrt gebaute Galeere. Unter Kanonenschüssen vom Schloss Arbon und Abfeuern von Musketen legte die Galeere mit acht anderen Schiffen ab und setzte Segel Richtung Rorschach. Selbst die protestantischen Bürger von Horn, nach dem alten Text «keinen Magen für solche Sachen habend», ehrten den vorbeifahrenden «heiligen Leib» mit Salutschüssen. Vom Kornhaus liefen ebenfalls neun Schiffe aus, es kam zu einem Scheingefecht mit Schüssen aus Kanonen und Musketen. Die Schiffe landeten vor einer riesigen Menge aus Einheimischen und Fremden, angeführt von Fürstabt, Obervogt, Adeligen und Ehrengästen.

Zwei Nonnen gestalteten das Gerippe.

Unter einem mächtigen Triumphbogen hindurch bewegte sich die grossartige Prozession mit 43 Sujets und Gruppen in Richtung Kloster Scholastika, in der Mitte der Schrein des Constantius. Etwa 10 000 Mitwirkende waren es, davon allein 4000 «Mädchen und Jungfrauen». Tausende von Schaulustigen säumten den Umzug, der unter fünf weiteren Triumphbögen durchzog, die Bäche südlich der Pfarrkirche über eigens erstellte Brücken überquerte und auf der Festwiese im unteren Klostergut – dem Gebiet zwischen heutigem Stadthof und Amtshaus – endete. Nach einem mehrstündigen Festakt mit feierlicher Messe, Predigten, Musik, Chören und «Luft und Erde erschütterndem Geschütz» ging es zurück

Das prunkvoll eingekleidete Gerippe des Constantius unter dem Seitenaltar der Kolumbanskirche.

zur Pfarrkirche. Der neue Heilige fand schliesslich seine zweite Ruhestätte im rechten Seitenaltar, der seither seinen Namen trägt.

«Wer war denn dieser Constantius, dem man am 22. April 1674 und noch lange danach so hohe Ehre erwies? Ehrlich gesagt, wir wissen es nicht. Wir kennen weder seine Lebensdaten noch seinen Lebenslauf», schrieb der Historiker und Kaplan Arthur Kobler 1974 anlässlich des 300-Jahre-Jubiläums der Überführung der Gebeine in die St. Kolumbanskirche. Die Katakombenforschung brachte ans Licht, dass die oft in Grabplatten eingeritzten Schriften nicht auf Märtyrergräber hinweisen; trotzdem gewähren sie Einblick in die Lebens- und Glaubenswelt der frühen Christen. Die Verehrung der Gebeine eines römischen Christen, der in seinem Schrein im Constantiusaltar in der Rorschacher Pfarrkirche ruht, gibt aber ein eindrückliches Zeugnis davon, wie tief das kirchliche Leben und kirchlicher Kult vor dem Anbruch des technischen Zeitalters in der Bevölkerung verankert waren.

Bis um 1850 beliebter Name in der Stadt

Constantius wurde in Rorschach lange verehrt. Die Leinwandhändlerfamilie von Albertis stiftete 1784 den noch heute bestehenden und mit ihrem Wappen geschmückten Constantiusaltar. Das Altarbild wurde erst 1859 von Theodor Deschwanden gemalt und stellt Constantius von Engeln umgeben dar. Bis weit ins 19. Jahrhundert wurden viele Rorschacher und Rorschacherberger auf den Namen Constantius getauft. Noch bis vor wenigen Jahren wurden die Gebeine an hohen Feiertagen den Kirchgängern gezeigt. Kinder blieben jeweils schaudernd vor dem geschmückten Gerippe stehen, dessen Verehrung einer anderen Zeit angehörte. Der Schrein wird heute abgedeckt mit einem phantasievollen Constantius-Gemälde des Rorschacher Malers Joseph Martignoni aus dem Jahre 1862.

Das Monument für die Verstorbenen auf dem Hügel des Friedhofs Rorschach.

Der Obelisk der Toten

Der schön über der Stadt gelegene Zentralfriedhof entstand in den 1910er-Jahren durch Einigung zwischen den Konfessionen. Das Sinnbild dafür ist das Monument auf dem Friedhofshügel.

«Gleiches Recht für alle auf der letzten Ruhestätte» forderte Stadtammann Arnold Engensperger 1910, als die Pläne für einen neuen zentralen Friedhof für alle Religionen ausserhalb der Stadt viel zu reden gaben. Die Bezeichnung «zentral» wählte man, weil bis dahin die Toten gemäss ihrer Religionszugehörigkeit in separaten Friedhöfen mitten in der Stadt neben ihren Kirchen bestattet wurden.

Der Friedhof der Katholiken befand sich seit Jahrhunderten bei der Kolumbanskirche. Die 130 Protestanten hingegen, die in Rorschach und Rorschacherberg lebten und mit den anderen Protestanten des Bezirks 1854 eine eigene Kirchgemeinde gründeten, mussten noch vor dem Bau einer Kirche zuerst Land für einen eigenen Friedhof kaufen. In der letzten katholischen Ruhestätte fand sich kein Platz mehr für die Leichen der Protestanten. Gekauft wurde das Lindenmann'sche Gut ob dem Bäumlistorkel, durch das in jenen Jahren die Bahnlinie nach St. Gallen gebaut wurde. Der Ort gab in der Vorsteherschaft zu reden: Einige wollten den Friedhof näher an der Stadt und nicht neben der Feldmühle. Schliesslich richtete man oberhalb der Geleise das Gebiet für die letzte Ruhestätte der Evangelischen ein.

Die katholischen Glocken blieben stumm

Von Rorschach, Goldach, Steinach, Tübach und Untereggen her bewegten sich nun die Leichenzüge zu dem sehr einfachen, von vier Trauerweiden umgebenen Friedhof. Ohne Abdankungshalle und ohne Kirche musste der Pfarrer die Abschiedsworte sprechen, oft bei Wind und Wetter. Als erster Toter wurde ein Bahnarbeiter bestattet, bezeichnend für den Anbruch des Eisenbahnzeitalters. Während die katholischen Kirchenglocken von Goldach die Leichenzüge der Evangelischen zum neuen

Friedhof in Rorschach begleiteten, blieben die Rorschacher Kolumbansglocken während allen Bestattungen von protestantischen Rorschachern stumm. Für viele unbegreiflich, da ja auch die katholische Bevölkerung jeweils am Leid ihrer Mitbürger teilnahm und es schliesslich noch keinen protestantischen Glockenturm gab. Erst die Einsicht von Pfarrer Untersander brachte die Katholiken dazu, in den Jahren bis zum Bau der evangelischen Kirche die Glocken der Pfarrkirche auch beim letzten Gang der Evangelischen zu läuten.

Missliche Zustände, geschändete Gräber

Im wachsenden Rorschach nach der Jahrhundertwende war die Bestattung der Verstorbenen mitten in der Stadt aus hygienischen Gründen nicht mehr zu verantworten, die kleinen Friedhöfe genügten nicht mehr. Die Verhältnisse im katholischen Friedhof waren im Frühjahr 1912 derart misslich, dass der südliche Gehweg entlang des Bahngeleises für Gräber umgestaltet wurde. Auch auf der evangelischen Ruhestätte herrschten «unhaltbare Verhältnisse», wie es hiess, und oft verwüsteten Grabschänder die Gräber auf dem schlecht bewachten Friedhof. Gleichzeitig veranlasste das neue Gesetz über das Begräbniswesen den damaligen Stadtammann Engensperger, den Bau eines zentralen Friedhofs vorzuschlagen. Es brauchte aber einiges an Überzeugungskraft. Die erste Vorlage wurde wuchtig abgelehnt. Noch war die Kremation wenig bekannt – bei den Katholiken sogar verpönt – und viele sahen weder für den Bau einer Urnenhalle noch einer Abdankungshalle ein Bedürfnis. Der katholische Engensperger überzeugte seine Mitbürger beider Religionen: «Der neue paritätische Friedhof ist wirklich eine gemeinsame Ruhestätte, nachdem die konfessionellen Friedhöfe doch bald der Vergangenheit angehören werden.» Er machte auch deutlich, «wie sehr man bei schlechtem und stürmischen Wetter den Mangel eines schützenden Dachs empfinden wird, unter dem den Dahingeschiedenen die Abschiedsworte gewidmet werden können». Bei der zweiten Vorlage verlangten die Räte, dass das Volk einzeln über Friedhof und Bauten abstimme. Toleranz und Vernunft siegten. Die Friedhofanlage wurde angenommen, die Bauten etwas weniger deutlich. Die neue überkonfessionelle Ruhestätte wurde 1913 eingeweiht, und seither werden alle toten Christen auf dem Zentralfriedhof bestattet.

Oft wüteten Grabschänder auf dem schlecht bewachten Friedhof.

Was dem Friedhof noch fehlte, war ein Denkmal, denn dafür bestand ein Legat von 10 000 Franken, gestiftet von Franz Zardetti, der 1918 als letzter seiner Familie gestorben war. Die Zardettis waren angesehene Rorschacher Leinwandhändler und wohnten seit 1794 im stattlichen Haus an der Mariabergstrasse 24. Der Stadtrat schrieb einen Wettbewerb

Dichtgedrängte Gräber auf dem einstigen Friedhof südlich der Kolumbans-kirche.

Einst mitten in der Stadt: Der Friedhof der evangelischen Kirche, aufgehoben 1953.

aus; die Erblasser Zardettis verlangten einzig, dass das Monument eine Pietà enthalten sollte. Fünf Entwürfe wurden eingereicht. Das Preisgericht, bestehend aus Bauvorstand Keller und Rorschacher Architekten (darunter auch Adolf Gaudy), vergab den ersten Preis von 500 Franken und auch die Ausführung an den in Zürich tätigen Rorschacher Bildhauer Louis Wethli, der seinerzeit als begehrtester Grabbildhauer Zürichs bekannt war.

Im Gemeinderat Rorschach lieferte die Ausführung wiederum viel Gesprächsstoff, der Gemeinderat Rorschacherberg hingegen hatte keine Einwände. Die Sozialdemokraten sahen in der schwierigen Zeit nach dem Ersten Weltkrieg kein dringendes Bedürfnis für ein Denkmal, die Geldknappheit zwinge zum Sparen. Eine Gemeindelesestube bringe der Bevölkerung mehr. Der Stadtrat argumentierte, dass das Landschaftsbild des Friedhofs ohne dieses Denkmal unfertig sei und der Anteil der Stadt und der Gemeinde Rorschacherberg ja nur 6200 Franken betrage. Zudem könnten die Erben Zardettis ihr Legat wieder zurückziehen. Auch komme das Werk der Arbeitslosenfürsorge zugute. Der Gemeinderat stimmte zu, allerdings ohne die Stimmen der Sozialdemokraten.

Vierkantiges Monument mit Pietà

Der Bildhauer Wethli wählte für das Monument einen gelblich-rötlichen Jurakalkstein und schuf einen vierkantigen Obelisken mit frühchristlichen Symbolen. Die südliche Seite zeigt als Reliefbild die von den Zardettis gewünschte Pietà, die östliche das Buch mit den sieben Siegeln aus der Offenbarung des Apostels Johannes. Sinnbilder der Christen aus den Katakomben Roms – Fische mit Palmzweigen – zieren die nördliche Seite. Auf der westlichen ist das Gleichnis vom Weinstock und der Rebe eingraviert. Die Säule trägt ein wuchtiges Kapitel mit feiner Ornamentik. Aufgestellt wurde das Monument im April 1921 während der zweiten Ausbauphase des Friedhofs. Ein Leser des «Ostschweizerischen Tagblatts» meinte: «Das Denkmal wird allerdings erst dann einmal in seiner vollen Wirkung in Erscheinung treten, wenn auch der gärtnerische Schmuck die passende Umrandung bilden wird.» Dieser gärtnerische Schmuck ist inzwischen zu mächtigen Bäumen herangewachsen, von denen einige bereits gefällt werden mussten.

So ganz zufrieden mit dem Obelisk waren nicht alle. «Ein Friedhofkamin» sei es, und das «steif aufragende Monument» stehe «in Disharmonie zur stilreinen Vornehmheit der Friedhofkapelle», kritisierte ein Gemeinderat 1921 in einer Ratsversammlung und ärgerte sich über Fehler in Grammatik und Orthographie der Inschriften. «Über Geschmack lässt sich streiten», antwortete Stadtammann Arnold Engensperger, schob die Fehler im Text einem Diktierfehler zwischen Bauvorstand und

Sekretärin zu und machte den Künstler mitverantwortlich; er versprach aber Wiedergutmachung.

Der einst ruhige Hügel im Reich der Toten ist heute vom Verkehr des Reichs der Lebenden umflutet. Doch trotz des Lärms von der nahen Autobahn und der Goldacherstrasse bleibt der Hügel des Friedhofs mit seinem Monument und den Bänken unter den Bäumen ein Ort der Besinnung mit Blick auf die Gräber, die Stadt und den weiten See.

Die Gebeine neben der Feldmühle

In den alten Friedhöfen wurden die Gräber von den Angehörigen in den ersten Jahren noch liebevoll gepflegt. Mit der Zeit begannen die Anlagen aber zu verwildern. Im evangelischen Friedhof kam es auch zu Streitigkeiten mit der angrenzenden Feldmühle. Das Grab des verdienten Oberst Heinrich Cunz, des ehemaligen Präsidenten der Kirchenvorsteherschaft, war beschädigt worden. Die Feldmühle liess daraufhin eine Grenzmauer erstellen. 1953 standen nur noch vereinzelt Grabmale, viele waren bereits verschwunden oder zerbrochen. Und so beschloss die Vorsteherschaft, den Friedhof ganz aufzuheben. 1954, hundert Jahre nach seiner Entstehung, wurde der Friedhof von Gartenarchitekt Fredy Klauser umgestaltet. Wer die gepflegte Anlage auf der westlichen Seite der Kirche zur Pestalozzistrasse hochsteigt, ist sich kaum bewusst, dass hier die Gebeine vieler Rorschacher ruhen.

Auf dem ehemaligen Friedhof bei der Kolumbanskirche stehen noch einige wenige alte Grabmäler. Es gibt Mitbürger, welche die Lage der Gräber von Angehörigen noch heute bezeichnen können – so der Autor das Grab seines Grossvaters. Auch diese Anlage wurde als Park mit Besinnungsweg gepflegt und ist geschätzt als stille Oase im geschäftigen Treiben der Stadt.

Die grösste Glocke der Kolumbanskirche ist 1931 bereit für den Aufzug.

Das schönste Geläute der Schweiz

Wenn jeweils in der Neujahrsnacht und am 1. August in der ganzen Schweiz die Kirchenglocken läuten, tönt es nirgends besser als in der Hafenstadt: Die Rorschacher Glocken klingen besonders harmonisch-melodisch.

Es soll Rorschacherinnen und Rorschacher geben, die in der Ferne gelegentlich die Glocken ihrer Heimatstadt auf Youtube, dem Internetportal für Videos, abhören. Der vertraute gemeinsame Klang aller Rorschacher Glocken weckt Heimweh – ein altmodisches Wort. Eine kleine Stadt mit drei Kirchtürmen auf akustisch engem Raum, die herrliche Lage zwischen Berg und See – vielleicht sind dies die Gründe, die Rorschachs Glocken besonders harmonisch und eindringlich erschallen lassen und vielen Menschen ein Gefühl von Geborgenheit geben. Und als vor Jahren in der beliebten Radiosendung «Glocken der Heimat» jene aus der Hafenstadt ertönten, waren die Rorschacher überzeugt, das schönste Geläute der Schweiz zu hören.

Nicht immer waren die Hafenstädter allerdings mit ihrem Geläute zufrieden. «Tonlich nicht einwandfrei sei der Zusammenklang der Glocken der Jugendkirche mit den übrigen Glocken der Stadt», befand 1941 die katholische Kirchgemeinde und bestellte bei der Giesserei Rüetschi in Aarau ein neues Geläute. An langen Seilen zogen die Schulklassen am 23. März 1942 die Glocken auf, die Primarschüler die kleineren, die Sekundarschüler die grossen, für alle eine lustige Arbeit, mit Bratwurst und Bürli als Lohn. «Das melodisch neue Geläute B-D-F-G-A fügt sich nunmehr abgestimmt in die anderen Stadtgeläute ein, in die Stimmen der katholischen Pfarrkirche A-C-D-E-G und den Glockenakkord der evangelischen Kirche auf F-A-C-F», schrieb der Chronist des Rorschacher Neujahrsblatts 1943. Iso Rechsteiner, ehemaliger Musiklehrer am Lehrerseminar und ein Mann mit einem besonders feinen Ohr, kann dem damaligen Chronisten nur zustimmen: «Für Glockenexperten passen der

Eine Volksmenge verfolgte 1904 den Aufzug der damals zweitgrössten Glocke der Schweiz in den Turm der evangelischen Kirche.

B-Dur-Dreiklang der Kolumbanskirche und der F-Dur-Dreiklang der evangelischen Kirche perfekt zusammen. Die B-Glocke der Jugendkirche bringt eine gewisse moderne Spannung in den herrlichen Gesamtklang.»

Hier «Glockentoni», dort Staader Giesser

Das Geläute der Kolumbanskirche stammt von 1931, als sehr alte Glocken ersetzt werden mussten; eine davon trug die Jahrzahl 1543. Auch der Glockenstuhl war baufällig. «Hochherzige, opferfreudige Gönner haben sich anerboten, neue Glocken zu schenken», war im Pfarrblatt zu lesen. Tatsächlich stifteten namhafte Rorschacher Familien die Glocken, darunter auch die Bauernfamilie Angehrn-Wehrle im Schönbrunn und deren Sohn Anton, der fortan im Volk als «Glockentoni» bekannt wurde. Jede Glocke erhielt einen Namen und wurde lateinisch beschriftet. Die kleinste, die 750 Kilogramm schwere Schutzengelglocke, stiftete die Arztfamilie Mettler mit der für den Arzt passenden Inschrift «Heiliger Raphael, Arznei Gottes, heile unsere Körper- und Seelenwunden» (Der hebräische Namen Raphael bedeutet «Arznei Gottes»).

Gegossen wurden die Glocken in der von Jakob Egger 1873 gegründeten Glockengiesserei Hamm in Staad. Egger, 1850 in Thal als Sohn eines Hufschmieds im Buriet geboren, lernte das Glockengiessen in Zürich und machte sich 25jährig in einer Liegenschaft oberhalb des Staader

Schulklassen zogen 1941 an langen Seilen die Glocken der Jugendkirche hoch.

Bahnhofs selbständig. Aus seiner Werkstätte stammen heute noch über 200 Glocken in der Schweiz. 1920 übergab er sein Geschäft seinem Sohn Wilhelm, von dem es die Firma Hamm übernahm. 1941 verlor Staad das Glockengiessereigewerbe für immer. «Egger» hingegen kann man auf einem nur bei extrem tiefem Seewasserstand ans Tageslicht kommenden Fels beim Hörnlibuck weiterhin lesen: Dort hat der Glockengiesser Wilhelm Egger rund 20 Zentimeter hoch seinen Namen und die Jahrzahl 1921 in den Stein gemeisselt.

Filmisches Zeitdokument eines Festtags

Im Archiv der katholischen Kirchgemeinde befindet sich ein kurzer 16mm-Film, den ein Hobbyfilmer 1931 vom Einzug der Glocken drehte. Das filmische Zeitdokument zeigt anschaulich, welch festliches Ereignis jeweils der Einzug neuer Glocken für die Bevölkerung darstellte: 1931 ist der 23. November als Kolumbans- und Kirchweihtag in Rorschach noch ein allgemeiner Feiertag. Der seit dem Morgen auf die Stadt prasselnde Regen hielt das Volk nicht ab. Es stand in Scharen unter Regenschirmen an der Hauptstrasse, um den Einzug der Glocken von Staad her zu verfolgen. Die Glocken der evangelischen und der Jugendkirche läuteten. Reiter in historischen Uniformen führten den Umzug an. Pferdegespanne zogen die Fuhrwerke, jede Glocke ruhte, festlich bekränzt, auf einem eigenen Wagen. Dem Wagen mit der grössten, 4500 Kilogramm schweren Glocke waren sogar vier Pferde vorgespannt. Buben rannten beidseitig der Wagen, die Fuhrleute in Sonntagsgewändern und breitkrempigen Hüten grüssten die Zuschauer.

Der Einzug endete auf dem Kirchplatz, wo Stadt- und Kirchenräte in Fräcken gekleidet warteten. Die Glocken wurden auf einem Gerüst vor dem seither verschwundenen Blumenau-Gebäude (heute Stadthof) aufgehängt und am 2. Dezember in den Turm hinaufgezogen, an dem neue Luken ausgebrochen worden waren, um den Schall zu verstärken.

Sogar die Basler staunten

Genauso festlich wie 1931 war es auch im April 1904 zugegangen beim Aufzug der Glocken in den Turm der protestantischen Kirche. Die vier Glocken aus der Aarauer Glockengiesserei Rüetschi wogen zusammen 15 610 Kilogramm. Für den Aufzug musste ein Gerüst entlang der Kirchmauer mit einem Quergang zum Turm erstellt werden. Das Volk der Hafenstadt bestaunte vor allem den Aufzug der grössten Glocke, die den Namen Vadian trägt. Sie wiegt 8137 Kilogramm – allein der Klöppel 350 Kilogramm – und war damals die zweitgrösste Glocke der Schweiz. Das Geläute machte 1904 in der ganzen Schweiz Eindruck. Die «Basler Nachrichten» schrieben: «Ein mächtiges Kirchengeläute von ungewöhnlicher Schönheit und Grösse ist in der Giesserei in Aarau geprüft worden. In der Schweiz existiert nur noch eine grössere Glocke, diejenige im Berner Münster.» Den zweiten Rang musste die Glocke zwar in späteren Jahren an grössere Glocken in den ebenfalls st. gallischen Gemeinden Berneck und Gossau abtreten. Es lag der evangelischen Kirchgemeinde fern, mit einer derart grossen Glocke zu protzen, doch das Gebiet der damaligen Gemeinde, von Staad bis zum Arboner Morgenthal und vom Wartensee über Mörschwil bis an die Grenzen der Stadt St. Gallen verlangte nach einer Glocke, die für die weiter entfernt wohnenden Kirchbürger zu hören war.

Die Worte, mit denen die Experten die Glocken der evangelischen Kirche abnahmen, gelten noch heute für das ganze Rorschacher Geläute: «Das Tongewoge, das nicht durch das aufdringliche Gebimmel kleiner, hoher, allzu schnell anschlagender Glocken gestört wird, atmet eine grosse Ruhe aus und erzeugt eine wirkliche Feiertagsstimmung.» Oder mit den Worten von Paul Hug, Redaktor des «Ostschweizerischen Tagblatts», anlässlich eines Jubiläums: «Die Glocken rufen wie damals zur Besinnung, verkünden Freud und Leid und sind die treuen Begleiter der Menschen geblieben.»

PERSÖNLICHKEITEN

Der verblichene Schriftzug «Loeb & Schoenfeld» am Geschäftshaus des Stickereihandelsgeschäfts in New York an der 24. Strasse zwischen Fifth und Sixth Avenue.

Der Aufschwung kam aus New York

Der deutsche Auswanderer *Max Schoenfeld* (1850–1911) fand über New York im Jahr 1876 den Weg nach Rorschach. Er brachte die Stadt zum wirtschaftlichen Erblühen und gründete das grösste Stickereiunternehmen der Schweiz.

Washington, Franklin, Lincoln: So heissen Strassen in Rorschach, im ehemaligen Arbeiterwohnquartier südlich der Industriebauten der Feldmühle. Wie kamen die Rorschacher Behörden vor hundert Jahren dazu, neuen Strassen die Namen amerikanischer Präsidenten und Staatsmänner zu geben? Der Vorschlag kam sicher von Max Schoenfeld, einem aus New York zugezogenen Textilkaufmann, der Rorschach wie kaum ein Zweiter geprägt hat. Mit seinem Unternehmen brachte er dem Städtchen Aufschwung und rasches Wachstum, er pflegte enge Verbindungen mit New York und liess für seine Arbeiterschaft das Quartier mit den amerikanischen Strassennamen bauen.

Geboren am 12. Januar 1850 in Preussen, war Max Schoenfeld als 16-Jähriger ausgewandert. In Amerika, im «Land der unbegrenzten Möglichkeiten», wollte er sein Glück suchen. Er bildete sich kaufmännisch aus und liess bald seinen Bruder David nachkommen. Zusammen betrieben sie in Philadelphia ein Textilgeschäft für Damenunterwäsche. 1872 besuchte er erstmals wieder seine Eltern in Deutschland und reiste nach St. Gallen, dem damaligen Weltzentrum der Stickerei. Der junge, bereits weitblickende Kaufmann aus New York kaufte in St. Gallen Stickereien, die er in den Vereinigten Staaten mit gutem Gewinn weiterveräusserte.

Stickereien statt Teigwaren

1875 lernte er in New York den 15 Jahre älteren Jacob Loeb kennen, auch er Textiler und Einwanderer aus Bayern. Loeb muss den Geschäftssinn Schoenfelds sofort erkannt haben. Er bot ihm an, ein Stickereihandelsgeschäft zu gründen. Schoenfeld sagte zu und brachte auch seinen Bruder in die neue Firma Loeb & Schoenfeld Co. ein. Die drei Textiler besassen ein sicheres Gespür für Kreationen gemäss den Launen der Mode. Die USA wurden zum Hauptabnehmer von St. Galler Stickereien, der Export nach Amerika steigerte sich von 1864 bis 1880 um das Sechzigfache. 1877 eröffnete Loeb & Schoenfeld eine Niederlassung in St. Gallen und kaufte massenweise Stickereien an der St. Galler Stickereibörse. In New York unterhielt die Firma grosse Warenlager.

Wagemutig entschlossen sich die drei Kaufleute bereits 1882, St. Galler Stickereien nicht nur einzukaufen, sondern selber zu produzieren. Sie entschieden sich für den Standort Rorschach, dank Schifffahrt und Bahnen ein wichtiger Umschlagplatz. Die Besitzer der Feldmühle, die damals Teigwaren herstellten, waren wegen der italienischen Konkurrenz in Konkurs geraten. Loeb & Schoenfeld erwarb die ganze Liegenschaft. In zwei Gebäuden stellte das Unternehmen 56 Stickmaschinen auf. Bald beschäftigte es 300 Mitarbeiter. 1885 nahm Max auch seinen technisch begabten jüngsten Bruder Morris in die Firma auf. Die erfolgreichen Industriellen sicherten sich Patente für neue Stickautomaten und investierten in weitere Maschinen. Die Erfindung der Schifflistickmaschine ermöglichte die Produktion von Massenware.

1900 zählte Rorschach 9140 Einwohner, 1910 waren es bereits 12 677.

«Die Aufnahmefähigkeit des amerikanischen Marktes schien unerschöpflich. Immer mehr amerikanische Einkäufer tauchten auf, die Feldmühle lieferte fast ausschliesslich für den Export nach Amerika», schreibt Louis Specker in seinem Buch «Rorschach im 19. Jahrhundert». Drei weitere Fabrikbauten wurden erstellt. In den Sticksälen standen neben den Handmaschinen 100 Schiffchenmaschinen. 1898 beschäftigte die Firma 900 Mitarbeiter. 1902 gaben die Steuern, die die Feldmühle auf den Jahresgewinn abzugeben hatten, auch im Gemeinderat zu reden. 1905 beauftragte Schoenfeld den bekannten Rorschacher Architekten Adolf Gaudy mit dem Bau des imposanten Hauptgebäudes und einer weiteren 240 Meter langen Fabrik. Die Belegschaft wuchs auf 1800 Mitarbeiter an.

Villenbesitzer und grosszügiger Spender

Gleichzeitig mit dem ungeheuren Erfolg von Loeb & Schoenfeld wuchs auch die Stadt. 1900 zählte Rorschach noch 9140 Einwohner, 1910 waren es bereits 12 677. Neue Wohnquartiere entstanden. In dieser hektischen Stickereizeit erhielt Rorschach eine Wasserversorgung. Die vielen neuen Industriegebäude, das Spital, die rasterartigen Wohnquartiere, die evangelische Kirche und die Jugendkirche, das Pestalozzischulhaus – sie alle stammen aus diesen Boomjahren. Die Gemeinde am See bekam ein

völlig neues Gesicht. Ab 1918 nannte sich der Ort Stadt, der Gemeindammann hiess fortan Stadtammann, der kleine Gemeinderat wurde zum Stadtrat.
Max Schoenfeld zog 1876 von New York nach Rorschach. Er heiratete Flora Loeb, der Ehe entspross eine Tochter. Doch das Glück war von kurzer Dauer. Flora Schoenfeld starb 1885 nur 27jährig nach langer Krankheit in Rorschach. Wie die Leinwandherren ein Jahrhundert vor ihm liess sich auch der erfolgreiche Industrielle ein Haus an der Mariabergstrasse erstellen. Das vornehme Gebäude stand in einem grossen Garten südöstlich der Bahnlinie und wurde rasch als Villa Schoenfeld bekannt. Es wurde 1961 abgerissen, um dem evangelischen Kirchgemeindehaus Platz zu machen, welches später wiederum Wohnblöcken weichen musste.

Schoenfeld war bekannt für seine Liebenswürdigkeit, besonders aber für seine Grosszügigkeit. 1908 schenkte er einen Teil seines Grundstücks an der Reitbahnstrasse der Schulgemeinde für den Bau des Pestalozzischulhauses. Nach einem Besuch des damals neuen Spitals spendete er

Die Feldmühle-Bauten während der Boomjahre der Stickereiindustrie.

spontan die Summe von 20000 Franken mit der Bemerkung: «Das Spital ist eine gute Sache.» 1910 verdankte der Gemeinderat eine Vergabung der Feldmühle für die gemeinnützigen und wohltätigen Anstalten der Gemeinde.

Max Schoenfeld lebte 35 Jahren in Rorschach. Er starb 61jährig am 27. September 1911 in Meran nach kurzer Krankheit. Die grosse Stickereikrise, die dem Ersten Weltkrieg folgte, sollte er nicht mehr erleben. Ganz Rorschach betrauerte seinen Tod. Die Todesanzeigen füllten fast eine ganze Seite des «Ostschweizerischen Wochenblatts». Die Beerdigung war eine eindrucksvolle Trauerkundgebung für den Gründer des grössten Stickereiunternehmens der Schweiz. «Vom Bahnhof St. Fiden aus wanderten in Massen die Arbeiter und Arbeiterinnen zum stillen israelitischen Friedhof im Buchental. Auf allen Zufahrten, auf Wegen und Wiesen standen die Menschen, um still und trauerbewegt die Rede des Rabbiners Dr. Schlesinger anzuhören», schrieb das «Ostschweizerische Wochenblatt».

100 Jahre nach seinem Tod: Schoenfelds Grabplatte im israelitischen Friedhof Hagenbuch in St. Gallen-St. Fiden.

Wenigstens eine Büste im Kornhaus

In Rorschach ist der Name Schoenfeld in Vergessenheit geraten. Keine Strasse, kein Denkmal oder wenigstens eine Gedenktafel ehren den einst grössten Arbeitgeber der Stadt, nur eine Büste von ihm befindet sich im Museum zum Kornhaus. Doch sein Grab ist noch erhalten. Mitten im Wohnquartier Buchental im Osten St. Gallens liegt von Hecken und einem hohen Eisenzaun umschlossen der alte jüdische Friedhof Hagenbuch. Efeu überwächst die Marmorplatte mit der metallenen Inschrift «Max Schoenfeld». Wenige Schritte entfernt steht auch die mit Blumen umrankte Grabsäule seiner so jung verstorbenen Gattin.

In New York hingegen ist der Name geblieben. Wer als Rorschacher in Manhattan weilt, kann auf der 24. Strasse zwischen der Fifth und der Sixth Avenue an einem hohen Gebäude die grossen, verblichenen Buchstaben des Schriftzugs Loeb & Schoenfeld Co. lesen und sich bewusst werden, welch wichtige Beziehungen einst zwischen New York und der Hafenstadt bestanden haben.

Der Kirchenarchitekt träumte vom Rheinhafen

Der Wahlrorschacher *Adolf Gaudy* (1872–1956) war in der ganzen Schweiz für seine Kirchenbauten berühmt, doch sein Lebensziel war ein Rorschacher Rheinhafen. Die wirtschaftlich erfolgversprechende Vision wurde nie verwirklicht.

Adolf Gaudy war 36 Jahre alt und Architekt in Rapperswil, als er einen Wettbewerb der Toggenburger Bank für deren Neubau in Rorschach gewann und gleichzeitig mit einem Fabrikbau der Feldmühle beauftragt wurde. Er entschloss sich, 1904 mit seiner Familie nach Rorschach umzusiedeln und baute sich eine Villa mit Türmchen an der Promenadenstrasse, die er «Monsalvat» nannte, der Name der Gralsburg in der Parzival-Saga. Rorschach wurde sein Lebensraum, er wohnte 52 Jahre in der Villa, und als er 84jährig starb, schrieb das «Ostschweizerische Tagblatt»: «Die Vielseitigkeit seines Wirkens in der Baukunst und der modernen Verkehrstechnik hat ihm ein Ansehen verschafft, das weit über unsere Landesgrenze hinausreicht.»

Ob Adolf Gaudy mit dem spanischen Architekten Antoni Gaudí verwandt war, dem Erbauer der weltbekannten unvollendeten Kathedrale Sagrada Familia in Barcelona, lässt sich nicht nachweisen. Die Vorfahren Gaudys stammten aus Savoyen und liessen sich 1784 in Rapperswil einbürgern. Da Gaudys Vater früh starb, verheiratete sich seine Mutter wieder, mit dem deutschen Eisenbahningenieur Georg Franziskus, der damals den Bau des Rapperswiler Eisenbahndamms leitete und in den späteren Eisenbahnbaujahren immer wieder den Wohnort wechselte. So wuchs Gaudy in Rapperswil und in Deutschland auf. In den Ferien bei seiner Schwester, die den Rapperswiler Architekten Emanuel Walcher geheiratet hatte, begeisterte er sich für den Architektenberuf, der damals nicht ohne Talent fürs Zeichnen erlernt werden konnte. Der junge Gaudy war ein begabter Zeichner, er malte und zeichnete zeitlebens fast täglich.

Er studierte an der ETH Zürich unter dem berühmten Professor Alfred Bluntschli. Nach Wander- und Studienjahren in europäischen Städten, unter anderen in Genf, Paris, Berlin, St. Petersburg und Moskau, trat er als Partner in das Architekturbüro seines Schwagers in Rapperswil ein. Walcher & Gaudy waren erfolgreich, doch die Aufträge aus Rorschach lockten ihn, ein eigenes Architekturbüro am Bodensee zu eröffnen.

Von den Boomjahren beflügelt

Der Start hätte idealer nicht sein können. Das von der heutigen Stadtregierung so oft benützte Wort «Aufschwung» traf damals wirklich auf das aufstrebende Rorschach zu. Die Stickerei brachte das grosse Geld, überall in der Stadt wurde gebaut, neue Quartiere entstanden. Zuerst baute Gaudy für die Toggenburger Bank (ab 1912 Schweizerische Bankgesellschaft, heute UBS) das Haus Hauptstrasse 73, auf dem noch heute das Wort «Bank» auf der Nordseite eingemeisselt ist. Es folgten rasch darauf die Feldmühlebauten, das Haus an der Hauptstrasse 102 mit seinem Seeblickturm, das Haus Bergfried an der Promenadenstrasse 55, der neue Zentralfriedhof mit Kapelle, das Hotel Schäflegarten, die Villa Hadlaub (später im Besitz der Ärzte Vogelsanger), dann die Maschinenfabrik Levy an der Weiherstrasse und die Stickereifabrik Zürn (später Cellux) an der Industriestrasse. Das Büro Gaudy war rasch eines der bekanntesten Architekturbüros der Ostschweiz geworden und begann, das Aussehen der Stadt zu beeinflussen.

Der Bauboom wurde durch den Ersten Weltkrieg jäh gestoppt, doch in den Jahren bis zum Zweiten Weltkrieg und mit dem Mitwirken seiner Söhne Carl-Adolf und Paul, beide auch Architekten, schuf Gaudy viele weitere Bauten in Rorschach, darunter die Druckerei Löpfe-Benz an der Signalstrasse, die Villa Lindenhof, das erste Rorschacher Flachdachhaus für den Chefarzt Max Richard und sogar den Brunnen an der Platzecke gegenüber dem Amtshaus.

Kirchenbauer und Buchautor

Im ganzen Land bekannt wurde Gaudy durch seine Kirchenbauten. Er verband Kunst mit Technik. Die Basis lieferten ihm seine Kenntnisse der Kunstgeschichte. Gaudy-Kirchen und -Kapellen finden sich in der ganzen Schweiz, in der Ostschweiz stehen die bekanntesten in St. Gallen-Neudorf und in Romanshorn. Den Doktortitel für Kunstgeschichte der Universität Freiburg erhielt er nicht als Ehrendoktor, wie viele meinten, viel mehr hatte er noch mit gut 50 Jahren einige Semester Kunstgeschichte studiert und die Doktorprüfungen bestanden. In den beruflich flauen Jahren des Ersten Weltkrieges begann er, an der Buchserie «Die kirchlichen Baudenkmäler der Schweiz» zu arbeiten. Der erste Band «Graubünden» erschien 1921 und enthält nebst den Fotos eine Fülle von Gaudys eigenen Skizzen und Aquarellen. Sein Sohn Paul erinnerte sich 1982 anlässlich einer Gaudy-Kunstausstellung im Kornhaus: «Unser Vater reiste unentwegt allen Kirchen nach und zeichnete und vermass die Objekte. Statt auf Ferienwanderungen in der Mittagshitze zu picknicken, mussten wir Buben Grundrisse mit ihm ausmessen.» Der zweite Band «St. Gallen – Appenzell – Thurgau» folgte 1923. Dann ging dem Verlag das Geld aus, und da niemand Gaudy subventionierte, blieb es bei diesen zwei Bänden.

Rorschacher Rheinhafen

Gaudy verfügte über eine ungeheure Schaffenskraft. Er hatte die Vision eines Rorschacher Rheinhafens, plante eine Bahn auf den Fünfländerblick und ein Tram nach St. Gallen. Es ist erstaunlich, was er neben seiner Arbeit auch noch für die Rorschacher Öffentlichkeit leistete. 1917 gründete er den Kunstverein Rorschach, von 1921 bis 1930 präsidierte er den Schulrat. Der tägliche Blick auf den See von seinem Haus aus muss ihn inspiriert haben. Selbstlos setzte er sich mit all seinen Kräften für die Schiffbarkeit des Rheins von Basel bis zum Bodensee ein. Schon 1908 war er einer der Gründer des Nordostschweizerischen Schifffahrtsverbandes, wurde Präsident der technischen Kommission und gründete 1942 den Verein «Rheinschifffahrtshafen Rorschach». Die Schifffahrt über den Rhein zum Bodensee wurde zu seinem Lebensziel.

Aquarell von Theo Glinz: Die idealistische Vision eines Rorschacher Rheinhafens.

Auch seiner eigenen Villa setzte Gaudy das Merkmal vieler seiner Häuser auf – einen Turm.

1943 legte der Erbauer der Basler Rheinhäfen, Ingenieur Oskar Bosshardt, im Auftrag von Gaudy einer Versammlung von 200 Industriellen und privaten Interessenten aus Rorschach und St. Gallen ein Projekt für den Umschlaghafen Rorschach vor. Gaudy schrieb im Rorschacher Neujahrsblatt 1944: «Das 450 Meter lange Hafenbecken ist vor dem Gelände des heutigen Strandbads vorgesehen, die Hafeneinfahrt westlich des Schlachthofs. Es lassen sich auf der vorgesehenen Quailänge jährlich 250 000 Tonnen umschlagen, vorwiegend Massengüter wie Kohle und Getreide. Es darf erwartet werden, dass St. Gallen sich für einen Umschlaghafen im eigenen Kanton energisch einsetzen wird. So sind alle guten Vorbedingungen für einen Güterumschlaghafen der Rhein-Bodenseeschifffahrt in Rorschach gegeben. Hoffen wir, dass sich unsere Arbeit dafür mit der Zeit dadurch lohnen wird, dass Rorschach in Zukunft den Platz im Wirtschaftsleben der Nordostschweiz einnehmen wird, der ihm von Rechts wegen zukommt. Per aspera ad astra.»

Gaudy war überzeugt, dass eines Tages Lastkähne, von Rotterdam kommend, in Rorschach anlegen würden. Noch konnte er die spätere ungeheure Entwicklung des Güterverkehrs auf Autobahnen und in Flugzeugen nicht erahnen und auch nicht, dass damit seine Pläne – sein Lebensziel – Utopie bleiben würden. Vom Rorschacher Rheinhafen sind heute nur viele Schriften und Baupläne und das schöne Bild von Theo Glinz geblieben. Doch «in der Geschichte der Stadt Rorschach wird der Name Gaudy ehrend eingetragen sein», wie Redaktor Hermann Niederer 1956 im «Ostschweizerischen Tagblatt» schrieb.

Der Erfinder, der die Starrag gründete

Henri Levy (1870–1947) kam 1890 als junger Einwanderer nach Rorschach. Der begabte Ingenieur erfand für die Handmaschinensticker eine Fädelmaschine, durch die in der Region die Kinderarbeit ausgemerzt wurde, und gründete später die Starrfräsmaschinen AG.

Im Museum im Kornhaus kann man einen aus vielen Metallteilen zusammengesetzten Apparat bestaunen. Dieses kleine technische Wunderwerk, eine sogenannte Fädelmaschine, verbannte vor hundert Jahren die Kinderarbeit aus der Region. Kinder mussten bis dahin schon in den frühen Morgenstunden vor Schulbeginn und abends tief in die Nacht hinein Nadeln einfädeln für die Handstickmaschine ihres Vaters. Jede Maschine war mit 200 bis 300 Nadeln bestückt. In jede Nadel musste ein rund ein Meter langer Faden eingeführt und verknotet werden. Flinke Hände und gute Augen brauchten die Kinder für die mühsame und eintönige Arbeit. Noch 1909 arbeiteten im Kanton St. Gallen über 3500 Kinder der untersten Primarklassen in den Sticklokalen ihrer Eltern.

Die Maschine im Museum ist mit einer Tafel beschriftet: Henri Levy – Maschinenfabrik Rorschach – Patent No. 22755. Levy wurde 1870 im Oberelsass geboren. Dort verbrachte er seine Schul- und Jugendjahre und absolvierte dann eine kaufmännische Lehre. Ein Verwandter, Louis Reichenbach vom gleichnamigen St. Galler Stickereihaus, vermittelte ihm um 1890 eine Stelle in Rorschach im Herrenkonfektionsgeschäft Brandenburger (später Georg Maurer) im Kettenhaus an der Hauptstrasse. Rorschach war während der Zeit des Stickereibooms eine Stadt der Einwanderer. Die Grenzen waren vor dem Ersten Weltkrieg offen, in der Stickereistadt fand man Arbeit und Verdienst.

Nach wenigen Jahren bei Brandenburger wechselte Levy als Verkaufsleiter zur Baum'schen Maschinenfabrik an der Reitbahnstrasse. Bei

Baum, der Handstickmaschinen und erste handbetriebene Fädelmaschinen fabrizierte, wurde sein Interesse an Maschinen und Technik geweckt. Er beschäftigte sich mit der Konstruktion einer neuen automatischen Fädelmaschine. 1897, erst 27jährig, gründete er seine eigene Firma und liess die mit einem Mitarbeiter konstruierte Maschine patentieren. Die ersten Apparate produzierte er in einer primitiven Werkstatt an der Langmoosstrasse. Erfolg für seine Maschine durfte er erwarten: In der Ostschweiz standen um 1890 über 20000 Handstickmaschinen, deren Hunderttausende von Nadeln von Hand eingefädelt werden mussten. Levys Maschinen wurden rasch bekannt und verkauften sich wie von selbst. Jeder Sticker in der Schweiz und im Vorarlberg wollte bald eine dieser der Konkurrenz technisch überlegenen Maschinen erwerben und sparte für den Kauf.

Jeder Sticker in der Schweiz und im Vorarlberg wollte eine dieser Maschinen.

1902, nach den ersten Erfolgsjahren, heiratete Levy Rösli Diem, eine Krankenschwester, in die er sich während einer schweren Lungenentzündung verliebt hatte. 1903 kaufte der 33jährige Unternehmer eine leerstehende Fabrik an der Weiherstrasse, die er 1911 vergrösserte. Levy besass ungeheure Arbeitskraft, Energie und Ausdauer. «In den ersten Jahren war ich Mädchen für alles», erzählte er später. «Ich war Verkäufer, Kassier, Buchhalter und Korrespondent in einem.»

Nach der Krise «diversifiziert»

In der Blütezeit der Stickerei tüftelten unzählige Erfinder an neuen Sticksystemen und Hilfsmaschinen. Ständig wurden neue Patente angemeldet. Levys Betrieb blieb dabei nicht untätig, seine Konstrukteure erfanden ein neues Produkt, das Fadenbobinen für die neuen Schifflistickmaschinen herstellte. Viele Familien besserten damals den mageren Verdienst des Vaters mit Heimarbeit für die Stickereiexporteure auf. Frauen und Kinder schnitten mit Scheren die Stickereien in Bänder und Streifen. Levys Konstrukteure entwickelten eine Ausschneidmaschine, die unter dem Namen Rapid in der Stickereiindustrie über Generationen benutzt wurde. Eine weitere «Patentschrift No. 50057 des Eidg. Amtes für Geistiges Eigentum» aus dem Jahre 1910 schildert ein Patent Levys für eine Maschine, die automatisch Schiffchen mit Faden füllen sollte.

Die grosse Stickereikrise nach dem Ersten Weltkrieg traf Levy nicht ganz unvorbereitet. Er schien vorausgeahnt zu haben, dass die Handmaschinenstickerei sich nie wieder erholen würde. Tatsächlich wurden zwischen 1920 und 1937 in der Ostschweiz 13000 Maschinen verschrottet. Levy hatte sein junges Unternehmen immer wieder den Veränderungen angepasst. Bereits 1917 hatten ihm zwei Techniker, Oskar Hoppe und Richard Kempin, ihre Erfindung, eine sogenannte Starrfräsmaschi-

Verdrängte die Kinderarbeit: Levys grösste Erfindung, die Fädelmaschine für die Stickereiindustrie.

ne zur Verwertung angeboten. Levy erkannte die Bedeutung dieser Erfindung für den Fortbestand seines Unternehmens, ohne je das Schlagwort Diversifikation gehört zu haben. 1921 gründete er die Starrfräsmaschinen AG. Bald waren die Räume an der Weiherstrasse zu eng. 1925 liess er an der Seebleichestrasse den ersten Bau der heutigen Starrag Heckert erstellen.

Verlust der Kinder und Judenverfolgung

Mit den Dreissigerjahren begann eine dunkle Periode im Leben des Unternehmers. Henri und Rösli Levy-Diem verloren aufgrund tragischer Ereignisse oder Krankheiten alle drei Kinder. Das Leid machte Levy zu einem stillen, reifen Menschen; er verlor seine angeborene Frohnatur. 1933 zog er nach St. Gallen um, in das Haus seines Freundes Richard Zollikofer. Die Maschinenindustrie wurde durch die Weltwirtschaftskrise hart getroffen. Der Umsatz brach ein, die Jahre 1931 bis 1936 brachten grosse Verluste. Doch das Unternehmen erholte sich, zehn Jahre später beschäftigte es bereits wieder 470 Mitarbeiter.

In Deutschland war Hitler an die Macht gelangt. Die Nachrichten von Judenverfolgungen, Enteignungen und Konzentrationslagern beunruhigten den Juden Henri Levy. Er bangte vor einem möglichen Einmarsch der Deutschen und dessen Folgen für die jüdischen Schweizer. Er stand auf der Seite der Verfolgten und fühlte sich mit der jüdischen Gemein-

Die Starrag-Gebäude, entstanden 1925 inmitten von Wiesen mit Obstbäumen am Fusse des Rorschacherbergs.

schaft sehr verbunden. Eine Tochter war nach Palästina ausgewandert und dort gestorben. Nach dem Krieg reiste er mit seiner Frau wiederholt nach Palästina, um sich um die vier Enkel zu kümmern.

Vorbildlich integrierter Einwanderer

Heute würde man Levy als Musterbeispiel für Integration bezeichnen. Früh wurde er Schweizer Bürger, absolvierte Rekrutenschule und Militärdienst. Die Bürger wählten ihn in die Geschäftsprüfungskommission der Stadt. Bereits 1902, zu einer Zeit, da die Einführung einer Krankenkasse eine Pionierleistung auf sozialem Gebiet darstellte, gründete der soziale Patron für seine Mitarbeiter eine Kranken-Unterstützungskasse, die später in die Krankenkasse der Angestellten und Arbeiter der Starrfräsmaschinen AG überführt wurde. Als die Schweiz 1947 mit einer Volksabstimmung die AHV einführte, lagen bereits Verträge auf Levys Schreibtisch, mit denen der Unternehmer für sein Personal eine eigene Alters-, Todesfall- und Waisenrentenversicherung einführen wollte – dies wenige Tage vor seinem unerwarteten Tod.

Henri Levy leitete sein Unternehmen bis zu seinem Tod am 27. November 1947. Im Nachruf schrieb der damalige Rorschacher Ständerat Ernst Löpfe-Benz noch unter dem Eindruck des 1945 zu Ende gegangenen Zweiten Weltkriegs: «Henri Levy hat sich, als er in jungen Jahren

Zwei Techniker in den Dreissigerjahren vor einer Starrfräsmaschine.

nach Rorschach kam, sehr rasch in schweizerisches Wesen und schweizerische Denkart eingelebt. Die Schweiz war ihm zum lieben Vaterland geworden. Er schätzte ihre freiheitliche Tradition, ihre demokratische Grundhaltung, ihre Rechtsgleichheit, ihre Glaubens- und Gewissensfreiheit aller Bürger. Er war ein guter aufrechter Schweizer, in den friedlichen und in den gefährlichen Zeiten. Er blieb im Verkehr mit arm und reich immer der gleiche, einfache Mann. Seine hohe soziale Stellung hat sein Wesen nicht im geringsten beeinflusst.»

Die Werbung mit dem Roco-Vogel aus Rorschach hing einst an sämtlichen Plakatwänden der Schweiz.

Der Jurassier hinter Roco-Vogel und Frisco

Das Lebenswerk von *Etienne Perret* (1884–1953) war die Conservenfabrik Rorschach. Er machte die Roco zum wichtigsten Arbeitgeber der Stadt und erfand später die Marke Frisco.

«Rorschach? Da kommen doch die Roco-Konserven her!» Eine Antwort, die man früher oft erhielt. Roco-Werbung hing an Plakatwänden in der ganzen Schweiz. Roco-Büchsen fanden sich in jedem Haushalt. Jedes Kind kannte den Roco-Vogel, das vom Künstler Alois Carigiet gezeichnete Werbesignet der Conservenfabrik Rorschach. Dabei entsprang der Name einem Rechtsstreit. 1925 nannte sich die Conservenfabrik Rorschach Coro und wurde prompt vom Konkurrenten Hero Conserven aus Lenzburg eingeklagt, der Name sei «zu nahe verwandt und damit verwirrend». Das Bundesgericht schützte die Hero. Kurzentschlossen entschied sich der Fabrikbesitzer, das Ro vor Co zu setzen: Der Markenname Roco war geboren.

Der Mann, der so tatkräftig vierzig Jahre lang das Unternehmen führte, hiess Etienne Perret. Geboren 1884 im Dorf La Sagne im Neuenburger Jura, wuchs er in ärmlichen Verhältnissen auf. Sein Vater starb, als Etienne erst sieben ist. Der junge Halbwaise half seiner Mutter, die fünf Geschwister durchzubringen, indem er Tee von Haus zu Haus verkaufte. Als Zwölfjähriger arbeitete er bei einem Landwirt in Gümmenen, um Deutsch zu lernen. Nach einer Lehre bei der Post in Neuenburg kam er als 17-Jähriger nach St. Gallen. Die Arbeit als Postbeamter behagte ihm nicht, bald trat er als Verkäufer in die St. Galler Lebensmittelfirma Carl Haase ein.

Armee-Conserven-Fabrik

Die Conservenfabrik Bernhard in Rorschach wurde 1886 von den Gebrüdern Wallrad und Philipp Bernhard gegründet. Sie produzierten erfolgreich Gemüsekonserven, Fruchtkompotte und Konfitüren. Bester Kunde war die Armee, so dass der Name später sogar in Schweizerische Armee-Conserven-Fabrik Bernhard & Co. abgeändert wurde. Dann starben innert weniger Jahre (1901 und 1905) beide Brüder, und auch ihre Söhne Julius und Othmar, die das Geschäft weiterführten, fanden 1905 und 1913 einen frühen Tod. Carl Haase erwarb das Familienunternehmen und übergab seinem jungen Angestellten Perret die Leitung des zugekauften Betriebs. Die wirtschaftlichen Folgen des Weltkriegs brachten Haases Firmen in Schwierigkeiten. Carl Haase nahm sich deswegen das Leben. Etienne Perret wagte die Übernahme und gründete 1916 zusammen mit dem Rorschacher Rechtsanwalt Bruno Heberlein die Conservenfabrik Rorschach. Heberlein wurde Verwaltungsratspräsident, Perret Geschäftsführer. Er war erst 32 Jahre alt. Im gleichen Jahr heiratete er Lydia Fischer, die Tochter eines Rorschacher Schuhmachers.

5500 Pflanzerfamilien bauen Gemüse für die Roco an.

Perrets erste Geschäftsjahre waren vom Ersten Weltkrieg geprägt. Selber wegen einer Scharlacherkrankung als nicht diensttauglich eingestuft – damals in den Augen der Gesellschaft ein Makel –, produzierte der junge Chef hauptsächlich Fleischkonserven für die Armee und leitete sein Unternehmen militärisch streng. Er beschäftigte 40 ständige Mitarbeiter, bis zu 200 während der Erntezeiten. Saisonarbeiter waren damals rechtlich und finanziell schlecht gestellt. Perret kannte Armut aus seiner Jugend und errichtete bereits 1919 einen Wohlfahrtsfonds für in Not geratene Arbeiter und Angestellte. Nach ersten erfolgreichen Jahren stürzte seine Firma 1921 in eine schwere Krise. Die steigenden Lohn- und Energiekosten liessen sich nicht mit höheren Verkaufspreisen auffangen. Perret und Heberlein überlegten sich, die Firma aufzugeben, entschlossen sich aber schliesslich, durchzuhalten.

Tausende Kleinbauern lieferten Gemüse

Den Wiederaufschwung schaffte Perret mit neuen Produkten. Er brachte «Roco Corned Beef» auf den Markt, bald darauf die ersten «Diners Roco», Fertigmahlzeiten in der Büchse aus Fleisch mit Reis oder Kartoffeln. Seine beste Idee hatte er 1934 mit den ersten Konserven-Ravioli. Das Rezept holte er sich bei der eigenen Gattin. Für die Werbung engagierte er den noch jungen Zürcher Werbeberater Peter Wirz. Mit dem Roco-Vogel gelang es Wirz und Perret, die Produkte in der ganzen Schweiz bekanntzumachen. Die Anlagen an der Industriestrasse wurden zu klein. Perret liess eine neue Lagerhalle und eine Konfitürenfabrik unterhalb der Löwenstrasse bauen. Bereits in den Dreissigerjahren konnte die Roco täglich 120 000 Büchsen Konservennahrung herstellen.

Bis dahin bezog die Roco Erbsen und Bohnen aus Süddeutschland, die auf Ledischiffen zum Rorschacher Hafen gebracht wurden. Perret

Das vom Künstler Alois Carigiet 1926 gezeichnete Werbesignet und die Roco-Melodie waren besonders bei Kindern beliebt.

Der Roco-Vogel ziert den Wagen der Roco am historischen Umzug 1938 vor der Bierhalle Mariaberg.

überzeugte Kleinbauern im Rheintal und im Oberthurgau, für die Roco Erbsen anzupflanzen. Der Diepoldsauer Sepp Oehy erinnert sich: «Mein Vater war einer der vielen Rheintaler Kleinbauern, die in der Stickereikrise ihren wichtigen Nebenverdienst verloren. Auch wir pflanzten Erbsen, später Bohnen und Spinat. Die Roco lieferte das Saatgut. Wir pflückten das Gemüse von Hand und lieferten es an eine Sammelstelle im Dorf.» Perret liebte das Rheintal und seine Bewohner, er verbrachte viel Zeit im sonnigen Tal, handelte mit den Bauern im Winter Abnahmeverträge aus. Seine Initiative half den Kleinbauern in der Ostschweiz, die Krise der Dreissigerjahre zu überwinden. Bis zu 5500 Pflanzerfamilien bauten Gemüse für die Roco an.

Roco-Arbeit und Gerüche prägten das ganze Quartier

Perret macht die Roco in den Dreissigerjahren zum wichtigsten Arbeitgeber Rorschachs. Die Dosen aus Weissblech wurden in der eigenen Werkstätte hergestellt. Obst, Gemüse und Beeren kamen aus dem Thurgau und dem Rheintal. Schlachtvieh wurde von den Bauern in der Region gekauft, im Schlachthaus Rorschach geschlachtet und in der eigenen

Die Rakete aus Rorschach – das Erfolgsprodukt der Frisco.

Das Conservensträsschen entlang der Fabrikmauer verband die Neustadtstrasse mit der Rosenstrasse.

Metzgerei verarbeitet. Perret fand neue Arbeit für die vielen Heimarbeiterinnen, die unter der Stickereikrise litten. Mit Leiterwägeli standen Mütter und Kinder im Sommer Schlange vor der Roco-Ausgabestelle, wo die unbestechliche Frau Nägeli Körbe voll Bohnen und Karotten zuteilte. Wer nicht rechtzeitig ablieferte, Bohnen zu kurz spitzte oder Rüebli zu tief aushöhlte, wurde mit Kürzung der Heimarbeit bestraft (siehe Text im ersten Buchkapitel).

Oft war Perret zu allen Tageszeiten im Betrieb. Bereits um fünf Uhr morgens brachten die Lastwagen des legendären Rorschacher Transportunternehmers Louis Bossart, genannt «Havas», Erbsen, Bohnen und Karotten zur Verarbeitung. Es gab lange Arbeitszeiten, auch an Feiertagen. Perret verlangte, dass die frischen Waren sofort verarbeitet würden, nichts durfte verderben, auch wenn die Arbeit bis in die Morgenstunden dauerte. Er sorgte dafür, dass die Arbeiterinnen während der Nachtstunden verpflegt wurden. Bewohner des Arbeiterquartiers nahe der Roco wussten stets, was gerade in der Roco konserviert wurde. In der Luft lag je nach Anlieferungstag der Duft von Beeren, Früchten oder Gemüse. Beim Enthülsen und Auswaschen der Erbsen wurde viel Wasser gebraucht. Und da vieles weggeschwemmt wurde, reklamierte die Badhütte öfters wegen Erbsen und Salatblättern im See. Als Futter für die Kühe holten Bauern mit Fuhrwerken hingegen die Hülsen der Erbsli.

Mitten im Zweiten Weltkrieg hörte Etienne Perret vom Erfolg der Tiefkühlprodukte in den USA und wagte als Erster die Herstellung in der

Schweiz. Er gründete 1942 eine Kühlobst und Gemüse AG und produzierte in Rorschach tiefgekühlte Gemüse, Früchte und Spezialitäten. Gewarnt durch seinen Prozess mit Hero Lenzburg, suchte er einen Markennamen, der nicht geschützt war. Ein Amerikaner brachte ihn auf Frisco, die in den USA gebräuchliche Abkürzung für San Francisco. Die Hero brachte kurz darauf unter der Marke Birdseye eigene Tiefkühlprodukte auf den Markt, Roco und Hero lieferten sich einen harten Konkurrenzkampf. Die Frisco arbeitete siebzehn Jahre lang mit Verlust, die neuen Produkte stiessen bei Detaillisten und Konsumenten nur langsam auf Akzeptanz. Trotz der Verluste und der hohen Investitionskosten glaubte Perret an die Zukunft der Tiefkühlprodukte und behauptete: «Diese Art von Lebensmitteln wird eines Tages einen wichtigen Platz in unserer Ernährung einnehmen.»

Die ersten Fremdarbeiterinnen

Ende der Vierzigerjahre wurde es wegen des wirtschaflichen Aufschwungs immer schwieriger, Arbeitskräfte für die Roco-Fliessbänder zu finden. Perret beauftragte seine Sekretärin Dora Oderbolz, die einzige Prokuristin in seinem Unternehmen, junge Frauen in Italien anzuwerben. Die sprachgewandte Frau reiste in die Provinz Bergamo und verhandelte mit Pfarrern und Bürgermeistern. Die fremden Arbeiterinnen gehörten bald zum Rorschacher Stadtbild, während der Arbeitszeit in blauen Arbeitsschürzen und mit Haarnetzen, in der Freizeit mit eingehakten Armen, fröhlich singend im Seepark oder auf dem Weg ins Kino.

Etienne und Lydia Perret wohnten mit ihren vier Söhnen in einer Villa in Horn nahe am See. Perret liebte das Wandern in den Bergen und die Jagd am Rorschacherberg und im Toggenburg. Rorschach war sein Wirkungsfeld, die Roco sein Lebenswerk. Den Erfolg der Tiefkühlindustrie Ende der Fünfzigerjahre, den er 15 Jahre zuvor vorausgesagt hatte, erlebte er nicht mehr. Seine Kreation Frisco wurde erst nach seinem Tod zu einem schweizerischen Begriff. Am Bettag 1953, 70-jährig, erlag er einer akuten Erkrankung. 600 Mitarbeiter und Mitarbeiterinnen trauerten um ihren Chef. Seine Nachfolge übernahmen die Söhne Roger und Roland Perret.

Ein Amerikaner brachte ihn auf Frisco, die Abkürzung für San Francisco.

Irma Gallusser, die 42 Jahre in der Roco tätig war, verehrte ihren Chef, der deutsch mit einem welschen Akzent sprach: «Er war streng, und doch nannten wir ihn Vater Perret.» Der Roco-Vogel fliegt nicht mehr, der Name ist Vergangenheit. Etienne Perret aber bleibt mit seinem Lebenswerk unvergessen: Und der Name Roco-Quartier wird der Umgebung der Industriestrasse noch lange bleiben.

Werbung für Buobs Dörrobst «Delicat» mit dem HBR-Signet.

Der frühe Importeur und Dörrobst-Pionier

Mit einem speziellen Trockenverfahren rettete *Hans Buob* (1883–1966) im Ersten Weltkrieg grosse Mengen Lebensmittel vor dem Verderb. Mit seinem Handel initiierte er in Liechtenstein die Einführung des Schweizer Frankens als Landeswährung.

....

Das Wasser lief einem im Mund zusammen, wenn man von der Hauptstrasse zwei Stufen tiefer den Laden des Kolonialwaren- und Trockenfrüchtehändlers Buob betrat: Der Duft von frisch geröstetem Kaffee und süssen Früchten stieg einem in die Nase. Hinter einem langen Ladenkorpus waren die Regale mit den blanken Messingbehältern, gefüllt mit verschiedenen Kaffeesorten. An den Wänden standen Säcke mit gedörrten Birnen und Zwetschgen, in grossen Körben lagerten Kandiszucker, Datteln, Feigen, daneben glasbedeckte Kistchen mit einer Auswahl von Dörrfrüchten. Bei Buob erstand man sich nach dem Krieg die Liebespakete mit Milchpulver und Kondensmilch, die man Bedürftigen in die besetzten Zonen von Deutschland und Österreich sandte. Und wer Früchtekörbe für Tombolas oder Weihnachtsgeschenke suchte, fand die schönsten bei Buob. Mit seinen verführerischen Gerüchen vermittelte der Laden den Duft der grossen weiten Welt.

Vom Gulden zum Franken

Es war Josef Buob von Rorschacherberg (1820-1906), der am 10. August 1847 im Haus Hauptstrasse 34 einen Spezereiladen mit Mercerie-Abteilung eröffnete. Den Anreiz mag ihm die Handels- und Gewerbefreiheit geboten haben: Die Tagsatzung beriet in jenem Jahr die neue Bundesverfassung. Zudem erwartete er von den neuen Bahnprojekten einen grossen Wirtschaftsaufschwung – die erste Bahnlinie der Schweiz, die «Spanisch-Brötli-Bahn» zwischen Zürich und Baden, war im gleichen Jahr eröffnet worden. Josef Buob war mutig, schliesslich musste er sich in dem damals schon 2700 Einwohner zählenden Handelsplatz Rorschach gegen alteingesessene Firmen wie Bayer & Co, Hedinger & Co oder Zardetti, Wehrle & Weltin durchsetzen.

Doch Buob war fortschrittlich gesinnt und galt als politisch liberaler Mann. Seinen Laden hielt er jeden Tag offen, auch an Sonntagen, wenn Rheintaler und Appenzeller in Rorschach einkaufen kamen. Die ersten Umsatzbücher zeigen noch Kreuzer, Florin und Gulden, erst am 1. Januar 1854 wurde der Franken eingeführt. Das Geschäft entwickelte sich gut, bereits 1851 kaufte Buob das Keebach'sche Haus, Hauptstrasse 20, das über hundert Jahre lang Firmensitz bleiben wird.

Im Kornhaus muss Buob den Handel mit Importgütern kennengelernt haben, denn er wandte seine Kenntnisse bald auf das eigene Geschäft an. Er begann, auch Detailläden in der Nähe von Rorschach zu beliefern, kaufte in grösserem Umfang ein; der Detaillist wurde zum Engroshändler. Er führte seine drei Söhne ins Geschäft ein, dieses bot aber zu wenig Beschäftigung für alle, Josef Eduard blieb bei seinem Vater, Paul und Wilhelm wanderten nach Italien aus. Nach 1870 stiegen Vater und Sohn in den Wein- und Spirituosenhandel ein, verkauften auch Brennsprit und Petrol. 1880 übergab der Gründer dem Sohn das «Colonialwaren-, Mercerie- und Spirituosengeschäft», wie es im Kaufbrief heisst.

Statt auf Alkohol auf Konserven gesetzt

Heute können wir uns nicht vorstellen, dass es eine Zeit gab, in der sich der Staat kaum ins Handelsgeschehen einmischte. Sie endete mit dem ersten staatlichen Eingriff – der Einführung des eidgenössischen Alkoholmonopols 1887. Es verbot Privaten, alkoholische Getränke zu importieren und Sprit oder Spirituosen zu produzieren. Ein harter Schlag für Buobs regen Alkoholhandel. Josef Eduard Buob konzentrierte sich deshalb auf Speiseöle und Kaffee und auf die vielen Artikel, die um 1900 für die Konsumenten neu waren: Dörrobst aller Art, getrocknete Südfrüchte, amerikanische Fleischkonserven, Frucht- und Gemüsekonserven, Maggi- und Knorr-Produkte.

Pfeffermann und Buob experimentierten in den Heizungsräumen einer stillgelegten Brauerei.

So richtig zum Blühen kam das Geschäft ab 1906 mit dem Eintritt von Hans Buob, dem zweitjüngsten Sohn von Josef Eduard. Nach einer Lehrzeit in Zürich hatte er in Marseille und London in Überseegeschäften den Import und Export von Kolonialwaren gründlich kennengelernt. Bereits 1911 übergab ihm sein Vater die Firma. Doch dann brach der Erste Weltkrieg aus; die Rationierung der Lebensmittel und die Kontingentierung des Imports liessen die Verkäufe einbrechen. Die Handelsplätze an den europäischen Importhäfen

Aquarell von 1872: Das Keebach'sche Haus war seit 1851 im Besitz des Unternehmens.

Das Haus Buob brannte am 4. Dezember 1975 ab und wurde in seiner ursprünglichen Form wieder aufgebaut.

wurden geschlossen. Es gelang Buob, wertvolle, dauerhafte Verbindungen nach Übersee zu knüpfen. Er war schliesslich einer der wenigen Importeure, die noch Kolonialwaren in die Schweiz zu schaffen vermochten.

Der serbische «Pflaumenkönig» Pfeffermann

Es waren zwei Produkte, die Buob in der ganzen Schweiz bekannt machten und das kleine Engrosgeschäft zu einem bedeutenden Unternehmen der Lebensmittelbranche anwachsen liessen: Trockenfrüchte und Kaffee. Während des Ersten Weltkriegs lernte Buob den serbischen «Pflaumenkönig» Leopold Pfeffermann kennen, der in die Schweiz geflüchtet war. Pfeffermann war der Erfinder der Etuvierung, ein Trockensterilisierverfahren, mit dem Dörrfrüchte haltbar gemacht werden konnten. Bisher hatte man Dörrobst nur in Säcken gelagert, im Sommer gärte es und wurde unverkäuflich. Pfeffermann zeigte Buob, wie Dörrfrüchte, die ungeniessbar schienen, mit seinem Verfahren wieder essbar gemacht werden konnten. Zusammen experimentierten sie in den Heizungsräumen einer stillgelegten Rorschacher Brauerei – und es gelang ihnen, mitten in der Kriegszeit grosse Mengen Lebensmittel vor dem Verderb zu retten.

Der Erfolg ermunterte Buob, ein Lagerhaus zu errichten und eine Etuvage-Anlage zu installieren, die täglich bis zu 15 Tonnen Dörrobst verarbeiten konnte. Die aus Jugoslawien und Kalifornien eingeführten Zwetschgen wurden so länger haltbar gemacht und in Kisten für den Detailhandel verpackt. Dörrfrüchte waren jahrzehntelang ein Grundnahrungsmittel. So lagerte die Schweizer Armee im Zweiten Weltkrieg in

Das Lagerhaus Buobs an der Eisenbahnstrasse 1947. Im Giebel das Rorschacher Wappen.

den Reduit-Festungen 7000 Kisten mit je 25 Kilogramm gedörrter Zwetschgen aus Buobs Produktion. Als 1943 nach der langen Lagerung die Haltbarkeit nachliess, konnte die gesamte Menge in Buobs Etuvieranlage wieder in einen essbaren Zustand gebracht werden. Die Anlage machte Buob zum grössten Trockenfrüchtehändler der Schweiz. Buob war in der Region ähnlich wie die Roco ein wichtiger Arbeitgeber für Heimarbeit, Frauen und Kinder entsteinten Zwetschgen und schälten Nüsse.

1921 brachte er erstmals ein Sortiment von 30 verschiedenen Trockenfrüchten und Kernen aller Art auf den Markt. Die spitzförmige Packung der Marke «Delicat» hiess bald überall Studentenfutter und ist als Snack noch heute beliebt. Kaffee war seit der Gründung der Firma gehandelt worden. Noch um 1900 war es üblich, den grünen Kaffee im eigenen Haushalt zu rösten und zu mahlen. «Das Geräusch des Mahlens erfüllte gleichzeitig mit den Düften des Pulvers die Küche», schrieb Hans Buob. Das Rösten von Kaffee war denn auch bald eine von Buobs Spezialitäten; seine «Moro»-Mischung war so bekannt wie die heute gängigen Marken. Die Rösterei befand sich im Lagerhaus an der Eisenbahnstrasse.

Wie Liechtenstein zum Franken kam

Nach dem Zusammenbruch der österreichischen Monarchie 1918, mit der das Fürstentum Liechtenstein wirtschaftlich eng verbunden war, erhielt das «Ländle» keine Waren mehr. 1919 erschien ein Liechtensteiner Ladenbesitzer bei Buob, zahlte mit Gold für Lebensmittel und erklärte, dass Arbeiter in einer grossen schweizerischen Spinnerei im Fürstentum in Franken bezahlt würden. Sie würden die benötigten Lebensmittel in Franken bezahlen, und in dieser Währung wolle er, der Ladenbesitzer, bei Buob weiter einkaufen. Buob begann, auch andere Läden im Liechtensteinischen zu beliefern, zudem versorgte die Rorschacher Brauerei Löwengarten Liechtensteiner Restaurants mit Bier auf Kredit. So wurde der Franken in Liechtenstein eingeführt und gilt seit dem Zollvertrag mit der Schweiz vom 1. Februar 1923 als Landeswährung.

Hans Buob, weitgereist und weltoffen, blieb immer ein echter Rorschacher. Eine ehemalige Lehrtochter, Margrit Dornbierer in Buechen, erinnert sich an den sprachgewandten, wohlbeleibten Hans Buob: «Man machte unter dem strengen, oft aufbrausenden Lehrmeister eine gute Lehre.» Buob wirkte mit im Vorstand des Verkehrsvereins und im Männerchor Helvetia, in der Armee war er Major. Dass er seine Stadt liebte, zeigt das Rorschacher Wappen, das noch heute das schöne Lagerhaus an der Eisenbahnstrasse ziert.

Während Jahrzehnten warb Hans Buob mit diesem altem Stich und Schriftzug.

Zur Sun-Snack in St. Margrethen geworden

Buob wohnte in einer Wohnung im Stammhaus an der Hauptstrasse. Seine Ehe mit Paula von Rickenbach, bekannt als liebevolle und grosszügige Frau, blieb kinderlos. Nach seinem Tode 1966 wurde das Unternehmen von seinem Neffen Hans Ulrich Buob weitergeführt. Dieser gab wegen der aufkommenden Konkurrenz durch die Grossverteiler den Detailladen auf und beschränkte sich auf das Engrosgeschäft. Aus Altersgründen verkaufte Hans Ulrich Buob 1980 das bereits 133 Jahre alte Geschäft an Hansruedi Schläpfer, der es nach St. Margrethen verlegte. 1993 übernahm es Heinrich Ulrich und nannte das Unternehmen Sun-Snack AG. Es wird heute von Ulrichs Sohn Reto geführt und ist nach wie vor der grösste Trockenfrüchteimporteur der Schweiz.

In Rorschach stehen nur noch zwei Liegenschaften des Unternehmens, das den Namen der Stadt in die ganze Schweiz trug. Der schöne, alte Sitz der Firma an der Hauptstrasse brannte am 4. Dezember 1975 nieder. Das Haus stand unter Denkmalschutz und wurde wieder in seiner ursprünglichen Form aufgebaut. Im Lagerhaus an der Eisenbahnstrasse duftet es nicht mehr nach Kaffee und Dörrfrüchten. Ein Hauch der weiten Welt ist geblieben. Das dort eingemietete spanische Restaurant El Cid lockt mit südländischen Speisen.

Markt auf der östlichen Hauptstrasse, die Carl Hintermeister 1909 betonieren liess.

Aus Afrika in die boomende Kleinstadt

Er kam wegen der herrlichen Lage der Stadt: *Carl Hintermeister* (1845–1931), Weinhändler und Afrikareisender, half als unglaublich arbeitsamer Gemeindammann wesentlich mit, das Dorf Rorschach innert kurzer Zeit in eine Industriestadt zu verwandeln.

In der Stadt gibt es weder eine Strasse noch eine Tafel mit dem Namen des Ortsoberhaupts, das Rorschach vom kleinen Handelsort zur bedeutenden Stadt gemacht hat. Im Archiv der Stadt hingegen ist seine Unterschrift auf unzähligen Dokumenten zu finden: Carl Hintermeister steht da geschrieben, Gemeindammann 1897–1909, in den Jahren des Aufschwungs. Dabei war Carl Hintermeister kein gebürtiger Rorschacher. Er wurde 1845 in Elsau bei Räterschen geboren. Die Sekundarschule besuchte er in Winterthur – täglich ein Fussweg von je einer Stunde.

Nach einer strengen Lehrzeit in einem Winterthurer Handelshaus und einigen Jahren in Marseille nahm er eine Stelle in einem Handelshaus im portugiesischen Kolonialgebiet Moçambique an. Die Reise auf einem Dreimaster von Marseille nach Südostafrika – 1869 gab es noch keinen Suezkanal – verlief abenteuerlich. Wegen stürmischen Wetters dauerte es 22 Tage, bis das Segelschiff Gibraltar erreichte und nach 83 Tagen endlich in Moçambique anlangte. Hintermeister blieb acht Jahre in Afrika. Zurück in der Schweiz, wurde er Teilhaber einer Textilhandelsfirma in Wattwil und erwarb eine Baumwollweberei in Dussnang, 1894 kaufte er schliesslich in Rorschach eine Weinhandlung. Es sei die herrliche Lage gewesen, die ihn hierhergezogen habe, sagte er in späteren Jahren.

Reformer im Aufschwung

Als weltgewandter und sympathischer Mann in den besten Jahren – er war 49-jährig – muss der Weinhändler die Rorschacher beeindruckt haben. Er liebte Turnen und Gesang. Bei den Leuten kam er mit seiner spontanen, freundlich-offenen Art an, denn schon 1895 wählte ihn die Bürgerschaft in den Gemeinderat und am 2. Mai 1897 als Gemeindammann. Alle Parteien unterstützten ihn, es gab keine Kampfwahl. Kaum im Amt, nahm er als erstes die dringend notwendige Reform der Gemeindeverwaltung in Angriff – es sei «die schwerste Arbeit» in seinem Leben gewesen. Doch das war nur der Anfang – zahlreiche Herausforderungen, welche die rasante Entwicklung des Dorfes zur Industriestadt mit sich brachte, fielen in seine zwölfjährige Amtszeit. Alle drei Jahre wurde Hintermeister wiedergewählt, jedesmal mit einer höheren Stimmenzahl.

Das Wappen von Rorschach am Rathaus.

Rorschach verdankte seinen Aufschwung der weltweiten Nachfrage nach Stickereien. Die Feldmühle war wegen ihrer Patente auf automatischen Stickereimaschinen zur grössten Stickereifabrik der Schweiz aufgestiegen und zog Arbeiter und Arbeiterinnen aus der ganzen Ostschweiz an. 1899 zählte man 8453 Einwohner – zehn Jahre später 12 677: Allein 1907 wuchs die Stadt innert eines Jahres um 1200 Einwohner. Der rasche Wandel von einer kleinen, handwerklich geprägten Ortschaft zu einer Arbeiterstadt zwang Hintermeister zur ständigen Anpassung der Infrastruktur. Es wurde gebaut wie noch nie – neue Quartiere entstanden, wo bisher Kühe geweidet hatten. Hintermeister schrieb 1901: «Aus sanitären Gründen ist es nötig, die offenen Bäche in der Ortschaft zu überdecken.» Und 1903 zur Pflästerung der östlichen Hauptstrasse: «Die Strasse ist selten trocken und so tief kotig, dass sie einem Acker gleicht.»

Vorausblickend Land und Gebäude gekauft

Hintermeisters Amtsberichte sind voll von Anträgen an die Bürgerversammlungen. Der Mann muss Tag und Nacht gearbeitet haben. Er beantragte den Ausbau von Strassen und Kanalisationen, den Bau des Krankenhauses, den Erwerb des Stadtgartens, den Ankauf der Wasserversorgung, die Einführung von Steinkohlegas, den Bau des Schlachthauses, den Schiessstand auf dem Sulzberg. Vorausblickend kaufte er Land und Liegenschaften als Reserve für öffentliche Zwecke, unter anderem das Land für den heutigen Friedhof und das Curtihaus (heute Parkplatz beim Amtshaus). Einen seiner Anträge lehnten die Bürger ab: Hintermeister war das Rathaus zu klein geworden, er wollte es dem Arbeiter-Consumverein für 120 000 Franken verkaufen und dafür das Kettenhaus erwerben.

Als die politische Gemeinde der Schulgemeinde Land für das Pestalozzischulhaus schenkte, beschrieb er visionär die heutige Einheitsgemeinde: «Es handelt sich ja bei beiden Gemeinden um die gleichen Bürger und dieselben Steuerzahler.» Hintermeister stritt sich während seiner ganzen Amtszeit mit den SBB und dem Kanton wegen der miserablen Verkehrsverhältnisse am Hafen. «Dass endlich auch einmal Rorschach an die Reihe komme», schrieb er dem Regierungsrat. «Nirgends in der Eidgenossenschaft gibt es derart ungenügende, geradezu lebensgefährliche Verkehrsanlagen wie in Rorschach.»

Arbeiterstadt mit 127 Beizen

Der Zustrom von Arbeitern stellte Hintermeister vor ungewohnte Probleme. Es waren die Jahre, in denen sich die Arbeiter organisierten und ihre Rechte einforderten. Es kam zu Streiks. Als 1905 die Giesserei an der Tellstrasse bestreikt wurde, gab es Ausschreitungen und Sachbeschädigungen, die Polizei war machtlos. Hintermeister liess Sturm läuten, bot die Feuerwehr auf. Doch die Demonstranten waren nicht zu beschwichtigen, so dass er beim Landammann Militär anfordern musste, um Ruhe und Ordnung wiederherzustellen. Mit den vielen, oft alleinstehenden Arbeitern stieg die Zahl der «Beizen» jährlich an, und prompt nahm auch der Alkoholismus in der Stadt zu. Gemeindammann Hintermeister mahnte: «Jeder Neubau in guter Lage erhält im Parterre eine Wirtschaft. Das flottante Wirtschaftstreiben gefährdet das solide Familienleben immer mehr.» 1910 zählte Rorschach tatsächlich 127 Wirtschaften und damit ein Lokal auf 106 Einwohner – auch dies höchst wahrscheinlich ein Schweizer Rekord.

Der Erste Weltkrieg stoppte den Aufschwung. Kinder holen mit Leiterwagen verbilligte Kartoffeln.

Schon Hintermeister wollte den Güterschuppen und die Schuppen westlich des Kornhauses in das Areal des Hauptbahnhofs verlegen. Damit sollte, wie es erst hundert Jahre später geschah, den Rorschachern freier Zugang zum See ermöglicht und zwischen Hafen und Hafenbahnhof Platz geschaffen werden. Er sah voraus, dass die Tage des Kornhandels gezählt waren und schlug vor, das Kornhaus dem Kanton abzukaufen: «Es könne ja dann zu einem andern Gemeindezweck verwendet werden, es ist ja so geräumig, dass es der Gemeinde in Zukunft noch wertvolle Dienste leisten kann.» Die Bürgerversammlung stimmte zu, 1908 wurde das Kornhaus für 100 000 Franken gekauft.

Schon Hintermeister wollte den Güterschuppen verlegen.

Vor seinem Rücktritt erarbeitete Hintermeister eine neue Gemeindeordnung. Geprägt vom Übermass der Arbeit schrieb er im Antrag an die offene Bürgerversammlung: «Bisher sind alle Fäden der ganzen Verwaltung in der Hand des Gemeindevorstands zusammengelaufen. Er muss für alle Einzelheiten seinen Entscheid abgeben. Jede Arbeitskraft wird auf diese Weise lahm gelegt, durch Kleinigkeiten aufgerieben, getötet. Die Hauptarbeit wird nebenbei erhastet. Die Zustände werden unhaltbar.» Für das Personal schlug er mit der Anstellung eines Stadtbaumeisters eine Arbeitsteilung zwischen der allgemeinen Verwaltung und dem Bauwesen mit den technischen Betrieben vor und für die Behörden zwei Gemeinderäte, einen grossen legislativen und einen kleinen exekutiven Gemeinderat. Die Bürger stimmten seinen Anträgen fast einstimmig zu. Sein Nachfolger, Gemeindammann Arnold Engensperger, legte 1918 eine Änderung vor, die Rorschach endgültig zur Stadt machte und den kleinen Gemeinderat in Stadtrat und das Oberhaupt in Stadtammann umbenannte.

Mit dem Ausbruch des Ersten Weltkriegs und dem Zusammenbruch der Stickereiindustrie war Rorschachs Aufschwung vorbei. Hintermeister starb im Krisenjahr 1931. In der Rorschacher Chronik ehrt ihn der Historiker Franz Willi: «Ein Amtsmann, der sich mit der Selbstverständlichkeit eines pflichtbewussten Bürgers in den Dienst der Öffentlichkeit gestellt und sich damit das dankbare Andenken der Stadt gesichert hat.» Vielleicht wird eines Tages doch noch eine Strasse oder Tafel an Carl Hintermeister erinnern.

Der Kropfchirurg von internationalem Ruf

Der Chefarzt *Max Richard* (1897–1953) machte das Spital Rorschach in der Mitte des 20. Jahrhunderts als kropfchirurgische Klinik europaweit bekannt. Und er setzte als erster Arzt in der Region Antibiotika ein.

....

Ein Vormittag im Krankenhaus Rorschach in den 1940er-Jahren: Auf dem Operationstisch liegt ein Patient, mit Morphium nur leicht betäubt. Das unförmige Kropfgebilde an seinem Hals wird mit einer Spritze lokal unempfindlich gemacht. Das Gesicht des Patienten ist mit einem grossen sterilen Tuch abgedeckt, unter das auch eine der Schwestern ihren Kopf steckt. Sie führt mit dem Patienten ein leises Gespräch, um ihn zu beruhigen und abzulenken. Mit sicherer Hand setzt Chefarzt Max Richard das Skalpell an. Ein Assistenzarzt hält mit Haken die grosse Wunde offen, während der Chirurg die Kropfgeschwulst ruhig und konzentriert herausschneidet, ohne die lebenswichtigen Teile der Nebenschilddrüse und die Stimmbandnerven zu gefährden. Die Wunde wird zugeheftet, der ganze Eingriff hat kaum 30 Minuten gedauert. Und schon wird der nächste Patient in den kargen Operationssaal gerollt.

Zuerst als Student, später als Referent im Ausland

Kropfoperationen sind schon 1931 häufig im Krankenhaus Rorschach. Um die ausgeschriebene Chefarztstelle bewerben sich 14 erfahrene Ärzte. Welchen der Chirurgen dem Gemeinderat zur Wahl empfehlen? Dem Stadtrat fällt der Entscheid nicht leicht, zumal Stadtammann Carl Rothenhäusler noch darauf achten soll, sowohl einen katholischen als auch einen evangelischen Bewerber vorzuschlagen. Am 28. Mai 1931 legt er dem Gemeinderat einen Dreiervorschlag vor. Es braucht zwei Wahlgänge, bis Max Richard mit 16 gegen 3 Stimmen als neuer Chefarzt gewählt wird. Die deutliche Wahl verdankt Richard Empfehlungen aus fachlichen Kreisen. Und trotzdem muss sich der Stadtammann gegen Vorwürfe

Das städtische Krankenhaus 1931, als Max Richard zum Chefarzt gewählt wurde.

verteidigen, man habe die Wahl eines katholischen Bewerbers hintertrieben. Keiner der Räte ist sich zu diesem Zeitpunkt bewusst, welch glückliche Wahl er getroffen hat und welch sagenhaften Ruf Rorschach als eigentliches Kropfspital dem neuen Chefarzt zu verdanken haben wird.

Max Richard ist bereits ein ausgezeichneter Chirurg, als er, erst 34 Jahre alt, nach Rorschach kommt. Medizin hatte er an den Universitäten von Bern, Berlin, Hamburg und Basel studiert. Nach dem Staatsexamen im Jahre 1924 arbeitete er unter den damals berühmten Professoren Hotz und Henschen in Basel und Looser in Winterthur als Assistent, später als Oberarzt und durchlief so eine vortreffliche Ausbildung. In jungen Jahren veröffentlichte er bereits mehrere wissenschaftliche Arbeiten, beispielsweise über Magenperforationen und über Rückenmarkanästhesie.

Richard weiss, dass in der Gegend die Kropfkrankheit wegen Jodmangel sehr verbreitet ist. Die unförmigen Gebilde an den Hälsen von Frauen und Männern sind nur zu oft im täglichen Leben zu sehen. Kropfpatienten, besonders aus dem St. Galler Rheintal, sind im Krankenhaus Rorschach häufiger als anderswo. Richard beginnt, sich intensiv mit dem Kropfleiden, dieser Wucherung der Schilddrüse, zu befassen. Er durchforstet Literatur, stellt Beobachtungen am Krankenbett an und erkennt so die entscheidenden Ursachen der Kropfbildung. Das Problem wird sein Spezialgebiet, mit wachsender Erfahrung steigt sein Ansehen als Kropfchirurg. Er strahlt Sicherheit und Autorität aus, referiert im Ausland an Kongressen und verfasst wissenschaftliche Berichte.

Jod besiegt das Kropfleiden

In den 1940er- und 50er-Jahren nimmt der Schularzt in den Schulzimmern regelmässig Kropfkontrollen vor. Er tastet den Hals ab, um eine eventuelle Knotenbildung in der Schilddrüse festzustellen. Die Lehrer verpflichten die Schüler, Jodtröpfchen oder auch Jod-Tabletten einzunehmen. Chefarzt Richard schreibt 1950 in der Monatschronik des «Ost-

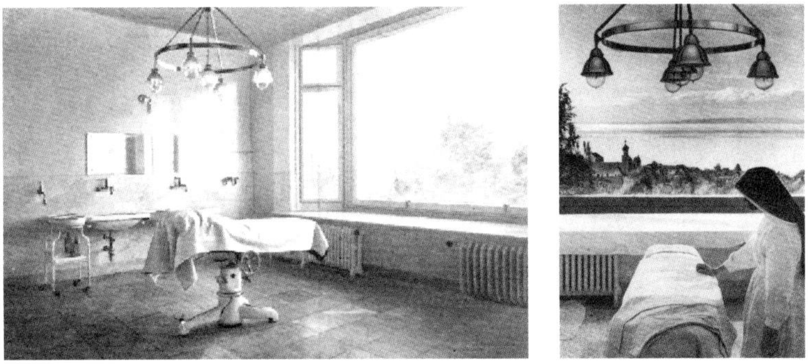

Der schlichte Operationssaal etwa um 1927.

schweizerischen Tagblatts»: «Jede einseitige Ernährung ist imstande, Kropf zu erzeugen, insbesondere ein Übermass an Eiweiss und Fett. Wahrscheinlich wirkt auch der Mangel an Vitaminen A, C, und D kropfbegünstigend. Einer der wichtigsten Faktoren beim Zustandekommen gehäufter Kropfbefallenheit ist ohne Zweifel der Jodmangel.» Der Chirurg und Chefarzt des Spitals Herisau, Hans Eggenberger (1881–1946), hatte 1922 als Erster in der Schweiz das jodierte Kochsalz im Kanton Appenzell Ausserrhoden eingeführt. Zögernd folgten die andern Kantone, St. Gallen 1930. Richard schreibt 20 Jahre später: «Es steht fest, dass durch diese Massnahme der Kropf bei den Neugeborenen stark, im Schulalter und im Rekrutenalter deutlich zurückgegangen ist.»

Ohne die heute bekannten Narkosetechniken muss zu jener Zeit während einer Lokalanästhesie sehr rasch operiert werden. Richard verbessert seine Operationstechnik, und es gelingt ihm, immer schneller Hand anzulegen. Sein Ruf als schneller Operateur wächst ständig, spricht sich in Europa herum, Kropfleidende aus dem In- und Ausland, sogar aus Übersee, wollen vom berühmten Kropfchirurgen Richard operiert werden. Das Krankenhaus wird zu einem eigentlichen europäischen kropfchirurgischen Zentrum, 1949 verzeichnet Richard seine 5000. Kropfoperation, und jährlich kommen 500 dazu. Eine Krankenschwester erinnert sich: «Rorschach unterhielt besondere Kropfpatientensäle für Männer und Frauen. Richard operierte an einem Vormittag bis zu zehn Patienten. Damit die Funktion der Stimmbänder intensiv überwacht werden konnte, mussten die Patienten nach der Operation aufrecht sitzen.»

Richard beschränkt sich aber nicht nur auf den Kampf gegen diese typische Krankheit der Gegend. Noch bis in die 40er-Jahre gab es viele Todesfälle wegen verspäteter Operationen bei Blinddarmentzündungen, bei Lungenentzündungen, bei Diphtherie und Wundentzündungen, weil noch keine Antibiotika bekannt waren. Richard ist offen für alle Neuerungen in operativer Technik, Narkose und Labordiagnostik. Von den

Behörden verlangt er den Ausbau des Spitals sowie Investitionen in eine neue Röntgenanlage und in ein neues Labor. Die Bevölkerung vertraut ihm. Trotz umstrittener Kosten werden die notwendigen Kredite deutlich angenommen. Richard gelingt es 1943, mitten im Zweiten Weltkrieg, für das Spital Rorschach Penicillin zu erhalten. Auch der Autor dieses Buchs, damals achtjähriger Bub mit akuter Blinddarmvereiterung, verdankt sein heutiges reifes Alter Richards erster Antibiotika-Behandlung. Oberarzt Gottfried Bernhart schreibt 1951 anlässlich des 50-Jahr-Jubiläums des Spitals über seinen Chef: «Kranke aller Kreise wissen sich von ihm gleich behandelt, allen fühlt er sich als Arzt verpflichtet.»

Den Patienten stets ein «Wird schon besser»

Für Richard wird das Spital Rorschach zum Mittelpunkt seiner Welt. Früh hat er sich an der Promenadenstrasse ein eigenwilliges Heim gebaut. Es ist das erste Flachdachhaus in Rorschach im Bauhausstil. Er bleibt ledig, lebt zurückgezogen. Erholung findet er beim Skifahren und beim Fliegen, er pilotiert gelegentlich ein Kleinflugzeug. Am 5. Dezember 1953 reist er in die Skiferien. Kurz nach St. Gallen verliert der 56-Jährige im Zug mitten im Gespräch das Bewusstsein. Der Zug hält in Flawil, Richard wird ins Spital Flawil gebracht, wo die Ärzte und Schwester Maria Rachel, die 20 Jahre lang in Rorschach seine 1. Operationsschwester gewesen war, nur noch den Tod durch Schlaganfall feststellen können. Die Kunde von seinem plötzlichen Hinschied erschüttert die Region. Noch heute ist die Erinnerung an diesen hervorragenden Chirurgen lebendig. «Er war ein verschlossener Mensch, fast unnahbar, er operierte schweigsam, aber unheimlich schnell. Die Schwestern verehrten ihn wie einen Gott», berichtete der Rorschacher Chirurg Gerold Rusch. «Man muss eine seiner Chefvisiten erlebt haben», sagte der Rorschacher Arzt Hans Tobler: «Richard schritt militärisch – er war im Militär Korpsarzt – mit den Assistenten und den Schwestern durch die Krankensäle, alles war blitzsauber geputzt und aufgeräumt. Richard verabschiedete sich von den Patienten immer mit den Worten: ‹Es wird schon besser›. Die Kranken strahlten, wenn sie diese Aufmunterung vom geschätzten, autoritären und oft auch gefürchteten Chefarzt hörten.»

Die Schwestern verehrten ihn wie einen Gott.

Über dem Seiteneingang des Krankenhauses erinnert eine Glasfenstermalerei an diesen grossen Arzt. Heute, über ein halbes Jahrhundert nach Richards Tod, sind Kröpfe in der Bevölkerung dank der Jodprophylaxe – der Jodbeimengung zum Speisesalz seit 1922 – zum Glück sehr selten geworden. Schilddrüsenerkrankungen mit anderen Ursachen sind allerdings noch recht häufig; sie werden medikamentös oder operativ behandelt durch Fachspezialisten im Spital Rorschach in der Tradition von Max Richard.

Der Verleger, der den Nazis trotzte

Ernst Löpfe-Benz (1878–1970), Zeitungsverleger und Herausgeber des «Nebelspalters», aber auch Ständerat, wehrte sich zeitlebens gegen «braune Fäuste» und menschenverachtende Diktatoren – oft mit wirksamem Humor.

«Er wäre wohl zusammen mit dem Zeichner Carl Böckli erschossen oder in ein Konzentrationslager verschleppt worden», sagen Rorschacher, die sich an die Gefahr eines Nazi-Überfalls während des Zweiten Weltkriegs erinnern. Der Mann, der sich mit seinem Rorschacher «Nebelspalter» zeitlebens gegen «braune Fäuste» wehrte, hiess Ernst Löpfe und war in St. Gallen in einem bescheidenen Elternhaus aufgewachsen. Früh verlor er seinen Vater, seine Mutter musste die Familie mit Heimarbeit durchbringen. Er half Stickereien ausschneiden und trug Zeitungen aus. Beim «Stadtanzeiger» lernte er den Beruf eines Schriftsetzers. Die Setzer waren meistens belesene Leute und oft journalistisch tätig. So bildete sich auch Ernst Löpfe weiter, zuerst bei Stämpfli in Bern, der damals grössten Buchdruckerei der Schweiz, dann in Verlagshäusern in Basel, Winterthur, Berlin und Wien. Er lebte sparsam und unterstützte seine Mutter regelmässig. Nach der Aus- und Weiterbildung arbeitete er erneut in leitender Stellung bei Stämpfli, bis ihn ein Ruf aus der Ostschweiz in seine Heimat lockte.

Als 24-Jähriger schon Druckereibesitzer

In Rorschach war der Druckereibesitzer und Herausgeber des freisinnigen «Ostschweizerischen Wochenblatts» Wilhelm Koch 1902 plötzlich gestorben. Seine Witwe Fanny Koch bot Löpfe an, die Leitung ihres Betriebes und gleichzeitig die politische Führung ihres Wochenblatts zu übernehmen. Löpfe sagte zu und kam so 24jährig nach Rorschach. «Er gab der Zeitung sofort mehr Farbe», schrieb ein ehemaliger Redaktor, und bereits ab 1913 erschien die bisher wöchentliche Zeitung täglich als «Ostschweizerisches Tagblatt».

Ständeratspräsident Ernst Löpfe-Benz im Festzug zur Eröffnung der Landesausstellung im Mai 1939 in Zürich.

Ostschweizerisches Tagblatt
und
Rorschacher Tagblatt

Nr. 112 | Rorschach, Mittwoch, den 14. Mai 1930 | 85. Jahrg.

Rorschach-Heiden elektrisch!

Die Einführung des elektrischen Betriebes.

Die Personenwagen wurden geliefert von der
Schweizerischen Industrie-Gesellschaft
in NEUHAUSEN

Das «Ostschweizerische Tagblatt»: Löpfe prägte seine Zeitung mit politischen Beiträgen.

An einem der damals häufigen Bälle im Kronensaal verliebte sich Löpfe in Rösli Benz, die Tochter des wohlhabenden Rorschacher Holzhändlers Friedrich Benz-Meisel. 1906 heirateten sie; die Schwiegereltern unterstützten den scheuen, jedoch zielstrebigen jungen Mann und ermöglichten ihm 1910 den Kauf der Druckerei Koch. Er gründete die Ernst Löpfe-Benz AG, für 100 Franken monatlich blieb er politischer Journalist des «Ostschweizerischen Wochenblatts». 1916 wagte er den Kauf einer eigenen Liegenschaft und zügelte den Buchdruckbetrieb in das Haus «zum Splügen» (heute Denner) an der Signalstrasse, wo er auch mit seiner Familie bis 1939 wohnte. Sein Geschäft entwickelte sich. In späteren Jahren schrieb er selber: «Kein Auftrag war mir zu klein und zu unscheinbar, als dass ich ihm nicht alle Aufmerksamkeit und Berufsfreude geschenkt hätte.»

Die Lokalzeitungen schenkten sich nichts

Rorschach war zu jener Zeit ein politisch heisser Boden. Das «Ostschweizerische Tagblatt» gehörte weiterhin Ella Koch, der Tochter von Fanny Koch. Hermann Cavelty war Besitzer der aufstrebenden konservativen «Rorschacher Zeitung». Der freisinnigen Partei war Ella Koch zu wenig aktiv, sie drängte ihren Aktuar Löpfe zur Übernahme. «Es ist schmerzlich, dass die ‹Rorschacher Zeitung› das alte ‹Ostschweizerische Tagblatt› an Auflage überflügelt hat», schrieb der Vorstand der Freisinnigen im November 1917 an Ella Koch. Sie wehrte sich, es werde ja von der Kanzel herab den Glaubensgenossen zur Pflicht gemacht, die «Rorschacher Zeitung» zu abonnieren, das «Ostschweizerische Tagblatt» zu halten, sei verboten. Doch erst 1927 verkaufte Ella Koch an Löpfe auch den Zeitungsbetrieb. Unterstützt wurde er von Freunden wie Etienne Perret, dem Roco-Besitzer. Jetzt war er Herausgeber des «Ostschweizerischen Tagblatts» für Stadt und Bezirk Rorschach und konnte sich mit Cavelty messen. Sie kämpften besonders bei Wahlen mit spitzer Feder gegeneinander, oft aber auch mit Humor. Einmal unterlief Löpfes Zeitung der Druckfehler «seichhaltige Speisekarte», wo es «reichhaltig» hätte heissen müssen. Caveltys Blatt reagierte hämisch, doch als sein Blatt wenig später «Saalzeichen obligatorisch» als «Saalseichen obligatorisch» druckte, empfahl Löpfe: «Aber bitte mit Geschlechtertrennung».

Politisch sammelte Löpfe rasch Erfahrungen, schon 1909 wurde der immer bescheiden auftretende, doch strebsame Mann für den Freisinn in den Gemeinderat und 1915 in den Kantonsrat gewählt, den er 1939 präsidierte. 1931 bestimmte ihn der Kantonsrat zum St. Galler Ständerat. «In Bern kennzeichnete ihn seine Gewissenhaftigkeit, die Unabhängigkeit und Freiheit des Urteils in allen Geschäften, seine edle Leidenschaft für den Staat», schrieb der Rorschacher Redaktor Hermann Niederer. Als Löpfe 1938 zum Präsidenten des Ständerates gewählt wurde, feierte ihn Rorschach mit einem imposanten Festzug durch die beflaggte Stadt vor einer gewaltigen Volksmenge. «Die Wahl geschah zu einer Zeit, da der Zusammenschluss von Volk und Behörden zur nationalen Notwendigkeit wurde. In diesem Sinne flossen Reden und Lieder in der Festversammlung im Kronensaal», schrieb der Lokalhistoriker Franz Willi. Löpfe freute sich, dass er ausgerechnet im Jahr der «Landi» – der Landesausstellung von 1939 in Zürich – den Ständerat präsidieren durfte.

Kein Sex, keine Zoten, kein Spott über Heiliges.

Mutig gegen die Zensur

Mit unternehmerischem Mut kaufte er 1924 den dahinserbelnden «Nebelspalter» von der Jean Frey AG in Zürich. Er wollte das einzige humoristische Blatt der Schweiz nicht eingehen lassen. Die Verlagsrechte kosteten 25 000 Franken. Nachträglich stellte sich heraus, dass die von Jean Frey genannte Auflage von 2700 Exemplaren in der Tat nur aus 380 Abonnenten bestand. Zum erstenmal in seinem Leben ging Löpfe vor Gericht und gewann, Frey musste einen Teil des Kaufpreises zurückerstatten. Dem «Nebelspalter» gab Löpfe Richtlinien: Kein Sex, keine Zoten, kein Spott über Heiliges. Er wollte eine humoristische Zeitung, die man vor Kindern nicht verstecken musste. Richtig aufwärts ging es mit dem «Nebelspalter», als er den Zeichner Carl Böckli als Redaktor engagierte. «Löpfes Nebelspalter kämpfte einen furchtlosen, lachenden Kampf gegen alle ausländischen Importideologien und Böckli entzauberte mit seinen Karikaturen die Diktaturen», schrieb der NZZ-Redaktor Edwin Arnet. Mutig zeigten sie in einer gefahrvollen Zeit, was von den Diktatoren in Deutschland, Italien und auch Russland zu halten war. «Die Auflage verzehnfachte sich in wenigen Jahren. Löpfes Zeitschrift wurde begehrt, geachtet, ja geliebt», schrieb der St. Galler Historiker und Professor Georg Thürer.

«Nebelspalter»-Titelblatt mit Zeichnung von Carl Böckli «Bö».

Löpfe zeigte eindeutig, wo er stand. Er freute sich, als Henri Guisan und nicht Ulrich Wille zum General gewählt wurde. Er fand, ein «Welscher» tue dem Land gut, insbesondere da man Wille als deutschfreundlich empfand. Die freimütige Sprache und die Zeichnungen des «Nebelspalters» waren in Nazi-Deutschland nicht gerngesehen. Der deutsche Gesandte in Bern protestierte bei Bundesrat Giuseppe Motta und betonte, dass der Herausgeber sogar Ständeratspräsident sei. Motta verwies auf die in der Bundesverfassung garantierte Pressefreiheit.

Die Zensur schaute Löpfe trotzdem auf die Finger. Jeden Freitag erhielt Löpfe den Anruf eines Obersten aus Bern, der sich über Böcklis Zeichnungen beschwerte. Eine Ausgabe wurde sogar konfisziert, Löpfe musste die anstössige Zeichnung vor dem Versand herausschneiden. Der Bundesrat gab dem Druck Deutschlands nach, der Führer durfte im «Nebelspalter» nicht mehr verunglimpft werden. Löpfes Tochter Susanne Real-Löpfe erinnert sich: «Unser Vater erhielt in den Ferien die freudige Mitteilung, in Deutschland sei der ‹Nebelspalter› verboten worden. Warum freudig, fragten wir, worauf er antwortete, jetzt wird der ‹Nebelspalter› in der Schweiz noch häufiger gelesen.» Als ein Handwerker in Deutschland in einem Bahnwagen wegen «Nebelspalter»-Lesen verhaftet wurde, beschwerte sich Löpfe bei der Gesandtschaft.

Entschlossen trat er auch der damaligen Flüchtlingspolitik entgegen. Soldaten riefen ihn an die Grenze in Diepoldsau und schilderten ihm das Los der zurückgewiesenen Flüchtlinge. Löpfe beschwerte sich sofort bei Heinrich Rothmund, dem Chef der Eidgenössischen Fremdenpolizei. Eingeladen zu einer Buchdrucker-Messe nach Leipzig, fand er die Reise doch zu riskant. Der deutsche Botschafter in der Schweiz versprach, dass er den Ständeratspräsidenten Löpfe aus Deutschland herausholen werde, falls es Schwierigkeiten geben sollte. Löpfe fragte: «Tot oder lebendig?»

Was er verdiente, steckte er in den Verlag

Löpfes politische Tätigkeit verlangte viel Zeit in Bern und St. Gallen, doch er konnte sich stets auf treue Mitarbeiter verlassen. Paul Heise leitete den Betrieb, die Redaktoren Niederer, Mächler und Hug schrieben

Brunnen im Spielplatz Wachsbleiche mit der Inschrift zum Andenken an Ernst Löpfe-Benz.

in seinem Sinne. Er blieb ein Vollblut-Journalist, verfasste wöchentlich auch einen Ständeratsbrief für die Zeitung. Er war tolerant, in seinem Betrieb arbeiteten Leute aus allen Parteien und von jeder Religion. Sein Unternehmen blühte, er selber lebte bescheiden. 1939 war er nach dem Tode seines Schwiegervaters mit seiner Familie in dessen schöne Backsteinvilla an der Promenadenstrasse 54 umgezogen. Er leistete sich keinen Luxus, keine Ferienwohnung oder Yacht und besass nie ein Auto. Was er verdiente, steckte er in seinen Verlag. 1910 hatte er sein erstes Rorschacher Neujahrsblatt herausgegeben, das seither eine geschichtlich und heimatkundlich ausgerichtete Jahreschronik über Rorschach und die Region enthielt und zeigte, wie graphisch vollkommen der Verlag produzierte. Ab 1927 veröffentlichte er eine monatliche Chronik im «Ostschweizerischen Tagblatt». Der Name Verlag E. Löpfe-Benz AG ist heute in unzähligen Publikationen in Wort und Bild über Stadt und Region zu finden. Der schon 1956 zum Ehrenbürger ernannte Rorschacher blieb seinem Verlag bis ins hohe Alter von 92 Jahren verbunden.

Rorschach ist sparsam mit Denkmälern, Denktafeln oder Strassennamen für seine berühmten Mitbürger. Der Name von Ernst Löpfe-Benz hingegen lässt sich in der Stadt finden. 1942 schenkte Löpfe der Stadt ein Stück Land mit der Auflage, darauf einen Kinderspielplatz zu errichten. 1950 kam der Stadtrat dem Wunsch nach. Zwischen Tell- und Wachsbleichestrasse wurde das noch heute bestehende Pärkli erstellt. In der nordwestlichen Ecke des Spielplatzes steht zum Andenken an den Spender ein schöner Brunnen des St. Galler Bildhauers Wilhelm Meier mit der Inschrift «Herr E. Löpfe-Benz gewidmet in Dankbarkeit». So ist der Name des mutigen Mannes, dessen Zeitschriften und Bücher Rorschach in der ganzen Schweiz bekannt machten, für zukünftige Zeiten verewigt. Wenn auch nur im unscheinbarsten Pärkchen der Stadt.

Emilio Tognis Start in Rorschach: Die zwei separaten Kioske auf dem Hafenplatz, die er 1924 von der Familie Cia kaufte.

Der Bundesrat und «Heissi Marroni»

Der Tessiner Marronibrater *Emilio Togni* (1890–1964) galt als bester seines Fachs. Weil ihm die Stadt den Ausbau seines Hafenkiosks verweigerte, beschwerte er sich beim Bundesrat. Und erhielt am Ende recht.

Emilio und Laura Togni-Gabelli an ihrem Hochzeitstag 1932.

Der Name Togni ist in Rorschach stadtbekannt. Und dies nicht erst seit eine Togni die Badhütte führt, Tognis im Stadtparlament sassen und ein Togni den Sekundarschülern Sprachen beibrachte. Wer früher in Rorschach im Herbst Marroni geniessen wollte, kaufte sie am Kiosk Ticino beim Hafenbahnhof, bei Emilio Togni. «Mini Marroni sind die besti», konnte man den kleinen Tessiner in seinem sympathischen Schweizerdeutsch mit Akzent hören. Seine Kunden bezeichneten ihn als den besten Marronibrater der Ostschweiz. Kein Wunder, er hatte das Metier eines Marronaio schon als 14-Jähriger erlernt. Jeden Winter war er mit seinem Onkel vom Dorf Semione im Val Blenio nach Paris gezogen. Spätabends hatte er damals in Bistros gebratene Kastanien angeboten, wie heute Blumenverkäufer ihre Rosen anpreisen.

Der Bau der Gotthardbahn 1882 öffnete den Tessinern auch im Winter den Weg in die Deutschschweiz und damit die Möglichkeit, «heissi Marroni» auf den Plätzen der Städte der «Svizzera interna» anzubieten. Während die Angehörigen im Winter die kleinen Bauernbetriebe weiterführten, reisten die Söhne mit der Bahn in den Norden, um dort von Oktober bis Januar Marroni zu verkaufen. Die Früchte waren bald sehr begehrt. Die Tessiner aus dem Bleniotal waren als besonders gute Marronai bekannt und eröffneten ihre Stände oder Häuschen in der ganzen Schweiz, von Rorschach bis Genf. Die Selven im Bleniotal lieferten vorzügliche Kastanien.

So kam auch Emilio Togni 1924 aus dem Dorf Semione nach Rorschach. Eine Familie Cia betrieb am Hafenbahnhof einen kleinen, aus zwei Türmchen bestehenden Kiosk und wollte aussteigen. Gerade rechtzeitig für Togni, der den Kiosk kaufte und sesshaft wurde. Anfänglich mit seinem künftigen Schwager Olivio Gabelli, später allein, zog Togni an jedem Morgen den Leiterwagen voller Vorräte die Signalstrasse hinunter und arbeitete täglich 14 bis 15 Stunden in seinem Kiosk. Die lange Arbeit lohnte sich; bereits 1928 kaufte er sich ein Haus an der Kronenstrasse und beschriftete es stolz mit Casa Togni. Als Tessiner wohnte man doch nicht zur Miete, schliesslich besass in Semione jeder sein eigenes Haus!

Er fühlte sich als Tessiner benachteiligt

Mitte der Dreissigerjahre plante Togni, seinen Kiosk zu vergrössern. Er reichte das Baugesuch ein, doch die Bewilligung liess auf sich warten. Stadtammann Carl Rothenhäusler, als Besitzer der Engel-Apotheke selber vom Rorschacher Gewerbe, schien den kleinen Tessiner nicht ernst zu nehmen. Anwohner der Signalstrasse beklagten sich: «Der Tschingg kann uns doch den Blick auf den See nicht rauben.» Die Eingabe wurde verschleppt. Auch Tognis Freunde, allen voran der legendäre Baumeister Ernst Rudig, konnten die Sache nicht vorwärtsbringen.

Langsam ging Togni die Geduld aus. Er fühlte sich schikaniert. Gab es da nicht im Bundeshaus einen Tessiner Bundesrat? Und hatten sich Tessiner nicht gegenseitig zu helfen im vermeintlichen «Ausland»? Tognis Frau Laura schlug vor, einen Brief an Bundesrat Giuseppe Motta zu schreiben. Darin solle er sein Leid klagen, insbesondere dass er sich als Tessiner zweitklassig behandelt fühle. Tognis Gattin, feinfühlig und gebildet, fand die richtigen Worte für eine Beschwerde nach Bern. Bundesrat Motta antwortete rasch und konnte Togni vorerst beruhigen. Er zeigte Verständnis für seine Probleme, er könne sich aber nicht in Gemeindeangelegenheiten einmischen. Er sei aber überzeugt, dass Togni mit Beharrlichkeit schon zu seinem Recht kommen werde. Der Brief wirkte. Wie und wo blieb ungeklärt. Hatte der Bundesrat vielleicht eine Kopie seiner Antwort an den Stadtrat gesandt? Motta war damals ein sehr geschätzter Bundesrat. Ein Brief aus Bern, wenn auch ohne bestimmte Anweisungen, hatte damals wohl noch mehr Gewicht als heute. In der Stadt hielt sich das Gerücht, Togni habe einen Briefwechsel mit Bundesrat Motta geführt. Der Stadtrat sei angewiesen worden, dem beliebten Marronaio keine Steine in den Weg zu legen. Die Baubewilligung wurde erteilt, mit dem Kioskbau konnte begonnen werden.

In der Stadt hielt sich das Gerücht, Togni habe einen Briefwechsel mit Bundesrat Motta geführt.

Ganz legal lief es dann doch nicht. Togni wollte den Kiosk unterkellern, um Lagerraum zu schaffen. So leicht gab sich der Stadtrat aber nicht geschlagen. Irgendwie musste man dem Tessiner doch noch zeigen, wer

Stolz steht Emilio Togni 1935 vor seinem neuen Kiosk.

Herr im Haus war, und verweigerte diesen Kellerzusatz. Aber der Stadtrat hatte nicht mit Baumeister Rudig gerechnet. Togni gut gesinnt, liess der bei Nacht und Nebel einen kleinen Keller ausheben. Niemand schien oder wollte diesen Aushub bemerkt haben. Der Keller, dicht und solid gebaut, widerstand noch Jahrzehnte später als einziger in seiner Umgebung dem Jahrhundert-Hochwasser von 1999.

Die Casa Togni als Beratungsstelle

Der zähe Tessiner hatte sich durchgesetzt. Stolz taufte er die Baute «Kiosk Ticino». Leider gibt es keine Kopie des Briefs seiner Gattin Laura, der belesenen ehemaligen Dorflehrerin von Semione, mit der er sich 1932 vermählte hatte. Auf die «Maestra» Gabelli hatte er schon lange sein Auge geworfen. Laura ihrerseits wollte in die Welt hinaus, die Auswanderer waren für sie etwas besonderes. Deutsch lernte sie bei den Menzinger Schwestern im Rorschacher Institut Stella Maris. Ihre Einkäufe tätigte sie anfänglich mit dem Dictionnaire. Aufgeschlossen und sozial eingestellt, wurde sie nach dem Zweiten Weltkrieg zu Hause oder am Kiosk Anlaufstelle und Integrationsfigur für die ersten italienischen Gastarbeiterinnen in der Roco und der Feldmühle. Sie half bei allerlei Problemen mit Behörden und Arbeitgebern.

Tognis späterer Schwager Olivio Gabelli verkauft Marroni vor dem Hafenbahnhof. Im Hintergrund der Brunnen «Salz & Pfeffer».

Laura brachte acht Kinder zur Welt. Obwohl in Rorschach integriert, blieben Laura und Emilio Togni im Herzen Ticinesi. In der Casa Togni bestanden sie darauf, dass nebst Deutsch auch reines Italienisch gesprochen wurde. Die Schulferien verbrachte man in Semione. Allen Söhnen – heute St. Galler und Rorschacher mit Berufen wie Architekt, Kaufmann, Sekundarlehrer und Werklehrer – ist die Liebe zum Tessin geblieben.

Emilio Togni starb 1964; Laura führte den Kiosk zusammen mit den Söhnen weiter. Die Kunst des Marronibratens hatte ihnen der Vater schon als Buben weitergegeben. Wie oft war die Familie doch an Winterabenden in der Küche zusammengesessen! Jedes der Kinder, das fähig war, ein Messer in die Hand zu nehmen, hatte behutsam Marroni für den nächsten Tag geschnitten, während der Vater vom Eiffelturm und den Booten auf der Seine erzählte. 1970 verkaufte Laura Togni den Kiosk und zog sich vom Berufsleben zurück. Unter den vielen Dankesbriefen der langjährigen Lieferanten fand sich auch einer mit einem bundesrätlichen Namen: Die Firma Villiger Söhne dankte dem Kiosk Ticino mit einem Kistchen Villiger Stumpen.

EPILOG

Man taucht nur dreimal auf…

Dramatisches Happy End auf der Hafenmauer: Wie der Autor als Bub an seinem Lieblingsort, der dies bis zum heutigen Tag geblieben ist, fast sein Leben verlor.

Ich war neun Jahre alt und konnte wie so manche andere Rorschacher Buben noch nicht schwimmen. Aber an den Mittwochnachmittagen und in den Schulferien war ich, wenn ich nicht barfuss auf der Säntisstrasse im Rocoquartier «tschuttete» oder Räuber und Poli spielte, beim Fischen unten am See; am Kornhausquai oder auf der Hafenmauer. Die Fischerrute ein Haselstecken mit Agraffen, die Bleibollen am Silch waren mit den Zähnen zugebissen, und am zehnräppigen Goldängeli unter dem farbigen Kiel badete eine Made aus einer Büchse, in der ich mit einem toten Fisch diese Köder selber gezüchtet hatte.

Ich fischte an jenem Maientag 1943 ganz allein auf den grossen Steinplatten, wo die Hafenmauer etwa auf Höhe des historischen Krans eine Biegung macht. Schwärme von Pflütterli und Egli mit ihren grünen Streifen auf dem Rücken schwammen meistens in der Nähe der Hafenpfähle.

Plötzlich knabberte ein Egli an der Made, der Kiel ging unter, aufgeregt streckte ich den Fuss vor, und schon lag meine Madenbüchse im Wasser. Auf den hervorstehenden Steinen der Mauer kletterte ich zum Wasser hinunter und meinte, gleich die noch schwimmende Büchse ergreifen zu können – da verlor ich das Gleichgewicht und klatschte ins Wasser.

Ich tauchte auf, ruderte mit Händen und Füssen, ging wieder unter, tauchte wieder auf. Der Spruch unter uns Buben schoss mir durch den Kopf: «Man taucht nur dreimal auf, dann ertrinkt man.» Beim dritten Auftauchen sah ich dicht vor mir den dicken Pfahl. Es gelang mir, diesen in Todesangst zu umklammern.

Laut schrie ich um Hilfe. Offensichtlich in Rufweite vor dem Güterschuppen hörte mich der Zöllner. Er schwang sich aufs Velo, raste am Kornhaus vorbei und über den damals nur einen knappen Meter breiten westlichen Teil der Hafenmauer. Beim kurzen Geländer in der Mitte der Mauer angekommen, packte er den dort befestigten langen Rettungsstab. Er streckte den Stab mit den zwei gerundeten Zacken zu mir hinab und rief: «Häng dich rein!» Den sicheren Pfahl wollte ich in meiner Angst nicht loslassen und setzte meinen Hintern auf die Zacken. Natürlich schmerzte das – doch ich war gerettet.

Der Zöllner winkte ein vorbeifahrendes Fischerboot heran. Der Fischer zog mich ins Boot und fuhr mich an den Steg der Ausflugsschiffe. Barfuss rannte ich klatschnass nach Hause – ohne Rute und ohne Madenbüchse. Daheim angelangt, wurde ich von der erschreckten Mutter gleich ohne Nachtessen ins Bett gesteckt.

Die Mutter, später am Abend auf dem Weg in die Kirche zur Maiandacht, wurde von Kindern in der Stadt aufgeregt angesprochen: «Frau Elsener, wissen Sie schon, dass Ihr Otmar ertrunken ist?» Ihr blieb der Schreck, obwohl sie wusste, dass ihr Bub sicher unter der Bettdecke lag. Noch im gleichen Sommer lernte ich in den Bassins der Badhütte schwimmen.

ANHANG

L

M

N

O

P

R

S

T

U

V

W

Z

Fotoarchiv Josef und Otmar Elsener *9, 10, 21, 28, 30, 35, 43, 45, 53, 54, 57, 63, 88, 89, 90, 92, 93, 94, 97, 99, 108, 115, 119, 131, 132, 134, 135, 139, 140, 167, 175, 182, 185, 188, 192, 201, 208, 211, 218, 222, 225, 227, 232, 237, 242, 246, 253, 263*
Fotoarchiv der Stadt Rorschach mit den Sammlungen Labhart und Foto Gross *24, 29, 35, 46, 52, 72, 81, 82, 98, 103, 107, 124, 169, 174, 185, 217, 240*
Rorschacher Neujahrsblätter *14, 17, 18, 27, 60, 65, 76, 85, 86, 113, 150, 156, 178, 181, 187, 196, 205, 210, 215, 219, 221, 223, 228, 229, 231, 235, 241, 243, 245, 247, 249*
Ostschweizerisches Tagblatt: *16, 39, 40, 75, 103, 107, 144, 151, 157, 173, 176, 177, 184, 187, 250*
Monatschroniken Ostschweizerisches Tagblatt *43, 107, 167, 173*
Archiv Schulgemeinde Rorschach *139, 143*
Bundesarchiv *146*
Museum Verkehrshaus Luzern *111*
Archiv Menzinger Schwestern *128, 129*
Broschüre und Gästebuch Hotel Anker *104, 107*
Nebelspalter Verlag *252*
Archiv Strandbadgenossenschaft *161, 162, 163*
Rorschach in alten Ansichten J. R. Weber *198*

Firmenarchive:
Adolph Saurer *49, 50*
Aluminiumwerke *66, 69, 70, 71*
Bärlocher *79*
Hans Buob *234, 235, 237, 238, 239*
Frisco *232*
Starrag *213, 226*
Studer-Wüest *58*

Privatarchive:
Boppart Roland *148, 153*
Bürkle Jack *191*
Elsener Adrian *78, 119, 196, 259*
Elsener Roman *214*
Familie Togni *254, 255, 257, 258*
Giger Albert *100*
Heeb Ruedi *115*
Klumpp Erwin *154, 158*
Oesch Hugo *164*
Real-Löpfe Susi *250*
Stieger Daniel-Johan *202, 260*
Wiesner Markus *170*
Wirrer Hans *122*

Quellen:
Archive der Grundbuchämter von Rorschach, Rorschacherberg und Goldach; Staatsarchiv St. Gallen; Archiv Schulgemeinde Rorschach; Archiv Katholische Kirchgemeinde Rorschach; Archiv Evangelische Kirchgemeinde Rorschach; Archiv Menzinger Schwestern; Archiv Ostschweizerisches Tagblatt Rorschach; Archiv der Stadt Rorschach; Archiv Bereich Bau und Stadtentwicklung Rorschach.

Literatur:
Rorschacher Neujahrsblätter, 1910–2000
Monatschroniken des Ostschweizerischen Tagblatts, 1927–1972
Franz Willi, Baugeschichte der Stadt Rorschach, 1932
Franz Willi, Geschichte der Stadt Rorschach, 1947
J. Stähelin, Geschichte der Pfarrei Rorschach, 1933
Theodor W. Bätscher, Geschichte der Evangelischen Kirchgemeinde Rorschach, 1954
Richard Grünberger, Aus Rorschachs Vergangenheit, 1982
Joseph Reinhard Weber, Stadt und Bezirk Rorschach in alten Ansichten, 1990
Daniel Studer, Stadt Rorschach: Ortsbilder und Kulturobjekte, 1991
Louis Specker, Rorschach im 19. Jahrhundert, 1999
Jakob Wahrenberger, diverse Publikationen über Rorschach, 1964–1968
Silvana Calvo, A un passo dalla Salvezza, 2010
Jubiläumsbroschüren der Firmen Aluminiumwerke, Adolph Saurer, Hans Buob und des Fussballclubs Rorschach

Der Text «Der Bundesrat und Heissi Marroni» ist bereits im Buch «Heimat, What's that?», 2003, Vexer-Verlag, St. Gallen, erschienen und wird hier mit freundlicher Genehmigung abgedruckt.

Besuchen Sie uns auf www.rorschachbuch.ch.
Wir freuen uns auf Ihre Kommentare, Anregungen und Fotos aus ihrem Archiv!

AUTOR

Otmar Elsener, 1934, in einem Rorschacher Arbeiterquartier aufgewachsen, wanderte nach einer Banklehre 1954 in die USA aus. 1964 kehrte er in die Schweiz zurück und bereiste als Stickereiverkäufer die ganze Welt. Doch blieb die Hafenstadt Rorschach sein Zentrum; er war aktiv im Gemeinderat, in Sportvereinen und als Handelsrichter. Seit 1999 schreibt er lokalhistorische Beiträge für das St. Galler Tagblatt.

DANK

Mein Dank gebührt Susy Elsener-Butz, meiner ersten und besten kritischen Leserin, Ideengeberin und Unterstützerin in allen Lebenslagen; unseren Söhnen Marcel, Roman, Adrian, die meine Artikel gegengelesen haben und das Buch rundum in den Lauf brachten; meinen Eltern, Brüdern und der Schwester; Silvan Lüchinger vom St. Galler Tagblatt und seinen Mitarbeitern für die Unterstützung; Fritz Bichsel für Anstoss und Ermunterung; dem Redaktionsteam Rorschach (namentlich Ruedi Hirtl); allen Freunden, Bekannten und Mitbürgern, die ihre Erinnerungen mit mir teilten und sich für eine lebenswerte Stadt einsetzen; den stets hilfsbereiten Beamten der Ämter und Archive; allen Institutionen, Vereinen und Stiftungen, die mir die Publikation ermöglichten.